“十四五”时期国家重点出版物出版专项规划项目·重大出版工程规划
中国工程院重大咨询项目成果文库
新兴产业发展战略研究（2035）丛书

丛书主编：周济　邬贺铨

新兴产业发展战略综合研究（2035）

王礼恒　周志成　王崑声　王海南　等　著

科学出版社
北　京

内 容 简 介

本书为《新兴产业发展战略综合研究2035》，在研究“十四五”新兴产业特征、定位、发展重点的基础上，开展新兴产业面向2035的战略研究。本书分析了战略性新兴产业发展的国际环境变化及未来趋势、我国新兴产业阶段特征及新时期定位，总结了“十三五”产业发展情况和存在的问题，提出了“十四五”新兴产业总体思路及发展重点、面向2035的发展路径及相关政策措施建议。

本书可供管理决策部门、产业发展研究人员、企业及社会公众阅读参考。

图书在版编目（CIP）数据

新兴产业发展战略综合研究：2035 / 王礼恒等著. —北京：科学出版社，2021.11

（新兴产业发展战略研究（2035）丛书 / 周济，邬贺铨主编）

中国工程院重大咨询项目成果文库

ISBN 978-7-03-070633-1

Ⅰ. ①新…　Ⅱ. ①王…　Ⅲ. ①新兴产业-产业发展-研究-中国-2035　Ⅳ. ①F269.24

中国版本图书馆 CIP 数据核字（2021）第 235238 号

责任编辑：马　跃 / 责任校对：贾娜娜

责任印制：张　伟 / 封面设计：有道设计

科学出版社出版

北京东黄城根北街 16 号

邮政编码：100717

http://www.sciencep.com

北京虎彩文化传播有限公司 印刷

科学出版社发行　各地新华书店经销

*

2021 年 11 月第　一　版　开本：720 × 1000　B5

2023 年 1 月第三次印刷　印张：13 3/4

字数：282 000

定价：152.00 元

（如有印装质量问题，我社负责调换）

新兴产业发展战略研究（2035）丛书
编委会名单

凌　文　　彭苏萍　　蒋庄德　　韩英铎　　程　京　　舒印彪
谭天伟　　谭建荣　　潘云鹤　　薛　澜

工作组组长：

周　源　　陈璐怡

工作组（以姓氏笔画为序）：

王　磊　　王海南　　孙旭东　　陈必强　　陈璐怡　　苗仲桢
赵丽萌　　赵鸿滨　　姜玲玲　　徐国仙　　高雨辰　　陶　利
曹雪华　　崔　剑　　戴培超

“新兴产业发展战略综合研究（2035）”课题组成员名单

王礼恒　　中国航天科技集团有限公司　院士
周志成　　中国航天科技集团有限公司第五研究院　院士
屠海令　　有研科技集团有限公司　院士
陈左宁　　中国工程院　院士
吴曼青　　中国电子科技集团公司　院士
谭天伟　　北京化工大学　院士
张伯礼　　中国中医科学院、天津中医药大学　院士
卢秉恒　　西安交通大学　院士
尤　政　　清华大学　院士
彭苏萍　　中国矿业大学（北京）　院士
潘云鹤　　中国工程院　院士
柳百成　　清华大学　院士
吴　澄　　清华大学　院士
薛　澜　　清华大学　教授
王崑声　　中国航天系统科学与工程研究院　研究员
王海南　　中国航天系统科学与工程研究院　研究员
胡良元　　中国航天系统科学与工程研究院　研究员
周　源　　清华大学　副教授
刘晓龙　　中国工程院战略咨询中心　副处长
陶　利　　中国电子科技集团公司电子科学研究院　高工

陈必强　　北京化工大学　教授
王　磊　　西安交通大学　副研究员
马　飞　　有研科技集团有限公司　高工
孙旭东　　中国矿业大学（北京）　副教授
徐国仙　　浙江大学　工程师
姜　彬　　中国航天科技集团有限公司　工程师
仲小清　　中国航天科技集团有限公司第五研究院　研究员
马雪梅　　中国航天系统科学与工程研究院　高工
陆春华　　中国航天系统科学与工程研究院　工程师
唐　铭　　中国航天系统科学与工程研究院　工程师
康阳春　　中国航天系统科学与工程研究院　工程师
沈艳波　　中国航天系统科学与工程研究院　工程师
卜朝燕　　中国航天系统科学与工程研究院　工程师
周梦琳　　中国航天系统科学与工程研究院　工程师
崔　剑　　中国航天系统科学与工程研究院　工程师
徐　源　　中国航天系统科学与工程研究院　工程师
熊梦梦　　中国航天科技集团有限公司第五研究院　工程师
江　媛　　中国工程院战略咨询中心　高级经济师
陈璐怡　　中国工程科技发展战略研究院　助理研究员
曹雪华　　中国工程科技发展战略研究院　项目助理
赵丽萌　　中国工程科技发展战略研究院　项目助理
孙艺洋　　中国工程科技发展战略研究院　项目助理

丛 书 序

2021年是“十四五”开局之年，必须立足新发展阶段、贯彻新发展理念、构建新发展格局，加快发展壮大战略性新兴产业。战略性新兴产业是以重大技术突破和重大发展需求为基础，对经济社会全局和长远发展具有重大引领带动作用的产业，具有知识技术密集、物质资源消耗少、成长潜力大、综合效益好等特点。面对当前错综复杂的国际国内新形势，发展战略性新兴产业是建设社会主义现代化强国，推动经济发展新动能的重要任务，也是促进我国经济高质量发展的关键。

战略性新兴产业是引领国家未来发展的重要力量，是主要经济体国际竞争的焦点。习近平总书记指出，要以培育具有核心竞争力的主导产业为主攻方向，围绕产业链部署创新链，发展科技含量高、市场竞争力强、带动作用大、经济效益好的战略性新兴产业，把科技创新真正落到产业发展上。坚持创新在我国现代化建设全局中的核心地位，把科技自立自强作为国家发展的战略支撑，面向世界科技前沿、面向经济主战场、面向国家重大需求、面向人民生命健康，深入实施科教兴国战略、人才强国战略、创新驱动发展战略，完善国家创新体系，加快建设科技强国。战略性新兴产业作为未来的先导产业和支柱产业，对我国转变经济发展方式，实现创新驱动发展有着重要的推动作用。

为了应对金融危机，重振经济活力，2010年，国务院颁布了《国务院关于加快培育和发展战略性新兴产业的决定》，并于2012年出台了《“十二五”国家战略性新兴产业发展规划》，提出要重点培育与发展节能环保、新一代信息技术、生物、高端装备制造、新能源、新材料、新能源汽车等七大领域； 2016年出台了《“十三五”国家战略性新兴产业发展规划》，把战略性新兴产业摆在了经济社会发展更加突出的位置，加快发展壮大了网络经济、高端制造、生物经济、绿色低碳和数字创意等五大领域，超前布局了空天海洋、信息网络、生物技术和核技术领域一批战略性产业；2021 年，《中华人民共和国国民经济和社会发展第十四个五年规划和2035年远景目标纲要（草案）》中明确指出，要着眼于抢占未来产业发展先机，培育先导性和支柱性产业，推动战略性新兴产业融合化、集群化、生态化发展。当前，我国已转向高质量发展阶段，战略性新兴产业在坚持创新驱动发展，全面塑造发展新优势方面起到了重要作用。

中国工程院是中国工程科技界最高荣誉性、咨询性学术机构，同时也是首批国家高端智库。自 2011 年起，开展了“战略性新兴产业培育与发展战略研究”“‘十三五’战略性新兴产业培育与发展规划研究”“战略性新兴产业重大行动计划研究”等重大咨询项目的研究工作，并配合国家发展和改革委员会参与了“十二五”“十三五”国家战略性新兴产业发展规划的制定和规划实施的中期评估，为战略性新兴产业相关政策的制定及完善提供了依据。

在前期研究基础上，中国工程院于 2018 年启动了“新兴产业发展战略研究（2035）”重大咨询项目。项目以“十四五”及 2035 战略性新兴产业创新发展研究为主要内容，紧密结合我国国情与国际形势，在系统分析国内外战略性新兴产业发展趋势、我国经济社会发展的战略需求的基础上开展研究。研究战略性新兴产业重点领域规划实施和创新发展，形成新兴产业技术预见路线图，完善战略性新兴产业统计指标体系和成熟度评价指标体系的建设。为“十四五”产业部署和创新发展重点及“十四五”规划的前期研究提供参考，同时为实现 2035 创新发展目标奠定基础。

经过两年的广泛调研和深入研究，项目组编纂形成“新兴产业发展战略研究（2035）”丛书，共 8 册。其中 1 册综合卷，即《新兴产业发展战略综合研究（2035）》；1 册政策卷，即《新兴产业政策创新研究（2035）》；6 册领域卷，包括《新一代信息产业发展战略研究（2035）》《生物产业发展战略研究（2035）》《高端装备产业发展战略研究（2035）》《新材料产业发展战略研究（2035）》《绿色低碳产业发展战略研究（2035）》《数字创意产业发展战略研究（2035）》。丛书在研判国际新兴产业发展的新趋势基础上，梳理各个重点领域的系统性技术、产业瓶颈突破技术、跨领域技术，凝练“十四五”战略性新兴产业发展面临的问题，开展面向 2035 年的新兴产业技术预见及产业体系前瞻研究，并提出了“十四五”及中长期战略性新兴产业的发展思路、重点方向及对策建议。

2021 年正值两个百年目标交汇与转换之年，也是“十四五”国家战略性新兴产业发展的关键之年。衷心希望本套丛书能够继续为广大关心、支持和参与战略性新兴产业发展的读者提供高质量、有价值的参考。

前　言

中国特色社会主义进入了新时代，中国经济已由高速增长阶段转向高质量发展阶段，我国社会主要矛盾已经转化为人民日益增长的美好生活需要和不平衡不充分的发展之间的矛盾。战略性新兴产业代表新一轮科技革命和产业变革的方向，是促进经济高质量发展、培育发展新动能、获取未来竞争新优势的关键。自2010年国务院发布《国务院关于加快培育和发展战略性新兴产业的决定》以来，经过"十二五""十三五"的快速发展，中国战略性新兴产业的产业规模持续壮大，创新能力和竞争力明显提高，产业结构进一步优化，形成了产业新体系。2018年中央经济工作会议以来，国家关于加快新型基础设施建设的一系列战略部署和举措将进一步带动新兴产业的跃升。中国工程院自2011年起启动战略性新兴产业重大咨询项目，已连续推进8年，在国家战略性新兴产业的发展规划制订、政策完善等方面起到了关键作用，形成的系列研究成果得到了社会广泛关注和认可。本期研究"新兴产业发展战略研究（2035）"为第四期，在前期研究基础上，进一步加强顶层设计、强化组织协调，紧密结合我国国情与国际形势，采用定性与定量相结合的方法，深入研究"十四五"时期新兴产业特征、定位、发展重点等，并面向2035开展新兴产业的中长期发展战略研究，推动新兴产业的集群化、国际化发展，支撑国家战略决策。本期研究设置新一代信息技术产业、生物产业、高端装备制造产业、新材料产业、绿色低碳产业、数字创意产业六个专题组及政策组、综合组。

本期研究系统分析战略性新兴产业发展的国际环境变化及未来发展趋势。未来战略性新兴产业发展挑战与机遇并存，战略性新兴产业一方面将长期面临中美贸易战的挑战，另一方面"一带一路"倡议将为战略性新兴产业发展带来新的发展机遇。分析我国新兴产业阶段特征及新时期的定位，总结我国战略性新兴产业培育与发展取得的显著成效和存在的问题。"十三五"以来，在我国经济增速放缓的大背景下，战略性新兴产业仍实现了持续快速增长，总体发展势头强劲，重点产业全面发展。"十四五"及未来，战略性新兴产业将是我国现代经济体系建设的新支柱，是破解发展不平衡、不充分的关键。加快提升产业创新能力、提高发展质量、打造新兴产业集群、坚持开放融合发展是新时期战略性新兴产业发展的主要特征，夯实产业基础，确保产业安全及未来领先优势，是“十四五”战略性新兴产业加速发展的关键。本期研究提出了“十四五”新兴产业总体思路及发展重点，面向 2035 的发展方向，从加强统筹协调、优化顶层设计、强化战略引领，完善创新基础、强化产业创新体系，激发市场活力、发挥企业创新主体地位和主导作用，加大开放“十四五”及更长时期战略性新兴产业培育与发展方面提供咨询建议，推动“从 2020 到 2035 年，我国经济实力、科技实力大幅跃升，跻身创新型国家前列”战略目标的实现。

“新兴产业发展战略研究（2035）”项目组

目　　录

第一章　新兴产业国际环境分析及未来发展趋势

第一节　新兴产业国际环境变化

一、战略性新兴产业将长期面临中美贸易摩擦的挑战

中美贸易摩擦虽然经过了多轮高级别磋商，而且中美双方于 2020 年 1 月 15 日签署了第一阶段经贸协议。但中美贸易摩擦不会因此就一帆风顺地得到解决，因为由美国单方面发起的中美贸易摩擦已经不是单纯的关税问题，而是涉及关键技术、知识产权、投资、金融等多个领域的复杂问题，将长期影响我国战略性新兴产业的高质量发展。2020 年 5 月 20 日，美国国防部和白宫网站同时发布《美国对中华人民共和国的战略方针》(*United States Strategic Approach to The People's Republic of China*) 报告，认为中国正在经济、价值观和国家安全三个方面对美国发起强烈挑战[1]。2017 年新一届美国政府奉行“美国优先”政策，对外采取一系列单边主义和保护主义措施，以加征关税等手段相威胁，启用尘封多年的“201 调查”“232 调查”等手段，对各主要贸易伙伴频频出手，频频挑起与主要贸易伙伴之间的经贸摩擦，搅乱全球经贸格局。美国 2017 年 8 月启动单边色彩浓厚的“301 调查”，无视中国多年来在加强知识产权保护、改善外资营商环境等方面的不懈努力和取得的巨大成绩，对中国做出诸多不客观的负面评价，采取加征关税、限制投资等经贸限制措施，挑起中美经贸摩擦[2]。

(1) 2018 年 3 月以来，中美之间的贸易摩擦不断升级：2018 年 3 月 23 日，美国总统特朗普在白宫正式签署对华贸易备忘录。特朗普当场宣布，将有可能对从中国进口的 600 亿美元商品加征关税。2018 年 4 月 3 日，基于“301 调查”，美国贸易代表办公室公布对华征税建议清单，对涉及航空航天、信息和通信技术、

机器人和机械、医药等行业约 500 亿美元中国出口商品，征收 25%的关税。2019 年 8 月 24 日，美方宣布将提高对约 5500 亿美元中国输美商品加征关税的税率。

（2）美国妄图对中国新兴产业发展进行战略遏制。美国要求中国对产业政策，乃至经济结构进行调整，维护美国经济竞争优势。美国宣布征税 25%的中国产品基本上就是中国七大战略性新兴产业的高科技产品。如《纽约时报》所说，美国的真正目的是要遏制中国制造业升级[3]。根据《纽约时报》2018 年 10 月 10 日刊发的报道，特朗普政府正在通过美国外国投资委员会（Committee on Foreign Investment in the United States，CFIUS），收紧外国企业和资本进入到 27 个美国敏感技术领域，其中就包括电信、半导体、生物医药和飞机制造等行业。与此前只专注于并购和多数股权收购的审查不同，新的 CFIUS 的审查范围将进一步扩大，少数股权的投资及成立合资公司，也都将面临更为严格的审查[4]。

（3）争夺技术主导权，打压中国高科技企业。2018 年 4 月 16 日，美国商务部发布对中兴通讯股份有限公司（以下简称中兴通讯）的出口禁令，直到 2025 年 3 月 13 日，美国公司将被禁止向中兴通讯销售零部件、商品、软件和技术[3]。2018 年 8 月，特朗普签署《外国投资风险审查现代化法案》，赋予 CFIUS 更大权力，收紧外资安全审查，主要目标针对中国，阻碍中企对美并购投资获得关键技术、新兴技术和基础设施等[5]。2019 年 5 月 15 日美国总统特朗普签署行政命令，宣布进入国家紧急状态，不允许被“外国对手”拥有或掌控的公司向美国提供电信设备和服务。2019 年 5 月 16 日，美国商务部工业与安全局（Department of Commerce，Bureau of Industry and Security，BIS）将华为及其非美国附属 68 家公司纳入“实体清单”。2020 年 5 月 15 日，BIS 宣布计划，限制华为使用美国技术和软件在国外设计和制造其半导体的能力[6]。2020 年 5 月 22 日，美国将 33 家中国企业和机构列入“实体清单”[7]。2020 年 7 月 20 日，美国商务部突然宣布，将 11 家中国企业纳入“实体清单”[8]。

二、新冠肺炎疫情冲击世界经济，将加速全球产业链重构

（1）新型冠状病毒肺炎疫情（以下简称新冠肺炎疫情）的全球蔓延对世界经济造成了巨大冲击。受新冠肺炎疫情全球蔓延影响，世界经济正面临严重的挑战，多个国际组织及机构预测，2020 年全球经济增长将大幅萎缩。2020 年 4 月 14 日上午，国际货币基金组织（International Monetary Fund，IMF）在美国华盛顿发布最新一期《世界经济展望报告》，预计 2020 年全球 GDP 增长将萎缩 3%[9]。世界贸易组织（World Trade Organization，WTO）2020 年 4 月 8 日发布贸易统计及展望报告《新冠病毒大流行颠覆全球经济，贸易将大幅下跌》预测：在较乐观的情

况下，2020 年全球商品贸易将下滑 13%，全球 GDP 2020 年将下滑 2.5%；在较差情况下，全球商品贸易将重挫 32%[10]。WTO 2020 年 6 月 23 日发布《全球贸易数据与展望》报告显示，2020 年第一季度全球货物贸易量同比下降了 3%，预计第二季度的降幅将高达约 18.5%[11]。

（2）新冠肺炎疫情全球蔓延导致部分产业链、供应链断链。为了抑制疫情的传播，各国都采取了严格的管控措施，人员流动、跨境商贸活动受阻，全球范围内的外贸需求订单减少，金融市场剧烈震荡，要素流动与对外交往严重受限，生产和贸易活动处于放缓、半停滞或停滞状态，全球产业链、供应链受到双重打击。邓白氏商业资料公司评估，在《财富》1000 强企业中，有 94%经历了新冠肺炎疫情带来的供应链中断[12]。受疫情影响，全球汽车产业供应链不再稳定，新能源汽车部分产业供应链断裂、产业链破坏。欧美部分汽车零部件企业于 2020 年 3 月中下旬陆续停产，其中不乏博世、大陆、麦格纳、采埃孚、马勒等国际巨头。有数据显示，截至 2020 年 3 月末，欧洲、美国、日本、韩国等地已有超过 120 家汽车及零部件工厂处于停产状态[13]。受疫情影响的经济体，其新能源汽车产品贸易出口占据全球 50%以上。

（3）后疫情时代全球产业链重构将加速。新冠肺炎疫情的影响促使决策者和跨国公司重新考虑覆盖全球的供应链，中国是全球供应链中最重要的一环。疫情过后跨国企业可能会出于分散风险的考虑，把部分产能迁出中国。2020 年 4 月 7 日，日本经济产业省发布总额高达 108 万亿日元的抗击疫情脱困计划，提出了日本企业退出中国方案[14]。4 月 9 日，美国白宫国家经济委员会对美企从中国迁回美国所发生的所有成本，在当年进行 100%的当期费用化处理[14]。供应链全球化已成为世界经济的一个重要特征，世界产业链条已处于“相互依存、相互通融、你中有我、我中有你”的共生状态，产业链搬离中国并非易事[15]。美国消费者新闻与商业频道（Consumer News and Business Channel，CNBC）网站在 5 月 25 日的报道中认为，许多企业在新冠肺炎疫情过后会调整供应链，这意味着它们将在中国扩张产业链，而非搬离中国[15]。

（4）新冠肺炎疫情将推动数字经济加速发展，新型数字化基础设施建设步伐加快。数字经济已经成为推动世界经济增长、经济结构转型的重要力量，各国根据自身的战略需求，纷纷制订战略规划和政策措施，加紧布局数字经济前沿领域，抢占经济发展制高点。中国信息通信研究院发布的《G20 国家数字经济发展研究报告（2018 年）》显示，2017 年 G20 国家数字经济总量达 26.17 万亿美元，增长率高达 8.64%，其中美国、中国、日本、英国分别为 11 万亿美元、3.5 万亿美元、2.3 万亿美元和 1.43 万亿美元，居于全球前四位。数字经济成为世界各国经济发展和增长的新动能[16]。在疫情防控中，数字经济生活模式广泛应用，数字经济需求大幅增长，居家办公、产业链线上整合等新的工作方式和治理模式将会深刻地改变生产要素和人力资源的分配方式，并持续产生重大影响[17]。未来数字化转型将进入一个新的发展阶段，正在出现在线数字化、城市数字化、企业数字化、治理数字化，以及数字化、网链化管理趋势[18]。在新冠肺炎疫情之下，数字经济对经济拉动效果显著，在对数字经济在疫情中的价值做出研判之后，美日政府纷纷推出新政策、新布局，加大了对数字经济新要素的培育扶持力度，集中发力资本工具、数据资源、基础设施及关键技术四项核心要素的投入[19]。

三、“一带一路”倡议带来新的发展机遇

2015 年 3 月，中国政府特制定并发布《推动共建丝绸之路经济带和 21 世纪海上丝绸之路的愿景与行动》[20]，提出“推动新兴产业合作，按照优势互补、互利共赢的原则，促进沿线国家加强在新一代信息技术、生物、新能源、新材料等新兴产业领域的深入合作，推动建立创业投资合作机制”是“一带一路”的合作重点之一。

2017 年 5 月 14～15 日，“一带一路”国际合作高峰论坛在北京召开，论坛圆桌峰会联合公报提出[21]，重点推动政策沟通、设施联通、贸易畅通、资金融通、民心相通，促进各国发展战略对接，加强创新合作，支持电子商务、数字经济、智慧城市、科技园区等领域的创新行动计划，推动全球价值链发展和供应链连接，增加双向投资，加强新兴产业、贸易、工业园区、跨境经济园区等领域合作。

2019 年 4 月 25～27 日，第二届“一带一路”国际合作高峰论坛在北京成功举行，推进“一带一路”建设工作领导小组办公室 4 月 22 日发表《共建“一带一路”倡议：进展、贡献与展望》报告[22]。该报告指出，2013 年以来，共建“一带一路”倡议以政策沟通、设施联通、贸易畅通、资金融通和民心相通为主要内容扎实推进，取得明显成效。共建“一带一路”支持开展多元化投资，鼓励进行第三方市场合作，推动形成普惠发展、共享发展的产业链、供应链、服务链、价值链，为沿线国家加快发展提供新的动能。中国对沿线国家的直接投资平稳增长，2013～2018 年，中国企业对沿线国家直接投资超过 900 亿美元，在沿线国家完成对外承包工程营业额超过 4000 亿美元。沿线国家加快发展产生了国际产能合作的巨大市场需求，国际产能合作和第三方市场合作稳步推进。中国各类企业遵循市场化法治化原则自主赴沿线国家共建合作园区，促进当地经济发展，为沿线国家创造了新的税收源和就业渠道。

受新冠肺炎疫情影响，2020 年前 2 个月我国外贸进出口 4.12 万亿元，下降 9.6%。其中，出口 2.04 万亿元，下降 15.9%；进口 2.08 万亿元，下降 2.4%。同

期，我国与“一带一路”沿线国家合计进出口 1.3 万亿元，同比增长 1.8%，高出我国外贸增速 11.4 个百分点，占 31.7%[23]。

第二节　国外新兴产业发展重点

一、发达国家和地区新兴产业的发展重点

美国、欧盟、德国、英国、日本等发达国家和地区根据自身产业和科技的比较优势，纷纷制定了新兴产业发展战略，并出台了相应的促进政策，把争夺科技制高点作为国家战略重点，大力发展新兴产业。发达国家和地区新兴产业发展重点领域及相关战略、计划见表 1-1。

表 1-1　发达国家和地区新兴产业的发展重点

国家和地区	重点领域	相关战略、计划
美国	先进制造、精密医疗、脑计划、先进汽车、智慧城市、清洁能源和节能技术、教育技术、太空探索、计算机新领域、大数据、生物技术、纳米技术、5G（5th-generation）、先进机器人、量子等	《美国创新战略：确保经济增长与繁荣》、《纳米技术签名倡议》、《2020 及未来纳米电子学计划》、《可持续纳米制造：创造未来的产业计划》、《国家生物经济蓝图》、《美国电动汽车普及计划蓝图》、《先进制造业国家战略计划》、《大数据研究与开发计划》、《美国创新战略》（2015 版）、《国家人工智能研究与发展战略规划》、《美国主导未来产业》、《量子信息科学国家战略》、《美国频谱战略》
欧盟	低碳产业、信息技术（重点是物联网）、生物技术等	《绿色基础设施：增强欧洲自然资本战略》、《欧洲 2020 战略》、《为可持续增长创新：欧洲生物经济战略》、《地平线 2020 计划》、《智能城市和社区欧洲创新伙伴行动》
德国	可再生能源、生物技术、先进制造业、电动汽车、人工智能、数字化、移动医疗等	《高科技战略计划》、《生物经济 2030 国家研究战略》、《第六能源研究计划——环保》、《可靠和经济的能源供应研究》、《生物炼制路线图》、《德国联邦政府国家电动汽车发展规划》、《德国工业 4.0 战略》、《欧洲人工智能战略》、《国家工业战略 2030》
英国	先进材料、卫星、能源存储、机器人与自动控制、农业科技、再生医学、大数据和合成生物等	《低碳转型计划》、《英国可再生能源发展路线图》、《技术与创新中心计划》、《海洋产业增长战略》、《合成生物学路线图》、《英国工业 2050 战略》、《技术与创新的未来 2017》
日本	新能源、节能环保、信息技术、新型汽车等	《能源基本计划》、《原子能政策大纲》、《创建最尖端 IT 国家宣言》、《海洋基本计划》、《综合创新战略》

（一）美国

美国在新兴产业创新发展方面，以 2015～2019 年情况做阐述。

2015 年 10 月 21 日，美国发布新版《美国创新战略》，被用于指导美国政府

工作，以确保美国能够继续引领创新经济、发展未来产业并利用创新来解决国家发展中遇到的挑战。该战略涉及六个方面，指出联邦政府在投资基础创新领域、鼓励私人部门创新和培养更多创新人才方面应发挥更重要的作用，政府将为实现上述目标采取三项战略举措——创造高质量就业岗位和长期稳定的经济增长、推动国家重点创新领域取得突破及建设创新型政府。2015 年美国为更大程度地提升国家创新能力做了大量工作，例如，在基础创新领域的投资：①加大对基础研究方面的投资；②建设高质量的科学、技术、工程、数学教育；③争取优秀人才移民以发展创新型经济；④建设一流的现代化科研基础设施；⑤推动先进信息通信技术的研发应用。在鼓励私人部门创新方面：①扩大鼓励创新的税收抵免；②为创新型企业家提供便利；③构建鼓励创新的市场环境；④向创新者开放相关联邦数据；⑤拓展研究成果商业化渠道；⑥支持区域性创新发展；⑦支持创新型企业参与国际竞争。在创新人才培养方面，通过“全民制造”运动等方式挖掘创新型人才。推动国家重点创新领域取得突破，这些重点领域包括：各行业的重大挑战；“精准医疗”计划；通过“脑计划”加速发展新型神经技术；推动卫生保健领域的突破性创新；引入先进交通工具，减少事故发生；建设智慧城市，及时识别城市隐患；推动清洁能源，提高能源效率；推动教育技术革命；推动空间技术突破；发展高性能运算；到 2030 年，利用创新方法帮助消除全球极端贫困。

2016 年美国加大力度实施系列创新政策，先进制造、航天科技、农业科技、气候变化、新能源产业、信息网络产业、生物医疗产业等新兴产业，是美国近年来重点发展的新兴产业。同时，美国政府推出了一系列公开数据计划，在健康、能源、气候、教育、金融、公共安全等领域开放数据信息，促进创新的突破，从而推动经济发展。为了进一步挖掘联邦政府数据潜力，促进创新与社会进步，2016 年 1 月美国商务部发起了一项旨在使政府更加容易使用的“数据易用性计划”；2 月，白宫宣布实施“网络安全行动计划”，并同时发布了《联邦网络安全研发战略》；5 月，白宫发布《联邦大数据研发战略计划》，旨在建立大数据创新生态系统，加强数据分析服务于科学研究、经济增长与国家安全的能力。

2017 年，美国在信息技术、量子通信、先进制造业、生物、纳米技术等方面加大支持力度。信息技术方面的优先领域研究包括：下一代信息技术，数据隐私、安全与伦理，教育与培训等。在量子通信领域，美国发布了《推进量子信息科学：国家挑战与机遇》。目前，美国政府支持量子信息科学的研发投入每年为 2 亿美元左右，主要通过国防部、能源部、高级情报研究计划局、国家标准与技术研究院、国家科学基金会等机构支持。先进制造业是美国经济的核心，美国从创新、投资和劳动力等方面提出促进先进制造业发展的目标和措施。2017 年特朗普政府强势支持“制造业重返美国”。美国政府将继续投入资金支持制造业创新研究所的发展，构建“美国制造”网络；支持中小企业应用智能制造技术；为机械和设备投资提供更有利的税收优惠等。2017 年美国继续促进生物、纳米技术等开发和产业发展，研究方向为利用实验系统和新兴计算工具，建立微生物组预测模型。

2018 年，针对新兴产业的综合性科技战略，美国颁布了《国家太空战略》，以加强美国在太空竞争力方面的领先优势。并发布《国家网络战略》，提出未来将巩固美国在网络空间的利益，并表明美国有意扩大其在网络空间的国际影响力，推动《国家量子法》，全面加速量子技术的发展和应用。对于前沿基础研究，在生物医疗技术领域，美国癌症免疫治疗研究取得新突破，推出当时最综合的癌症基因组图谱，提高了癌症疗法疗效，并为研发新药提供了路线图，对于抗癌药物的研发具有重要意义。随着量子计算、人工智能等技术的发展和成熟，新材料模拟和预测的速度不断加快，美国制定了一系列的人工智能战略统领发展，并制定《2018 年国防部人工智能战略摘要》，加快在国防领域的人工智能部署，以促进人工智能关键核心技术和市场应用的发展。在这样的背景下，IBM 科学家利用新算法，成功模拟了氢化铍（BeH_2）7 量子位系统；美国哈佛大学利用人工智能可以预测制备亚硒酸钠晶体的反应条件，预测结果比拥有超过十年经验的材料化学家更准确。

2019 年，美国政府列出五大研发方向和五大重点举措，以确保美国在国家安全、新兴产业、能源环保、生物健康和太空探索等领域保持领先，这符合特朗普政府在科技领域“重竞争、轻合作”的特色。在《2021 财年政府研发预算重点》列出的五大研发预算重点方向中，美国安全位列首位，明确提出“对手利用新兴和破坏性技术威胁美国”，因此要在和国家安全相关的四个领域加大投资，包括：提升先进军事能力；增强关键基础设施恢复力；集中发展半导体，为新兴产业计算和存储模式提供可信和有保障的微电子技术；增进开发循环和再处理技术、寻找替代材料、研发新的提取制造技术，以确保稀土等关键矿产的供应链安全。美国意图在人工智能、量子信息科学和计算等未来新兴产业发展中取得领导地位，推动先进通信网络和自动化及先进制造业的发展，即智能和数字化制造及先进工业机器人技术等，并着重考察能源和环境，重视对海洋和地球系统的预测；支持健康和生物经济创新，包括生物医药、退伍军人保健、生物经济学三个方面。《2021 财年政府研发预算重点》还提出五大重点措施：创建并支持反映美国价值的科研环境；打造多元、高技能的美国科研人员；支持高风险、高回报的变革性研究；利用数据的力量；构建、增强和扩展战略性多部门合作。美国计划于 2024 年前再次将宇航员送上月球并将国际空间站商业化，进一步促进太空探索和太空商业模式。

（二）欧盟

围绕《欧洲 2020 战略》，欧盟确定了智能型、可持续、包容性增长的目标，欧盟始终坚持把科技创新视为最重要的驱动力之一，致力于增加全社会研发创新投入，加速向知识密集型经济社会转型升级。重在提高绿色技术、信息技术（重点是物联网技术）、生物技术和其他高技术至全球领先水平，大力发展绿色经济。同时，2018 年 3 月，欧洲政治战略中心提出发展《人工智能时代：确立以人为本的欧洲战略》，重点介绍全球人工智能发展概况，对比欧洲各国与全球其他国家人工智能发展，分析人工智能可能引发的道德问题等。2018 年 4 月，英国发布《人工智能行业新政》，提出通过加强研发、强化 STEM（science，technology，engineering，mathematics，科学、技术、工程、数学）教育、提升数字基础设施等措施，推动英国成为全球人工智能领导者。

在循环经济领域，欧盟投入 3.25 亿欧元支持“工业 2020”。在智慧城市发展领域，预算 11.5 亿欧元，以实现环境、交通、能源及数字化网络之间的高效集成与协同运转。欧盟发展的低碳技术包括典型低碳能源技术、碳捕捉运输封存技术、储能技术、生物燃料与建筑节能技术等。欧盟还出台了大批促进产业发展的政策，如《地平线 2020 计划》等，指出 2018～2020 年度提供 300 亿欧元的支出，按照年度工作计划 22 亿欧元拨款，投入清洁能源 4 个相关领域的项目，包括可再生能源、能效建筑、电动运输和储存方案，其中，2 亿欧元支持研发生产欧洲下一代电池。此外，在高温超导体材料领域、新一代高效太阳能电池技术领域、先进制造与新材料领域、节能环保领域等，欧盟均给予大力支持，并取得突破性进展。

（三）德国

德国是世界经济和科技创新强国。其研发投入近年来持续增长，研发领域从业人员数量创下新高。德国重点科技战略主要包括：出台数字战略，推动数字经济转型；设立“工业 4.0 标准化理事会”；推动“自动与互联汽车国家战略”的实施等。

2016 年，德国联邦政府研发经费预算分布在 21 个领域中，其中，健康研究和卫生经济领域最多，约为 22.3 亿欧元；超过 10 亿欧元的有能源研究和能源技术、气候环境和可持续发展、航空航天、人文经济和社会科学、中小企业创新、基础研究大型设备 6 个领域。

在数字战略领域，德国推出了十项重要举措，包括到 2025 年建成千兆级光纤网络、支持信息化领域内的创业、推动数字化技术的科研与创新走向顶尖水平等。在低碳经济领域，德国《能源战略 2050：清洁、可靠和经济的能源系统》中提出了能源发展路线图，明确了以可再生能源为核心、建设智能电网的未来能源战略。在生物经济领域，德国出台了《生物炼制路线图》等政策，规划生物炼制技术未来行动领域，发展可持续生物经济。在新能源汽车领域，德国政府还出台了《德国联邦政府国家电动汽车发展规划》，依靠技术创新引领以电动汽车为代表的可持续交通产业发展。同时，德国在《高科技战略 2025》中，提出将在数字安全领域得到发展，实施《全新的整体 IT 安全解决方案》，其中量子通信将发挥重要作用。

德国非常重视人才培养，联邦政府从 2017 年起至 2023 年将提供 10 亿欧元用于提高高校青年科学家职业道路的可预见性和可计划性，增强德国对本国和国外青年人才的吸引。此外，自 2016 年起，德国政府注重构建面向未来的科研体系，部署建立以高校为核心的、竞争与合作网络交错的、功能和机构分工明确的多元化科学体系，并大力支持中小企业创新。针对本国的医疗产业，2018 年，德国发布《高科技战略 2025》，提出要实施"国家十年抗癌计划"，结合数字创新技术为"预防和个性化医疗"开发数字化解决方案。2019 年，德国在智能制造等领域加快布局，战略性新兴产业结构进一步高端化，产出效率进一步提高，技术创新能力和技术力量整合能力进一步提升。

（四）英国

2017 年英国科技与创新呈现出平稳、持续发展态势。在科技创新政策方面，英国改组成立商业、能源与产业战略部，发布 2016/2017 财年至 2019/2020 财年英国科学与研究的预算分配方案，其财年科研资源性预算从 2016/2017 财年的 47 亿英镑，升至 2019/2020 财年的 51 亿英镑。

在低碳经济领域，英国鼓励开发低碳能源技术，支持低碳能源基础设施建设，建立低碳制造业供应链，全面提高能源效率，促进低碳产业健康快速发展。通过出台《技术与创新中心计划》、《海洋产业增长战略》、《合成生物学路线图》及建立增材制造研究中心等政策措施，发展高附加值制造、信息、生物、海洋等新兴产业。《英国工业 2050 战略》中提出了未来英国制造业的四个特点：一是快速、敏锐地响应消费者需求；二是把握新的市场机遇；三是可持续发展；四是未来制造业将更多依赖技术工人，加大力度培养高素质的劳动力。

此外，英国高度重视国际科技合作，牛顿基金、全球挑战研究基金等，均为英国开展国际科技合作提供了有力支持。

（五）日本

2016 年日本启动"第五期科学技术基本计划"，日本政府科技相关预算总额为 43 692 亿日元。

日本在新能源、信息技术、新能源汽车等领域均有战略部署。在新能源领域，2016 年日本发布《能源环境技术创新战略 2050》，重点推进能源系统集成、节能、储能、可再生能源发电及二氧化碳固化和利用五大技术创新领域。预测日本到2020年国内光伏装机总量将达到49GW，到2030年光伏装机总量达到102GW左右。在信息技术领域，2013 年日本发布《创建最尖端 IT 国家宣言》，全面阐述了2013～2020 年以开放公共数据和发展大数据技术为核心的新 IT 国家战略。在其信息技术领域，2018 年 3 月 26 日，日本理化学研究所成功开发了一种模拟人脑全脑回路的算法，该算法可以用于下一代超级计算机领域，应用该算法能够有效提高计算效率，对于计算机发展具有重要意义。在新能源汽车领域，2019 年，日本电动汽车销量同比下滑 23%，至 3.53 万辆。并通过国家层面制定战略，日本在《综合创新战略》中，提出要重点支持人工智能的相应措施，使产业规模进一步壮大。因为日本高度重视新兴产业的发展，使得该产业呈现出快速发展的态势。至 2019 年，日本在智能机器人及制造等领域加快布局，优化结构，提升科技含量及附加值。

二、新兴经济体新兴产业的发展重点

新兴经济体尤其是俄罗斯、印度、南非和巴西等金砖国家也都加快了新技术开发和新兴产业布局，选择并优先发展一些新兴产业，作为提升产业结构、加速经济发展与崛起的重大举措，并取得了不同程度的成功。新兴经济体的新兴产业发展重点领域及相关战略、计划见表 1-2。

表 1-2　新兴经济体新兴产业的发展重点

国家	重点领域	相关战略、计划
俄罗斯	新能源、节能环保、纳米技术、生物技术、医疗和健康、信息技术等	《2020 年前国家科技发展计划》、《国家能源发展规划》、《至 2020 年生物技术发展综合计划》、《2018 年前信息技术产业发展规划》、《2025 年前国家电子及无线电电子工业发展专项计划》、《2030 年前科学技术发展优先方向》
印度	新能源、信息服务、生物技术、材料产业等	《“十二五”规划（2012—2017 年）》、《2013 科学》、《技术与创新政策》
南非	新能源、生物制药、航空航天等	《国家战略规划绿皮书》、《2030 年国家发展规划》、《综合资源规划》
巴西	新能源，环保汽车、民用航空、现代生物农业等	《低碳战略计划》、《2012—2015 年国家科技与创新战略》、《科技创新行动计划》

（一）俄罗斯

为尽快实现能源依赖型经济向创新驱动型经济的转型，2016 年 12 月，俄罗斯正式批准实施“俄罗斯联邦科学技术发展战略”，计划在未来10～15年实现科技发展重点领域的一系列变化，包括采用先进数字和智能制造技术、机器人制造系统、人工智能技术；发展节能环保型经济；实现个性化医疗与精准医疗；大力发展高效环保农产品和水产品加工业等。

在生物领域，俄罗斯发布了《至2020年生物技术发展综合计划》《2018—2020年发展生物技术和基因工程发展措施计划》，大力发展生物能源、农业和工业生物技术。在信息领域，2012年俄罗斯发布了《2025年前国家电子及无线电电子工业发展专项计划》，计划未来12年投入约167亿美元推动电子工业发展；发布《2018年前信息技术产业发展规划》，确立信息技术产业的发展路径。

（二）印度

2019年印度发布了《2035年技术展望》。印度政府2016/2017财年科技部获得中央计划支出约15.4亿美元，比上年预算增长12%。印度利用人才优势和技术优势发展高技术产业，将软件、电子信息、新能源、汽车制造、生物医药等作为新兴产业加以重点发展，尤其是信息服务、生物技术、材料产业三个领域。历届政府出台了一系列优惠政策促进以软件产业为主的信息技术产业发展。为了更好地保障本国能源供应，印度政府实施了一系列扶持政策，如将“非传统能源部”更名为“新能源和可再生能源部”，负责新能源的发展战略规划、政策制定和执行；《“十二五”规划（2012—2017年）》明确提出提高水电、太阳能和风能等清洁能源比重。在莫迪政府的新兴产业经济发展蓝图中，很重要的一点就是振兴印度的制造业，目的是使印度制造业的生产总值占比从2011年的16%提高到2022年的25%。得益于“印度制造计划”及一系列改善营商环境的配套措施，2014年发布后5年来印度制造业发展明显提速。尽管目前总体表现并未达到政策预期，2018～2019财年，印度制造业的生产总值占比甚至降至16.4%，但毫无疑问，这一政策方向不仅没有改变，而且还将得到强化。随着政治风险的逐步消退，印度政府可能继续优化劳动力、资本、资源、技术和制度等要素的增长结构，通过稳定政治因素和把握稳中有进的经济两手政策，努力建设一个“新印度”。

（三）南非

南非基于自身禀赋资源优势，选择生物制药、航空航天、新材料等领域作为新兴产业发展重点方向。为促进新技术研发和新兴产业发展，南非公布了《2030年国家发展规划》，并实施一系列配套政策。在发展新能源产业方面，通过修订《综合资源规划》，调整2018年后的能源供应结构，大力提高太阳能、风能等新能源比重，勾勒出未来 20 年南非电力供应与发展蓝图。此外，还利用本国生物多样性资源丰富、地理纬度较高等独特优势，积极开拓生物制药、航空航天等新兴产业领域，力图在这些产业形成一定的优势。

（四）巴西

巴西依据自身资源优势，不仅将新能源、环保汽车作为具有重大关联性和核心竞争力的两大产业，还积极发展现代生物农业和民用航空等产业。目前，巴西已成为全球最大的乙醇燃料生产国，正加快第二代生物燃料乙醇的研发生产。巴西还利用生物能源优势，把生物燃料汽车技术开发作为其提升汽车工业国际竞争力的核心，并成为世界上最早掌握生物柴油技术的国家和生物能源应用领先国家。此外，巴西利用激励机制推动本国制药业发展，拟订多项计划增进空间行动规划的竞争力，扶持民用航空工业公司成为全球最大的支线客机生产商和第三大民用飞机生产商。

第三节　未来战略性新兴产业发展趋势

一、新一代信息技术产业发展趋势

新一代信息技术成为国际竞争制胜利器，不断深化与传统产业融合。云计算、大数据、新一代网络通信、人工智能等新一代信息技术快速演进，引领产业发展新变革。单点技术和单一产品的创新正加速向多技术融合互动的系统化、集成化创新转变，信息技术、生物技术、新能源技术、新材料技术等交叉融合正在引发新一轮科技革命和产业变革，人工智能、虚拟现实、区块链等前沿技术正加速与制造、农业、生物、能源、金融等融合。

新一代信息技术驱动社会形态加速向智慧社会升级演进，智慧社会服务有望破解发展不平衡难题。智慧社会将是人类社会发展历程中的一次全方位、系统性变革，将彻底改变人们的生产生活方式，重构个人、企业、政府、社会之间的互动关系，变革社会治理模式和国际竞争格局。

5G 迎来新一轮发展浪潮，网络基础设施向高速率、全覆盖、智能化方向发展。根据高通对 5G 产业的预测，到 2035 年 5G 将在全球新增 12.3 万亿美元经济产出，全球 5G 价值链将创造 3.5 万亿美元国内生产总值（gross domestic product，GDP）。世界各国积极出台高速宽带支持政策，加快空间网络探索和布局，加大普遍服务支持力度，推动网络设施不断向新一代信息基础设施演进。

人工智能将释放巨大能量，催生新技术、新产品、新产业，“5G+人工智能”将开启重大产业周期。5G 和人工智能都是能够改变时代的颠覆性技术，作为新一轮产业变革的核心驱动力，正在释放历次科技革命和产业变革积蓄的巨大能量，持续探索新一代应用场景，将重构生产、分配、交换、消费等经济活动各环节，催生新技术、新产品、新产业。

二、生物产业发展趋势

从世界生物产业发展趋势来看，目前正处于生物技术大规模产业化的开始阶段，预计近几年将进入快速发展期，并逐步成为世界经济的主导产业。Evaluate Pharma 2017 年医药市场报告预测，未来 5 年，全球处方药市场将以 6.5%的复合增长率稳步增长，2022 年可达 1.06 万亿美元，其中生物制品将稳步增长，2022 年将占医药市场 30%的份额，达 3260 亿美元。

肿瘤免疫治疗已在多种肿瘤如黑色素瘤、非小细胞肺癌、肾癌和前列腺癌等实体瘤的治疗中展示出了强大的抗肿瘤活性，多个肿瘤免疫治疗药物已经获得美国食品药品监督管理局（Food and Drug Administration，FDA）批准临床应用。此外，全球已有超过 2500 多个基因治疗临床试验正在进行，基因疗法也已经成为全球医药研发企业的必争之地，基因治疗正式进入高速发展阶段。

人工智能的下一个超级应用市场是医疗领域。据预测，到 2025 年，世界人工智能市场总值将达到 1270 亿美元，其中，在医疗行业的应用将占市场总规模的 1/5。未来，更多投资人工智能的风险投资基金将会跨入生物医药行业，为该行业创新者提供资金支持，激发新技术商业化的活力，加快创新项目与产品投入市场进而服务消费者的进程。数据驱动型的大科学研究正在成为推动疾病防控取得实效的重要引擎，以大数据为基础的精准医疗、智慧医疗、协同医疗蓬勃发展，并有望在催生新的科学发现、加速疾病防控技术突破、改善医疗供给模式、重构健康服务体系等方面发挥巨大作用。

在 2018 年，出现了一些基于 DNA（deoxyribonucleic acid，脱氧核糖核酸）信息引人注目的新兴技术，如智商遗传检测、DNA 刑侦、新药预测，并在这些领域取得了革命性进展。尤其是基于基因成像和测序方法的液体活检，可以识别和监控较早期阶段出现的肿瘤，人工智能及基因大数据的应用，结合未来液体活检为多数癌症提供了一种有效的早期筛查方法，并为精准确定癌症类型和预测癌症扩散提供线索。未来我们将看到更多利用基因大数据开展的创新研究的成果问世，随之而来的商业化前景也渐渐清晰。

三、高端装备制造产业发展趋势

科技革命和产业变革正形成历史性的交汇期，以智能制造培育新动能，已经成为世界产业变革的一个重要方向，主要发达国家在高端制造装备和高技术装备领域竞争将日趋激烈，美德仍为智能制造的全球领军者。

自中美贸易战以来，全球高端装备制造产业竞争格局深度调整。美国发射GPS Ⅲ（global positioning system Ⅲ，第三代全球定位系统）首星，“先进极高频”（advanced extremely high frequency，AEHF）通信卫星等，俄罗斯、欧盟、日本、印度等开展空天装备竞争。

产业政策成为大国竞争战略工具，如在2019年前后，先后有《美国先进制造业领导战略》、《国家工业战略 2030》（德国）、《美国主导未来产业》等政策颁布实施。其中，《美国主导未来产业》将人工智能、先进制造业、量子信息科学和5G视为决定美国高端产业未来命运的四大领域。

高端装备制造产业国家之间为确保产业链安全，布局全产业链竞争优势。美国产业链价值判断标准为：必须确保美国控制和引领全球产业链，对全球产业链实现垂直掌控，尤其是要在技术密集型产业中保持绝对优势。

四、新材料产业发展趋势

信息技术是当前世界经济复苏和推动未来产业革命的重要引擎，对于信息基础材料的需求不断攀升。信息化的水平取决于光电信息功能材料，其主流仍然是半导体材料，硅材料需求在2025年可能达到210亿$in^2$①。到2035年，以金刚石为代表的超宽禁带半导体材料也可能得到很大的发展并趋于实用。

新能源革命推动产业发展，绿色消费逐步被公众接受，绿色生产和制造被广泛重视。未来10～20年，晶体硅太阳能电池的主导地位不会发生根本性变化，未来10年锂离子动力电池市场将呈快速增长趋势，在新能源汽车和储能领域占据主导地位。

健康产业进入加速发展的新时期，生物技术和其他技术的交叉融合成为创新热点。生物医用材料是高技术材料市场中技术附加值最高（知识成本可高达总成本的50%～70%）的材料，具有巨大的潜在市场和发展空间，心血管系统介/植入器械将成为生物医用材料第二大市场。

先进制造技术正在向智能化的方向发展，高端装备制造支撑材料已经成为新

① $1in^2=6.451\,600\times10^{-4}m^2$。

材料产业发展的核心关键。具有感知、分析、推理、决策、控制功能，能实现高效、高品质、节能环保和安全可靠生产的下一代制造装备的支撑材料是未来材料产业发展的急需。

关键材料产品日新月异，产业升级换代步伐加快。国际社会正在努力研发性能更好的碳纤维技术，如新型碳纳米管纤维和石墨烯纤维技术。新材料在行业科技进步中具有举足轻重的作用。例如，高性能特殊钢和高温合金是高铁轮对和飞机发动机最好的选择，超高强铝合金是大飞机框架的关键结构材料，高强、高韧、耐腐蚀钛合金则是蛟龙号壳体及海洋工程不可或缺的材料，先进陶瓷基复合材料则为高超声速飞行器、高分辨对地观测卫星等新型航空航天器提供了关键技术支撑。

五、绿色低碳产业发展趋势

全球能源形势正在发生深刻变化。由于价格实惠、储量丰富和便于运输等优点，煤炭依然是很多国家的主体能源，是当前全球能源系统的核心。在页岩气产业发展进程中，以美国为主的公司逐渐形成了一批关键勘探开发技术，并通过利用大数据技术、立体开发、水平井分段压裂技术体系持续攻关，成功实现单井产量不断提升，单井成本持续下降。作为资源潜力巨大的能源类型，天然气水合物未来将持续受到关注，未来如能实现高效、安全、可控开发，天然气水合物有望改写全球能源供应格局。德国、美国和丹麦等发达国家在能源系统转型中已经开展了较多“能源互联网”研究，积累了较为丰富的经验。世界核电技术已经从以二代核电为主进入到三代核电的升级转型，以及四代核电技术的研究开发与部分堆型的示范验证阶段。全球范围内，亚洲、欧洲、北美仍然是风电新增装机容量最多的地区，以德国、英国、西班牙、法国和意大利为首的欧洲风电市场出现明显下滑，亚洲和北美洲风电表现相对抢眼；拉丁美洲、非洲和中东、大洋洲风电发展仍然较为缓慢。随着光伏制造成本的下降，太阳能光伏有望于2022年前后达到用户侧平价上网，这将大幅刺激太阳能光伏装机的进行。据国际能源署（International Energy Agency，IEA）推测，在2018～2023年生物质发电量所占比重会因太阳能、风能等其他可再生能源的发电规模扩大而下降。全球地热资源潜力大、利用量小，地热能直接利用规模逐年增加，地热能发电增长稳健。

国际节能环保产业已经步入技术成熟期，产业发展重点由最初的末端治理转为源头削减。发达国家的节能环保技术正向深度化、尖端化方面发展，产品不断向普及化、标准化、成套化、系列化方向发展。新材料技术、新能源技术、生物工程技术正源源不断地被引进节能环保产业，尤其是随着物联网、云计算、大数据、人工智能等新一代信息技术的迅猛发展，节能环保领域的应用范围不断扩大，创新出以智慧城市为代表的新型节能环保产业的雏形脉络框架，行业呈现智能化、综合化的发展趋势。

新能源汽车实现逆市增长，“电动化、智能化、网联化、共享化”加速融合发展，国际新能源汽车技术研发高度活跃、配套基础设施及服务平台快速发展。在车市整体低迷的情况下，新能源汽车实现逆市增长。汽车电动化的趋势已不可逆转。自印度宣布从2030年起全面实现汽车电动化后，美国、日本、欧盟等发达国家和地区向电动化发力，制定发布了禁售传统燃油车时间表。2019年，国际主要汽车企业发布了全新的新能源汽车发展规划。大众、沃尔玛、奔驰、通用、宝马、奥迪、福特及比亚迪、北汽新能源、长安等汽车企业在新能源汽车领域持续布局、谋求转型，不断加大研发生产力度，推动新能源汽车相关技术不断进步。国际整车企业也纷纷推出了“电动化+智能化+网联化+共享化”的新技术和新产品。智能网联汽车已成为汽车工业发展的战略方向，美国、德国、日本等世界汽车强国通过产业顶层设计并结合自身产业优势，在智能网联汽车领域已经形成一定优势。动力电池产业竞争逐步进入核心技术竞争阶段，对发展高能量密度、高安全动力电池的要求更加迫切；电驱动系统向高效集成方向快速发展；轻量化及整车高效节能成为新能源汽车发展的必然趋势；氢燃料电池汽车进入商业化示范应用阶段；在2020年5月22日的全国两会政府工作报告中，我国政府针对新能源汽车产业提出加强新型基础设施建设，增加充电桩、换电站等设施的指导意见，扩大推广新能源汽车，激发新消费需求、助力产业升级。

六、数字创意产业发展趋势

世界发达国家和发展中国家都在加紧培育和支持数字创意产业发展，努力打造具有国际竞争力的数字创意产业，以创造新的经济增长点并输出文化影响力。英国以轻量的创意产业为主，凭借深厚的文化底蕴驱动产业发展，突出“大文化”综合管理理念，能较快适应创意与数字等要素的融合发展趋势。美国在市场机制主导下，由资本和技术双轮驱动创意产业发展，通过版权来连接整个数字创意产业，使数字内容与技术得到协同发展。不论在内容环节还是在技术环节都有一大批企业占据着数字创意产业链的高地，内容创意环节有如华特·迪士尼、21世纪福克斯、康卡斯特及时代华纳（AT&T收购）等世界500强企业，产业技术环节的谷歌、微软、苹果、高通等世界500强企业亦引领着全球数字技术的发展方向。法国政府对文化创意产业涉入较深，采取“公共投入为主、国家扶持、多方合作”的政策，强调文化与国家形象相互结合，使得法国文化创意产业具有鲜明特色。

德国文化创意产业在标准主义、秩序主义、厚实精神、完美主义、精确主义、专注精神六大国民文化引领下，形成以建筑、艺术、设计、时尚四大领域为核心，涵盖工业设计、艺术品市场、音乐、图书、广告、建筑等十一大细分领域的稳定产业结构。日本是数字内容产业强国，具备成熟的产业链，超高清技术装备及数字动漫制作技术世界先进。韩国文化内容产业在经济增长、出口贡献、创造就业等方面对国民经济做出了积极贡献。

移动互联网与数字技术的快速发展驱动数字创意产业爆发式增长，人工智能、大数据、云计算、虚拟现实、超级感知等新一代科技革命不断将数字创意产业推升至全新的高度。数字创意产业作为一种智力密集型、高附加值的新兴产业，正处于高速增长期，在世界各国产业中的比重逐年增加，逐渐成为各国国民经济的重要支柱产业。数字创意基础技术及应用平台快速发展，与周边产业融合渗透成为转型发展新动能，数字创意产业逐渐呈现“工具、场景、服务”全球泛化趋势。创新设计将与各行各业深度融合，极大地提高各行各业的生产效率和质量，同时，创作工具、创作平台和创作数据库的不断迭代优化使得全民创新成为可能。地理和交流受限将导致地域文化影响力不断弱化，不同文化将不断融合发展直至趋同，逐步向信息、娱乐、消费、文化全球泛化的趋势发展；虚拟现实及全息技术与设备不断发展，虚拟体验越来越真实，逐步向信息、娱乐、消费场景泛化的趋势发展；数字创意产品的创作工具不断丰富，各类智能化设计工具积极地助力于创新设计活动，从而不断提高人机协同设计效率和创新水平。

第二章　我国新兴产业阶段特征及新时期的定位

第一节　“十三五”战略性新兴产业成就及存在的问题

一、“十三五”发展成就

“十三五”以来，在我国经济增速放缓的大背景下，战略性新兴产业仍实现了持续快速增长，总体发展势头强劲，重点产业全面发展。2016 年及 2017 年，全国战略性新兴产业工业增加值同比分别增长 10.5%和 11.0%，高于同期规模以上全国工业增加值增速 40%以上[24]。2018 年国家统计公报数据显示[25]，2018 年规模以上工业中，战略性新兴产业增加值比上年增长 8.9%；高技术制造业增加值增长 11.7%，占规模以上工业增加值的比重为 13.9%；装备制造业增加值增长 8.1%，占规模以上工业增加值的比重为 32.9%；全年新能源汽车产量 115 万辆，比上年增长 66.2%。2019 年国家统计公报数据显示[26]，2019 年规模以上工业中，战略性新兴产业增加值比上年增长 8.4%；高技术制造业增加值增长 8.8%，占规模以上工业增加值的比重为 14.4%；装备制造业增加值增长 6.7%，占规模以上工业增加值的比重为 32.5%；全年服务机器人产量 346 万套，比上年增长 38.9%。2018 年中央经济工作会议提出加快 5G 商用步伐，加强人工智能、工业互联网、物联网等新型基础设施建设[27]。2020 年 3 月 4 日，中共中央政治局常务委员会召开会议，明确要求加快 5G 网络、数据中心等新型基础设施建设进度[28]。国家发展和改革委员会、工业和信息化部、科学技术部等部委及各地方政府也加快部署新型基础设施建设，这将加快推动新兴产业的高质量发展。

下一代通信网络关键技术取得突破，物联网产业规模快速增长，新型显示部分领域实现领先，集成电路产业高速增长，云计算市场需求爆发，大数据产业规模不断扩大，人工智能技术创新日益活跃。新一代信息技术逐步成为支撑和引领经济社会发展的重要驱动力，并在各个领域取得了多项重大突破。在芯片、传感器、智能终端、中间件、架构、标准制定等领域取得了一大批研究成果，应用领域逐渐深化。在数据采集、数据存储、数据分析、数据安全与数据可视化等领域均成长起了一批有一定实力与特色的大数据企业代表。阿里、华为、百度、腾讯等企业的平台处理能力跻身世界前列，华为、联想等公司在数据存储、处理等软硬件设备市场的优势则逐渐显著。我国计算机视觉、智能语音语义处理、智能机器人、智能驾驶、消费级无人机处于国际先进行列。

生物经济加速发展，生物医药、生物农业和生物制造产业关键技术不断取得突破，形成了一批具有较强竞争力的优势企业。生物经济正加速成为继信息经济后新的经济形态，随着代谢工程、合成生物学、基因组工程、酶分子工程等的不断进步，生物医药、生物农业和生物制造产业的关键核心技术也不断取得突破。生物产业相关企业布局已由中小企业为主体转变为大企业、大集团占主导地位的格局，形成了一批跨地区、跨行业且具有较强竞争力的优势企业。

高端装备制造产业在一些重要领域，其产品产量、技术水平、关键技术的掌握和创新及产业集中度、管理水平、国际竞争力都获得了长足进步。航天装备和航天工程发展日新月异，长征系列运载火箭、新一代重型运载火箭、商用火箭、载人空间站、探月工程——人类首次登陆月球背部等取得显著成效。具备了独立建设空间基础设施的能力，卫星制造实现系列化、平台化发展；北斗卫星导航产业正进入快速发展的新时期；航天遥感应用领域商业化、产业化发展迈出新步伐。卫星应用迈入“快车道”，空间信息产业链快速形成。我国航空飞机自主研制正迈入爬坡过坎阶段，处于新型号密集立项、批产型号加速状态。C919 客机和 AG600 水陆两栖飞机试飞成功，先进无人机蜂群、编队取得快速发展，民用无人机实现服务农业生产等，机载设备系统领域具备产业基础条件。在航空发动机技术方面取得了突破，在气动设计、零部件、材料及工艺等领域都取得了长足进步。我国已进入世界海洋工程装备总装建造第一梯队，标志性成果为：首艘国产航母，“深海勇士号”载人潜水器，“天鲸号”绞吸式挖泥船，“蛟龙号”深海载人潜水器，10 万吨级“新光华号”半潜船，海洋石油 201 深水铺管起重船，海洋石油 981 深水半潜式钻井平台。“高档数控机床与基础制造装备专项”自 2009 年实施十年多以来，行业实现了由普通机床为主向数控机床为主的转变，实现了高档机床从无到有的转变。我国先后攻克了五轴联动、高速、精密的高档数控系统，实现了一批五轴联动、高速、精密数控机床的生产，并在航空、航天、汽车等领域进行了组线示范应用。我国已初步建立了高档数控机床装备的完整产业链。我国航空航天等战略性需求，基本可以实现自主可控。我国农业装备产业进入转型升级时期，产品逐步由中低端向高端发展，产业国际化稳步推进。

新材料产业通过一系列的规划，从基础前沿、重大共性关键技术到应用示范进行全链条设计，规模、应用都取得了一定的成绩。围绕信息、能源、节能环保、生物、航空航天及产业革新等方面的战略需求，我国新材料产业通过一系列的规划实施途径的设计和落实，着力提高新材料产业的自主创新能力，通过优化组织实施方式，支持量大面广和国家重大工程亟须的新材料产业化建设，着力促进一批关键新材料实现产业化和规模应用。在基础材料技术提升与产业升级方面，钢铁、有色、石化、轻工、纺织、建材等基础性原材料重点产业均通过布局重点项目，实现了新型材料和技术上的突破。部分新型材料产品质量进入国际先进行列。在部分关键战略材料、前沿新材料等领域，我国还实现了与国际先进水平“并跑”甚至“领跑”。

新能源汽车产业规模国际领先，高质量发展初露端倪，产业链环节基本完备，龙头骨干企业加速形成，燃料电池汽车开启规模化示范运营，基于共享经济理念的分时租赁等商业模式不断涌现，安全标准及监管体系逐步完善。2019 年，新能源汽车市场遭遇了 10 年来的首次负增长，销量为 120.6 万辆，同比下降 4.0%。截至 2019 年底，全国新能源汽车保有量达 381 万辆。我国新能源汽车销量虽有下降，但其销量增速远超汽车产业总增速，占比稳步上升，我国已成为新能源汽车发展最快、产量最高、保有量最多的国家。乘用车产品在高续航里程化方面的技术实现了突破，到 2018 年第四季度，电动乘用车续航里程在 400 公里以上的产品占到了 60% 以上。新能源汽车新增的动力电池、电力驱动、电子控制、自动驾驶、车联网和电池回收利用等产业链环节不断完备。我国充电基础设施建设规模国际第一，电池快换模式在特殊应用场景得到了快速发展。我国加氢基础设施投入强度显著提升，加氢站数量规模增加，截至 2020 年 1 月我国已建成加氢站 61 座。

“十三五”期间，得益于国家对数字创意产业的大力推动，数字创意产业在全国范围取得了较快的发展。国家统计局数据显示，2019 年全国规模以上文化及相关产业企业实现营业收入 86 624 亿元，比上年增长 7.0%，保持平稳较快增长。分区域看，东部地区实现营业收入 63 702 亿元，比上年增长 6.1%，占全国比重为 73.5%；中部、西部和东北地区分别为 13 620 亿元、8393 亿元和 909 亿元，分别增长 8.4%、11.8%和 1.5%，占全国比重分别为 15.7%、9.7%和 1.0%。分行业类别看，文化及相关产业 9 个行业的营业收入均实现增长。其中，增速超过 10%的行业有 3 个，分别是：新闻信息服务营业收入 6800 亿元，比上年增长 23.0%；文化投资运营营业收入 221 亿元，比上年增长 13.8%；创意设计服务营业收入 12 276 亿元，比上年增长 11.3%。

二、存在的问题

"十三五"以来，我国战略性新兴产业培育与发展取得了显著成效，但是还存在关键核心环节受制于人、金融支持体系急需完善、人才培育引进问题突出、国际化发展能力有待提高等问题。当前我国战略性新兴产业部分领域关键核心技术还受制于人，战略性新兴产业企业长期面临融资难、融资贵的问题，尚未形成全球人才吸引体系，教育与培训体系不能满足战略性新兴产业发展需要，人才培养和教育还存在突出问题，对国际市场准入的技术壁垒和政治干扰因素准备不足。各领域战略性新兴产业发展也各自存在一些问题和不足。

新一代信息技术的核心技术水平有待提升，商业化程度有待提升，新一代信息技术的发展对个人数据隐私造成了一定程度的威胁。我国新一代信息技术水平实现全方位提升，但是关键核心技术受制于人的情况依然存在，数模/模数转换芯片、数字信号处理器、高斯滤波器、中高端 FPGA（field programmable gate array，现场可编程逻辑门阵列）、功率放大器、高速光芯片、物联网芯片的国内市场占有率较低，关键装备、原材料、操作系统及软件与国外也有着较大的差距。目前，新一代信息技术的众多核心领域还处于实验室研究阶段，尽管具有非常丰富的应用场景，但商业化并不明显。此外，在新一代信息技术的发展给人们带来更加丰富灵活的应用场景的同时，网络空间的虚拟性，使得个人数据更易于被收集与分享，极大地便利了身份信息编号、健康状态、信用记录、位置活动踪迹等信息的存储、分析和交易过程，对个人数据隐私造成了一定程度的威胁。此外，开放的产业生态使得监管机构难以确定监管对象，也令法律的边界变得越来越模糊。使用人工智能技术进行学习与模拟，生成包括图像、视频、音频、生物特征在内的信息，将有可能突破安防屏障。从潜在风险来看，无人机、无人车、智能机器人等都存在遭到非法侵入与控制的可能，造成财产损失或被用于犯罪目的。

生物产业发展成果还不能满足人民群众对健康、生态等方面的迫切需要，产业生态系统依然存在制约行业创新发展的政策短板。经过"十二五"的全面补缺和"十三五"初期的高端攻关，涌现出了一批适宜我国国情的新技术和新治疗方案。我国医疗器械领域技术研发和产业能力也大幅提升，大多数整机产品都能实现自主供给，部分核心部件也实现了自主制造，但在基础元器件和原材料等方面对外技术依存度高。生物技术与纳米技术、新材料技术和生物芯片技术等交叉融合，大幅度拓宽了生物科技及产品创新的领域和范畴。重大疾病和重要传染病威胁对个体化诊断治疗、新型疫苗、抗体和生物药物研发提出了迫切需求，并正在从模仿创新阶段向原始创新阶段迈进，但仍存在源头创新不足、突破性技术创新少、基础–临床转化慢及研发与应用需求脱节等问题。此外，临床研究薄弱也成为制约我国生物医药产业发展的短板问题。我国目前所应用的疾病防控指南规范80%以上来自国外的临床研究成果，基于我国患者自身数据的循证医学产出严重不足，只能被动接受和采纳国外的标准规范，缺乏针对性和适用性，不仅导致生物技术成果转化链条长，产学研用之间协同成本高，还会对我国疾病防控造成巨大隐患。

在国家和各地方部门等科技计划的持续支持下，我国大宗化学品和基础原材料的制造已经具备了一定的技术与产业基础，长链二元酸、丙烯酰胺等一批重要化学品走出化工路线实现生物制造，部分产品技术水平进入国际先进行列。但是受限于原料匮乏和核心技术缺失，我国化工新材料领域仍面临结构失调，低价值、高污染产品产能过剩，高端产品高度依赖进口的重大缺陷，产业链中“卡脖子”的短板问题突出。同时，产业发展层次低、创新能力不足、知识产权（专利）意识淡薄、企业竞争力弱等问题依然存在。创新资金匮乏、风投畏惧风险、产业化各环节人才匮乏等是制约我国生物产业创新的主要问题。体制创新滞后于技术创新，科研创新、医药卫生、投融资、生物制品审评、产品定价、转基因市场准入、政府采购、企业评价等体制机制改革滞后，难以适应大规模产业化需要。

高端装备制造产业要素投入粗放、基础不牢成为我国高端装备制造产业发展的瓶颈问题。我国高端装备制造产业要素投入粗放，经济效率偏低，统筹协调和产业布局的优化不够，装备共享机制不完善，创新能力亟待提升，仍处于追随的地位。现代制造服务业发展不良，价值链高端缺位。我国高端装备制造产业核心技术缺失，核心元器件、芯片、高档工业软件依赖进口，产品存在可靠性、维修性、保障性的“短板”问题。产业规模化程度低，产业供应链对外依存度仍然较高；行业标准体系与人才培养体系待建立和健全；对新趋势、颠覆性新技术认识不足。在专项支持下，国产高档数控系统首次大规模进入航空、航天、兵器、船舶等十大军工集团重点企业示范应用。但我国机床的可靠性与稳定性尚有差距，机床自身的基础不牢。

节能环保产业技术创新能力整体偏弱，政策和机制不健全，市场竞争秩序不规范。截止到 2020 年初，中国环保产业中仅有 11%左右的企业有研发活动，有研发活动的环保企业研发资金占销售收入约为 3.33%，远低于欧美节能环保企业的研发投入（欧美节能环保企业的研发资金一般占销售收入的 15%～20%）。没有形成创新驱动的发展模式，企业的整体科研实力特别是在基础研究领域长期滞后，一些核心技术尚未完全掌握，部分关键设备仍需要进口，部分已能自主生产的节能环保设备性能和效率有待提高。节能环保法规和标准体系不健全，相关立法空白，相关细分领域的行业准入制度尚未建立。相关技术、产品标准缺失，重点用能产品能效标准、重点行业能耗限额标准和污染物排放标准等滞后。政府在信贷、税收、技术创新、市场培育等方面没有一套有力的鼓励扶持政策，现有财政和税收政策零散、不系统，优惠范围和力度还明显不够。由于缺乏有效的管理和规范，市场竞争秩序混乱，低价、低质恶性竞争的现象还比较严重，一些国家明令淘汰的高耗能、高污染设备仍在使用；污染治理设施重建设、轻管理，运行效率低。我国环境服务业中小型环境服务运营商的技术及环境管理水平参差不齐，部分企业以降低环境治理标准为代价，刻意压低环境服务价格以抢占市场，污染企业选取委托合作方时缺乏有效的判断依据，低质、低价中标屡见不鲜，扰乱和破坏了行业秩序，不利于国内环境服务市场的健康发展。

我国新能源汽车技术创新能力仍需不断提升，配套设施难以支撑新能源汽车的规模应用，充电难题依然没有得到彻底解决，后市场服务及动力电池回收体系尚不完善，后补贴、全开放时代的政策与法规体系尚不完善。我国新能源汽车产业技术基础薄弱、原始创新能力低、核心技术欠缺的问题仍然存在。正向设计高端纯电动乘用车全新平台的能力不足，在全固态动力电池、高比功率长寿命燃料电池系统、宽禁带半导体电力电子器件、高速大功率轴承、大功率无线充电、高效低温增焓空调、智能驾驶系统及车联网系统等下一代新能源汽车关键技术方面与国外还存在一定差距。充电设备质量参差不齐，充电设施利用率低，充电难问题依旧未根治，加氢站仍为制约燃料电池汽车推广应用的重要因素。第一批新能源汽车运行已经超过 20 万公里，进入报废期，但是目前尚未建立全国性的回收网络、形成有效的回收模式，市场仍有待规范。动力电池回收及梯次利用问题亟待解决。2022 年国家新能源汽车补贴退出、汽车行业全面开放、双积分政策全面实施及汽车关税大幅降低等国家重大战略影响着新能源汽车产业的发展，尽快完善我国新能源汽车后补贴、全开放时代的政策与法规体系，促使新能源汽车产业顺利由政策推动转向市场驱动的发展模式。

新材料产业存在低水平重复建设现象，高端产品自给率不高，基础支撑体系不健全，产业链不够完整，相关政策及保障机制难以适应发展要求。相关产业的区域布局还没有立足于各地区自身条件和优势、科学合理定位、实现差异化分工，存在着严重的趋同现象。一些产业已出现了产业链上游的产品无法在下游使用，呈现上游产能过剩、下游市场有效供应不足的现象。企业作为创新的主体，在产品研发方面重视不够，参与创新研发少、生产跟踪仿制多，普遍存在关键技术自给率低、发明专利少、核心技术受制于人等问题，大多数企业仍在“引进—加工生产—再引进—再加工生产”的怪圈里挣扎。我国新材料基础支撑体系缺位，没有形成大批具有自主知识产权的材料牌号与体系和通用基础原材料的国家及行业标准，统一的设计规范和材料工艺质量控制规范尚不完善，缺乏符合行业标准的新材料结构设计、制造、评价共享数据库。作为发展主体的新材料企业普遍规模较小，产业发展缺乏统筹规划，投资分散，存在规模化生产程度低，产业链不够完整的问题。有些产业的企业大多集中在中下游环节，产业配套能力不强。新材料产业的关键环节和重点领域存在着“老办法管新事物”的现象，创新产品进入市场困难。

数字创意发展面临技术装备创新支撑不足、数字内容创新整体质量不高、创新设计能力仍需进一步提高等问题。数字创意产业涉及众多新一代信息技术，是典型的高新技术产业。技术与装备创新是推动数字创意产业发展的重要基础力量。然而，目前我国在人工智能和大数据基础理论与核心芯片、超高清视频核心器件、VR 设备、内容平台等数字创意技术与装备领域的创新支撑不足，与美国、英国、日本、韩国等发达国家还有一定的差距。在人工智能和大数据技术方面，我国在基础理论、核心算法、基础芯片的研发能力上较国际先进水平还有一定的差距。在超高清视频领域，我国的核心器件的研发与创新能力有待提高。在 VR 领域，Oculus、微软、三星、HTC 推出的 VR 终端设备是市场上主流的产品。在数字内容平台领域，我国目前仍存在较大不足。同时，当前数字内容产业仍存在创新能力不够、内容质量不高、文化内涵不足、精品力作不多、社会责任感不强等突出问题，需要持续发力加以解决。在创新设计方面，我国总体水平大而不强，跨学科协同和系统集成创新不够，无法有效支撑起数字创意产业的快速发展。此外，数字创意产业具有跨领域和交叉性的特点，为创新设计人才培养提出了新的挑战，需要具备艺术、文化、科技、商业等方面的综合能力，当前还存在较大的数字创意人才缺口。

第二节　“十四五”新兴产业的阶段性特征分析

一、加快提升产业创新能力是战略性新兴产业发展的核心

2018 年，习近平在中共中央政治局就建设现代化经济体系进行第三次集体学习中强调，“要加快实施创新驱动发展战略，强化现代化经济体系的战略支撑，加强国家创新体系建设，强化战略科技力量，推动科技创新和经济社会发展深度融合，塑造更多依靠创新驱动、更多发挥先发优势的引领型发展”[29]。《“十三五”国家战略性新兴产业发展规划》提出：“创新是战略性新兴产业发展的核心。要深入实施创新驱动发展战略，大力推进大众创业、万众创新，突出企业主体地位，全面提升技术、人才、资金的供给水平，营造创新要素互动融合的生态环境。聚焦突破核心关键技术，进一步提高自主创新能力，全面提升产品和服务的附加价值和国际竞争力。推进简政放权、放管结合、优化服务改革，破除旧管理方式对

新兴产业发展的束缚，降低企业成本，激发企业活力，加快新兴企业成长壮大。”向产业价值链中高端进军，必须借助科技创新对社会经济的巨大开拓作用，以科技创新为源头，加快打造战略性新兴产业发展策源地。

二、推动供给侧结构性改革、提高发展质量是新兴产业主攻方向

中共十九大报告提出，中国特色社会主义进入新时代，我国社会主要矛盾已经转化为人民日益增长的美好生活需要和不平衡不充分的发展之间的矛盾[30]。我国战略性新兴产业的发展还不平衡，还不能有效满足经济社会的发展需求。现有战略性新兴产业中的很多行业产业价值链尚属于中低端行业，关键技术、材料、零部件、加工装备等严重依赖进口，受制于人，部分行业的盲目重复建设和产能过剩现象严重，无效供给增加[31]。提高产业发展质量、提高供给质量，迈向产业链中高端是新时代战略性新兴产业发展的主攻方向，需要积极推动战略性新兴产业供给侧结构性改革，坚持去产能、去库存、去杠杆、降成本、补短板，优化存量资源配置，扩大优质增量供给，在减少低端和无效供给的同时，更加注重新增长点，在中高端消费、创新引领、绿色低碳、共享经济、现代供应链、人力资本服务等领域培育新增长点、形成新动能和新供给。大力培育新兴产业，加快发展现代服务业，加快推进新产品、新服务的应用示范，将潜在需求转化为现实供给，以消费升级带动产业升级。

进入2020年后，我国乃至世界范围暴发了大规模的疫情，将对今后的新兴产业发展产生重大的影响。针对现阶段的疫情，如何最大限度降低疫情影响，恢复正常经济社会秩序，是我国政府的重大考量。同时，疫情抑制了很多传统线下产业的发展，但在线教育、网络游戏、直播、短视频等数字经济相关产业却扩展了更多的应用领域。2020年4月17日，习近平主持中共中央政治局会议，在疫情防控常态化前提下，为维护经济发展和社会稳定大局，要加大宏观政策力度、要坚定实施扩大内需战略、要不失时机推动改革，会议提出了促进传统产业改造升级、扩大战略性新兴产业投资等一系列重磅举措，为新兴产业未来指明了方向[32]。

三、新兴产业集群将加快引领战略性新兴产业的发展

2018年5月28日，在两院院士大会上，习近平指出：“现在，我们迎来了世界新一轮科技革命和产业变革同我国转变发展方式的历史性交汇期，既面临着千载难逢的历史机遇，又面临着差距拉大的严峻挑战。”[33]面临这一发展大势，习近平强调：“要突出先导性和支柱性，优先培育和大力发展一批战略性新兴产业

集群，构建产业体系新支柱。要推进互联网、大数据、人工智能同实体经济深度融合，做大做强数字经济。”[33]提升产业集群持续发展能力和国际竞争力，以产业链和创新链协同发展为途径，培育新业态、新模式，发展特色产业集群，带动区域经济转型，形成创新经济集聚发展新格局。“十三五”期间，各地政府加快推进发展集聚区建设，新型战略性新兴产业集群迅速发展，如广东加快打造电子信息、汽车、智能家电、机器人、绿色石化五个世界级先进制造业产业集群，以及贵州的大数据、吉林的生物医药等。

四、坚持开放融合发展是战略性新兴产业的客观要求

习近平在庆祝改革开放 40 周年大会上强调，“改革开放 40 年的实践启示我们：开放带来进步，封闭必然落后。中国的发展离不开世界，世界的繁荣也需要中国”[34]。中国将继续坚定不移走和平发展道路，奉行互利共赢开放战略，推动建设相互尊重、公平正义、合作共赢的新型国际关系；将继续推动“一带一路”建设，坚持共商、共建、共享，打造国际合作新平台，增添共同发展新动力，使“一带一路”惠及更多国家和人民。新时代战略性新兴产业发展，要以更开放的理念、更包容的方式，搭建国际化创新合作平台，高效利用全球创新资源，大力推动我国优势技术和标准的国际化应用，加快推进产业链、创新链、价值链全球配置，全面提升战略性新兴产业发展能力。

第三节　“十四五”我国战略性新兴产业在新时期的定位

党的十九大报告指出，我国经济已由高速增长阶段转向高质量发展阶段，正处在转变发展方式、优化经济结构、转换增长动力的攻关期，建设现代化经济体系是跨越关口的迫切要求和我国发展的战略目标[30]。“十四五”及未来，战略性新兴产业将是我国现代经济体系建设的新支柱，是破解发展不平衡、不充分的关键；是我国提升国家竞争力和国际影响力，抢占产业制高点的决定性力量。夯实产业基础，打造“长板”，确保产业安全及未来领先优势，是“十四五”战略性新兴产业加速发展的关键。

（1）战略性新兴产业是“十四五”及未来我国经济社会发展和产业转型升级、新旧动能转换的重要动力和新支柱。建设现代化经济体系是我国发展的战略目标，也是转变经济发展方式、优化经济结构、转换经济增长动力的迫切要求。建设现代化经济体系，这是党中央从党和国家事业全局出发，着眼于实现“两个一百年”

奋斗目标、顺应中国特色社会主义进入新时代的新要求做出的重大决策部署。“十四五”必须全面贯彻新发展理念，加快培育壮大战略性新兴产业，筑牢现代化经济体系的坚实基础，推动新兴产业成为经济社会发展和产业转型升级的重要动力和新支柱，推动互联网、大数据、人工智能同实体经济深度融合，推动京津冀协同、长江经济带、粤港澳大湾区世界级产业集群发展，实现新旧动能转换，促进区域协调发展，促进经济发展迈向一个更高质量的发展阶段，破解发展不平衡、不充分的矛盾。

（2）战略性新兴产业是“十四五”时期及未来我国提升国家竞争力和国际影响力、抢占产业制高点的决定性力量。我国与美国等发达国家之间的博弈是长期的，“十四五”我国高科技产业将临重大挑战与考验。美国对我国高技术产业的战略遏制，使得关键核心技术自主可控的重要性再次凸显。同时，发达国家与我国“科技脱钩”的现象日益加剧，从华为遭遇美国禁令到近期不断升级的中美贸易摩擦，其本质都是国家间高新技术力量之间的博弈，也是战略性新兴产业发展的较量。因此，“十四五”时期我国要加大力度培育战略性新兴产业，集中资源与力量，积极引导企业争夺产业技术的制高点，充分利用全球创新资源，全面提升国际合作水平，把危机不断转化为产业发展的契机，奠定我国在新兴产业发展中的领先地位，是有效应对大国竞争烈度不断升级、提高我国国际地位和影响力的重要手段与决定性力量。

（3）夯实产业基础，打造“长板”，确保产业安全及未来领先优势，是“十四五”战略性新兴产业加速发展的关键。战略性新兴产业发展“短板”不容忽视，需积极谋划解决。核心技术买不来也要不来，“缺芯少魂”的产业发展模式无法支撑起中国产业持续迈向中高端。“十四五”要集中全国优势资源，聚焦关键的、迫切需要解决的，以及中短期内能够解决的“卡脖子”技术和产业，选准“长板”重点打造，以期在国际上初步形成高新技术和产业的制衡，确保我国技术和产业安全。有鉴于战略性新兴产业的国际开放程度，需要在战略上进行前瞻性布局，对于短板要抓住关键，明确目标，逐个解决。同时，筛选出产业链中的“核心长板”，发展中国在产业链中替代性低的技术，加强产业标准与专业认证机构建设、战略性新兴产业集群的规划与建设，最终与全球产业链形成“互相沟通、深度融合、彼此依赖”的合作格局。

第三章　“十四五”新兴产业发展重点方向

第一节　“十四五”新兴产业发展总体思路

“十四五”是我国战略性新兴产业迈向中高端，抢占发展制高点，经济高质量发展的关键时期。发达国家抑制中国经济与科技崛起，对我国战略性新兴产业围追堵截，企图将我们摁在产业发展的中低端，这将是我国战略性新兴产业发展面临的长期挑战。为实现“从2020年到2035年，我国经济实力、科技实力大幅跃升，跻身创新型国家前列”的战略目标提供保障，“十四五”战略性新兴产业需要以筑牢产业安全体系、破解产业发展“卡脖子”问题为核心任务，以集中优势资源实施重大攻关、打造世界级产业集群为抓手，坚持提升产业创新能力、坚持开放发展、坚持协同发展（简称“一个核心、两个抓手、三个坚持”）。聚焦重点领域的产业共性技术、产业瓶颈技术、前沿跨领域技术等，构建新兴产业创新发展体系。

一、发展思路

以破解制约产业高质量发展的“卡脖子” 问题，夯实产业安全体系为核心任务。中美经贸斗争长期性、艰巨性，折射出破解产业发展的“卡脖子”问题是我国产业高质量发展亟待解决的关键问题，刻不容缓。“十四五”时期必须在创新驱动发展战略、融合战略、“一带一路”倡议等指引下，加快夯实产业发展的安全基石，到2025年实现产业关键核心技术自主可控，摆脱产业发展受制于人的局面，实现新兴产业高质量发展。

集中优势资源，实施“卡脖子”攻关计划。瞄准关键核心技术和重点产业进行突破，加强资源整合，加大人才集聚，聚焦集成电路、人工智能、生物医药等重点领域，以重大工程为抓手，集中实施“卡脖子”攻关计划，加强基础研究、应用基础研究，加快推动关键共性技术、前沿引领技术、现代工程技术和颠覆性技术取得新的突破，从根本上解决产业发展受制于人的局面。

打造世界级产业集群，壮大国际经济竞争的战略性力量。习近平在党的十九大报告中强调，“促进我国产业迈向全球价值链中高端，培育若干世界级先进制造业集群”[30]。“十四五”必须深化对产业集群的认识，把握我国产业集群发展的阶段性特征，形成创新网络，推动产业集群发展动力变革，优化资源配置，营造产业集群创新发展良好环境，不断提升我国产业集群竞争力。

二、发展原则

（1）坚持提升产业创新能力，实现自主可控发展。“十四五”时期必须不断完善国家创新体系，提升自主创新能力，加快形成以企业为主体的产学研一体化创新机制，加快发展无人驾驶汽车、3D（3-dimension，三维）打印、生物技术、量子计算与通信等前沿技术和产品；加强高铁、5G、电力等装备创新发展，保持领先优势；推动新能源汽车、海洋工程装备、机器人等领域向技术领先迈进；加快发展大飞机及航空发动机、高档数控机床、高性能医疗器械等，不断缩小与强国的差距。

（2）坚持开放融合发展，提升产业发展国际竞争力。“十四五”期间战略性新兴产业培养与发展，要进一步扩大开放，坚持产业链国际化布局，加强与全球科技和产业的合作交流及协同发展，深度融入全球产业链、供应链、价值链、创新链；要深入推动实施“走出去”战略，加强“一带一路”倡议的新兴产业发展合作，同时要积极引进国外先进技术、人才和管理经验，实现合作共赢。

（3）坚持区域协同发展，优化新兴产业空间资源配置。在推进新兴产业高质量发展的过程中，一方面坚持推进传统产业优化升级与培育产业发展新动能有机结合、并重互动，推进先进制造业、现代农业与现代服务业融合共生、协调联动。另一方面，坚持加强产业链区域布局和产业转移的顶层设计和协调指导，对涉及重大国计民生和具有战略意义的产业空间布局进行引导，加快中西部基础设施建设避免区域产业发展过度失衡。

第二节 “十四五”新一代信息技术产业发展目标及重点方向

“十四五”时期，以创新、引领、突破为核心，在云计算、人工智能、大数据、智能网联汽车、工业互联网等领域实现国际领先水平，持续引领产业中高端发展和经济社会质量发展。着眼全球新一轮科技革命和产业变革的新趋势、新方向，突破关键核心技术，以应用为导向，以企业为主体，集中力量补短板、强弱项，推动我国新一代信息技术产业可持续健康发展。遵循新一代信息技术产业发展的基本规律，打造一批新一代信息技术产业发展策源地、集聚区和特色产业集群，形成区域增长新格局。加快基础设施建设，持续推进“宽带中国”建设，加快 IPv6（Internet Protocol Version 6，互联网协议第 6 版）规模部署，组织 5G 规模组网建设。实施工业互联网创新发展工程，加快数字产业化和产业数字化进程，推动数字经济发展。大力发展信息技术产业，实施产业基础工程，大力推进新一代信息技术在研发设计、生产制造、经营管理、市场营销、售后服务等产品全生命周期、产业链全流程各环节的应用，不断发展壮大信息技术产业。努力营造良好的环境，进一步深化“放管服”改革，开放民营资本进入基础电信领域竞争性业务；鼓励支持相关企业在资本市场融资。支持高校设置新一代信息技术相关专业，大力弘扬企业家精神和工匠精神，培养一批创新型优秀企业家、领军人才和技能人才。深化国际交流与合作，把握推进“一带一路”建设，以更开放的视野高效利用全球创新资源，提升新一代信息技术产业的国际化水平。鼓励跨国公司、国外机构等在华设立技术研发机构、示范工厂。支持国内企业与国际优势企业加强合作。深化与国际组织、相关国家在标准制定、知识产权等方面的交流与合作。

一、“十四五”目标

到 2025 年：新一代信息技术产业销售收入达 35 万亿元，信息消费规模达 9.5 万亿元。我国形成具有较强核心竞争力的新一代信息技术全局发展体系，实现与一二三产业的深度融合，带动实体经济实现大幅提升，国际影响力显著增强，部分领域实现国际领先水平。全面建成高速、移动、安全、泛在的新一代信息基础设施，初步形成网络化、智能化、服务化、协同化的现代互联网产业体系，自主创新能力显著增强，新兴业态和融合应用蓬勃发展，提速降费取得实效，信息通信业支撑经济社会发展的能力全面提升，在推动经济提质增效和社会进步中的作用更为突出。

二、“十四五”重点方向

（一）物联网

发展物联网是国家落实创新驱动、培育发展新动能、建设制造强国和网络强国、数字中国、实现智慧社会、工业互联网等一系列国家重大战略部署的重要举措。“十四五”重点支持物联网终端核心芯片、传感设备、系统平台及中间件等，支持治安防控、食品安全、交通物流等领域的智能化产品、系统及解决方案。

（二）通信设备

通信设备产业是信息化的基础性产业。无线移动通信设备、新一代网络设备是通信设备产业两条重要的技术路线。“十四五”要强化知识产权保护和运营，推动自主知识产权国际运用。继续培育和优化我国通信设备产业市场空间，继续支持重大专项，加强产业链上下游企业间、企业与政府间，以及行业与市场之间的协同合作。建议 5G 频谱规划将移动通信、广电、卫星等频谱需求统一考虑，实现频谱利用价值的最大化和相关产业融合发展。推动我国信息通信设备产业“走出去”，打造数字丝绸之路。

（三）智能网联汽车（车联网）

智能网联汽车是新一轮科技革命的新兴产业，可显著改善交通安全、实现节能减排、消除拥堵、提升社会效率，并拉动汽车、电子、通信、服务、社会管理等协同发展，对促进我国产业转型升级具有重大战略意义。“十四五”时期制订并实施中国版智能网联汽车和 V2X（vehicle-to-everything，车用无线通信技术）的国家规划，促进重点领域核心技术的自主研发和产业化应用能力的突破，加快建立国家智能网联汽车创新中心，支持关键零部件企业发展，设立智能网联汽车专项资金，完善智能网联汽车相关的法律和法规体系，完善配套管理机制。制定出台国家层面的智能网联汽车车载环境感知传感器、网络通信、网络安全及信息服务等技术标准。完善企业考评机制。

（四）天地一体化信息网络

实现与地面 5G 移动通信网和未来互联网的互联互通，开展天地一体化组网试验和典型应用示范，将为实施“一带一路”倡议、海洋强国战略提供信息化基础支撑。“十四五”需做好天地一体化信息网络的顶层规划，从技术发展、政策支持、资金投入等方面促进天基网络的建设，技术上实现天网和地网资源的融合，使其具有良好的开放性同时具备统一、快捷的资源调度机制。在设计及建设初期，要将网络及电磁空间安全问题放在首要位置，充分考虑用户不同的信息保障需求。在系统运营上应采用集中与分级相结合的统一管理机制，兼顾公益性和商业性。

（五）集成电路

集成电路产业是信息技术产业的核心和基础，也是关系到国家经济社会安全、国防建设的极其重要的核心产业，其竞争力已成为衡量国家间经济和信息产业发展水平的重要标志。“十四五”时期根据产业发展需求，逐步扩大国家集成电路产业投资基金规模，加强现有政策和资源的协同，加强微电子学科建设。重点支持通信设备、移动智能终端、超高清显示、人工智能、数字电视、信息安全、物联网、数据存储、汽车电子、先进制造、航空航天与军工等领域芯片设计、封装及产业化。

（六）操作系统与工业软件

“十四五”时期发展操作系统与工业软件要以制造业企业为主体，开展跨领域资源和价值链整合，建立重点领域工业软件体系与标准，加强操作系统与工业软件标准的制修订工作，建立操作系统与工业软件的国家测评与认证标准体系，鼓励中国企业参与到国际主流开源社区。

（七）智能制造核心信息设备

智能制造核心信息设备是制造过程各个环节实现信息获取、网络通信、数据交互、运算处理、决策分析和控制的关键基础设备。智能制造核心信息设备主要包括智能制造基础通信设备、智能制造控制系统、新型工业传感器、制造物联设备、仪器仪表和检测设备、制造信息人机交互设备、制造信息安全保障产品。“十四五”时期发展智能制造核心信息设备要加快制定智能制造标准化体系，研究制定制造信息互联互通与网络安全标准。重点支持智能装备、数字化车间/工厂等领域技术标准和规范的研制。支持联合筹建国家级智能制造核心信息设备实验室，加强智能制造核心信息设备关键技术和产品的研发，形成面向智能制造的专业解决方案。

（八）其他领域

①下一代信息网络领域重点支持下一代互联网［IPv6、SDN（software defined network，软件定义网络）、NFV（network functions virtualization，网络功能虚拟化）等技术］、新一代移动通信（5G 等）、光通信、无线宽带接入及专网通信、边缘计算领域的产品及解决方案；②移动互联网领域重点支持基于移动互联网的可

穿戴设备、智能终端、网络和信息安全产品、应用系统及解决方案；③卫星应用领域要重点支持北斗导航定位在手机、平板、M2M（machine-to-machine，机器对机器）终端等载体上的推广；④平板显示领域重点支持 LTPS（low temperature poly-silicon，低温多晶硅）、OLED（organic light-emitting diode，有机发光二极管）、激光显示、3D 显示、高清节能 LED（light emitting diode，发光二极管）显示、柔性显示、曲面显示、透明显示、全息显示等新型显示技术产品和关键材料，以及零组件和设备的研发及产业化，支持 4K、8K 级新型编解码技术及端到端解决方案；⑤新型元器件领域重点支持片式阻容元件、微机电器件、高频器件、新型光电子器件及高精度、高可靠性传感器等。

第三节 “十四五”生物产业发展目标及重点方向

一、生物医药产业

（一）疾病预防

总体提升我国疫苗研发原始创新与应急响应技术能力水平，有效应对重大传染病及新发、突发传染病。

针对天然抗原高度突变或发生化学修饰而产生免疫逃逸，天然病原体毒性过大或无法产生有效免疫反应等难题，利用组学、分子细胞免疫学、细胞/动物模型和人工智能等，开展疫苗新靶标的发现。

基于结构进行免疫原的分子概貌重塑和蛋白修饰/去修饰设计，利用反向遗传学或密码子改造进行减毒活疫苗的设计和新发、突发传染病疫苗的快速开发。

基于疫苗诱导机体免疫应答机制、颗粒性抗原递呈机制、免疫原性效应分子和广谱保护性抗体生成规律等，开展疫苗靶标免疫原性设计。

根据病原体-宿主间的免疫反应机制和效应分子，筛选新型免疫佐剂和分子内佐剂，改良现有佐剂或优化给药途径和方法，提高疫苗的免疫原性和疗效。

通过新型疫苗表达系统、合成生物学、新一代生物工艺研发与制造技术等，突破疫苗规模化生产和应急快速制备技术瓶颈，研发模块化、一次性化、微型化、智能化的新型生物反应器，提升无血清高密度悬浮细胞培养、纯化技术。

结合制剂技术、智能医疗技术进展，发展鼻黏膜给药、口服给药、微针贴片等新型疫苗接种途径及可穿戴即时监测设备。

发展基于动物法则、微流控芯片等疫苗安全性评价技术。提高灭活疫苗、减毒疫苗、亚单位疫苗、载体疫苗、核酸疫苗、病毒样颗粒疫苗、治疗性疫苗、广谱疫苗、多联多价疫苗、慢性病疫苗及基于人群易感性的个体化疫苗研发能力水平。

创新研发艾滋病、乙肝、结核等与民众健康密切相关的重大传染病疫苗，炭疽、鼠疫、埃博拉等与国家安全密切相关的新发、突发传染病疫苗，进行技术储备、产能储备、实物储备。

（二）早期诊断

早期诊断重点开展：①基于大数据与人工智能的靶标发现新策略、新方法；②研发“高敏感、高通量、高普适性”的体外诊断新技术；③研发微生态快速便捷分析技术与全分析系统纳微化技术等关键技术；④研制体内、体外单分子检测系统；⑤研发新一代基因序列分析仪等高端设备；⑥以智能感知为目标，以柔性传感技术为依托，研发微型化、智能化、网络化和多功能高度集成化的可穿戴、可吞服、可植入的诊断产品及健康状态监测装备。

重点围绕重大疾病的早期诊断需求，发展以液质联用为核心的蛋白质组定性、定量研究技术体系，完成多种重大疾病蛋白质组表达谱、修饰组、代谢组数据采集。发展单分子检测、外泌体检测、循环肿瘤细胞检测、质谱成像及肠道微生态功能检测等新型检测技术，构建重大疾病早期诊断标志物的适宜诊断技术平台；开发出简单、快速、低成本、自动化的血清游离核酸和外泌体高效分离纯化技术并应用于临床；研究分子影像诊断产品，提高微小病灶的检出能力和实现在体分子分型与诊断的能力。

（三）治疗技术与药物

1. 免疫治疗

免疫治疗的技术攻关重点主要在以下几方面。①免疫治疗新靶点的筛选和快速转化：开展基于人群队列的高通量筛选模型，结合人工智能和数字化靶点预测模型，开发基于免疫检查点的免疫治疗新技术，发现除 PD1/PDL1（programmed death 1/programmed cell death-ligand 1，程序性死亡受体 1/程序性死亡受体-配体 1）之外的新免疫治疗靶点；基于多组学数据与人工智能算法，建立肿瘤特异性靶点及新抗原高通量、智能筛选及模块化鉴定体系。构建完整的免疫治疗动物体内验证体系，提高免疫治疗新靶点或新抗原的预测准确性，建立完善的药物筛选和转化平台，缩短新靶点药物研发周期，测试不同免疫检查点的组合使用策略，实现免疫治疗新靶点的快速转化。②开发新一代细胞疗法：结合不同疾病模型，开发针对自身抗原的调节性T细胞疗法。针对恶性肿瘤，构建能有效拮抗肿瘤微环境、具有肿瘤浸润能力的新一代免疫细胞，包括设计新型CAR（chimeric antigen receptor，嵌合抗体受体）结构及开发TCR-T（T cell receptor of redirection of T cell ，T细胞受体嵌合型T细胞）疗法；利用基因编辑、iPSC（induced pluripotent stem cells，诱导性多功能干细胞）等技术开发通用型细胞疗法，降低细胞治疗成本。③肿瘤治疗性疫苗的设计与构建：基于智能化肿瘤新抗原预测方法，建立个体化新抗原肿瘤疫苗设计原则、合成制备方法；研究基因修饰的肿瘤细胞疫苗、肿瘤原位疫苗等新技术、新方法。④落实免疫治疗的精准治疗，克服免疫治疗耐药：基于大队列免疫治疗患者的治疗效果，分析筛选与免疫治疗疗效相关的生物标记物，实现个体化免疫治疗，提高治疗效果。筛选与免疫治疗耐药相关的驱动因素，通过开发免疫治疗新靶点和新模式、运用联合免疫治疗方式克服耐药。

通过对相关技术的公关研究，最终实现构建与免疫治疗相关的标准体系，开发新的免疫治疗策略和免疫治疗新靶点，提高免疫治疗疗效，实现个性化精准治疗。显著提高我国恶性肿瘤、自身免疫性疾病患者的生存和生活质量，减轻社会总体疾病负担。

2. 抗体药物

抗体药物未来研究的主要领域包括：①肿瘤免疫抗体。肿瘤免疫新靶点目前仍处于探索阶段，未来5年，肿瘤免疫治疗新靶点有望不断被验证。研发能力强、布局品种多、有能力同时开展多种适应证和组合用药临床试验的企业有望胜出。②双特异性抗体（bispecific antibody，BsAb）。作为新兴的抗体种类，双特异性抗体药物被视为肿瘤和癌症治疗前瞻性备选药物，但在技术和产业化上仍存在一定的技术难点。随着生命科学基础与应用研究的飞速发展，双特异性抗体的分子模式与制备技术也在不断演进，目前已发展出三十多种双特异性抗体技术平台。③抗体药物偶联物。抗体药物偶联物（antibody-drug conjugate，ADC）通过靶向特定抗原有效地渗透到肿瘤组织，并被肿瘤细胞吞噬进入溶酶体，释放效应分子，杀伤肿瘤细胞。其综合了抗体药物选择性强及化疗药物活性高的优点，同时改善了前者疗效副作用偏大等缺陷，随着抗体偶联的设计逐步完善，抗体药物偶联物已成为肿瘤研究的重点方向和研究热点之一。④纳米抗体。纳米抗体，即重链单域抗体——骆驼体内存在着天然缺失轻链的重链抗体，克隆其可变区可以得到只有重链可变区组成的单域抗体，即VHH（variable domain of heavy chain of heavy-chain antibody），是目前可以得到的具有完整功能的、稳定的、可结合抗原的最小单位。与普通抗体相比，纳米抗体具有更高的稳定性，能耐受一定的高温和pH值。同时其分子量较小，结构简单，因此免疫原性较低，组织穿透力较好，在生产中也易于在噬菌体、酵母等微生物中大量地表达，易于普及和应用。

3. 基因治疗

基因治疗的理论突破，寻找新的治疗靶点。基于多组学、临床研究大数据的分析挖掘，结合疾病的发生、发展的原理，建立疾病体外模型和基因筛选平台，开发新靶点。

推进相关科学研究，研发新的基因编辑和修复工具。通过系统优化筛选提高 CRISPR（clustered regularly interspaced short palindromic repeats，规律间隔成簇短回文重复序列）系统的精准性。开发、改造新的基因治疗病毒载体，减少免疫原性和毒副作用。开展非病毒载体研究，寻求基因治疗的最优解决方案。促进前沿学科融合，提高基因疗法的信息化水平和精准度。综合利用不断增长的基因疗法相关数据，实现基因疗法的智能设计，提高基因疗法的安全性和治疗效果。搭建基因治疗工业生产、临床研究平台，实现基因疗法的快速转化。研发通用型 CAR-T 细胞疗法、实体肿瘤基因工程细胞治疗产品，提高工艺生产水平，降低产业化成本，建设更加标准、高效的临床研究平台，推动更多产品向临床应用转化。

构架健全的基因疗法管理体系，提高基因疗法的研发能力和智能化水平，提高基因疗法的安全性和有效性。快速推进基因疗法应用相关生产、临床研究平台建设和管理法规落地，使基因疗法更快地用于重大疾病治疗。显著提高我国疾病患者的治愈率和生存质量，缓解社会压力。

4. 基于大数据和人工智能的精准药物设计

近年来，分子生物学和结构生物学快速发展，阐明了大量生物靶标大分子的三维结构和功能；计算机科学的发展和高性能计算机的出现，又极大地提高了数据计算、分析的速度和精度。在此基础上，实验学科和计算机学科的交叉和相互促进使得药物设计与开发更加理性化。大数据和人工智能有望从根本上革新研究生物学和药物开发的方式。通过大数据和人工智能更精准地模拟和预测药物分子与靶标蛋白之间的相互作用及药物分子体内过程，我们可以深入了解这些药物和生物大分子的详细工作机制，加速新型药物分子或调控剂的发现进程。可以预见，在市场需求和技术进步的双重推动之下，药物分子设计技术在中国药物研发中必将发挥更大的作用。

（四）康复及再造

1. 再生医学

再生医学的技术重点包括：①各种器官修复所需功能细胞的规模化生产，并建立相应的储存、运输和质量控制体系，形成各种用途的细胞产品，并研发相应的智能化、规模化装备。②各种退行性病变或者衰老组织器官原位修复的机制、策略和功能评测手段。③自身免疫病、恶性肿瘤、代谢性疾病的再生医学治疗策略。④利用细胞产品构建类器官用于药物筛选、疾病模拟甚至移植治疗。⑤建立规模化生产人类神经元、心血管细胞、各种功能血细胞、肝脏、胰岛等器官功能细胞的策略，并形成其储存、运输、安全检测及功能评价细胞产品的系统性策略。⑥利用各种细胞产品进行规模化药物筛选，尝试构建神经、心血管系统、肝脏、肾脏等多种类器官，并进行组织和器官修复。⑦利用细胞产品对自身免疫性疾病、退行性疾病、恶性肿瘤及心血管系统和代谢性疾病等重大慢性疾病进行临床治疗的尝试，特别是帕金森、脊柱损伤、糖尿病、急性心梗、白血病等血液肿瘤及肝癌、肺癌、乳腺癌等高发实体肿瘤的治疗尝试。⑧各种来源于细胞的无核细胞产品，如外泌体、红细胞、血小板、胞外基质凝胶及其衍生产品的规模化获得及临床应用探索。

通过相关研究，最终形成规模化生产再生医学细胞产品的产业链，利用多种再生医学细胞产品，将其用于自身免疫性疾病、退行性疾病、恶性肿瘤及心血管系统和代谢性疾病等重大慢性疾病的临床治疗和抗衰老治疗，建立基于再生医学理论的疾病研究、预防和治疗体系，提升我国人口健康质量和健康寿命年限。

2. 组织器官制造

组织器官制造的相关主要研究领域包括：①研发新一代生物材料，包括但不限于可诱导组织再生材料、异质性 3D 生物材料、纳米生物材料、智能与仿生生物材料等，建立组织器官再造生物材料系统。②发展脱细胞支架细胞回植、功能模块集成、生物反应器、类器官和器官芯片系统、3D 生物打印等多种技术体系，实现心、脑、肝、肾等复杂器官的体外制造，以及结构性组织的产品化。③发展大动物人源化器官制造技术，建立猪等大动物器官缺陷模型，以及具有异种嵌合能力的灵长类和人类干细胞系，解决异种嵌合过程中的免疫问题，通过异种嵌合实现器官异体再造。④集成前沿生物技术，融合材料、机械、化学、生物学、医学等多学科力量，建立组织器官再造工程中心，推进融合创新中心。

（五）中医药

1. 中药制药装备

集成化与模块化和自动化与智能化是中药制药装备技术升级的重要方向。中药制药装备的现代化是中药现代化的基础，不断将先进制药技术与装备应用到制药生产中，以提高中药的安全性、有效性和经济性，只有这样中药制药企业才能生存和发展，才能实现真正的现代化和国际化。随着国家相关法规对药品质量标准要求的提高，中药制药企业进行设备改造升级和自动化控制势在必行。研究和开发中药制剂工艺过程集成装备、适合集成的模块化单元设备及自动化和智能化控制技术，是中药制药装备研究的重要方向，也是实现中药制剂技术升级的重要途径。

中药智能制造关键技术的突破和应用，将有望从根本上改变中药制药工艺粗放、制药装备受制于国外厂商的现状，突破中药工业核心制造技术，实现自主智能成套设备的产业化，通过中药制造成套智能装备，带动零部件、感知器件、信息系统、设计和控制软件等配套产业的全面发展，引领中药产业技术创新升级。中药智能制造技术发展的重点在于推进中药工业数字化、网络化、智能化建设，加强技术集成和工艺创新，加速中药生产工艺、流程的标准化、现代化。通过攻克中药全产业链制造过程中所涉及的工程技术问题，提高中药制造业技术水平与规模效益，提升中药工业知识产权运用能力，逐步形成大型中药企业集团和产业集群，从而率先创建一批具有国际视野和技术创新的中药智能制造技术团队，培养一流的工程技术人才，形成我国独有的中药产业优质产品标准体系，构建我国中药制药工艺与智能装备开发、技术创新和产业化基地，实现中药制药工艺与装备“两化”（工业化、信息化）驱动，绿色、智能发展，使我国成为国际中药工业技术标准的制定者。

建议坚持科学发展观，立足中药产业现状，着眼长远，顶层设计，分段实施。以“提质增效、节能减排”和“信息化与工业化深度融合”为着力点，充分利用机械制造技术、制药工程原理、制药过程仿真模拟、信息技术、计算机控制技术和在线监测技术等新成果，创新制造或改造一批需求迫切、带动作用强的中药高效节能制药设备，符合中药特点的智能制造单元/成套设备和联动生产线及关键元配件，提高中药制药设备的自动化、智能化和信息化水平，形成系列的、具有自主知识产权的、标准化的中药制药设备新产品，并在中药制药企业实现推广应用，以持续推动装备制造企业和中药制药企业的智能化转型，构建我国中药制造业竞争新优势。

2. 中药材资源保护利用

实施野生中药材资源保护工程，完善中药材资源分级保护、野生中药材物种分级保护制度，建立濒危野生药用动植物保护区、野生中药材资源培育基地和濒危稀缺中药材种植/养殖基地，加强珍稀濒危野生药用动植物保护、繁育研究。建立国家级药用动植物种质资源库。建立普查和动态监测相结合的中药材资源调查制度。在国家医药储备中，进一步完善中药材及中药饮片储备。鼓励社会力量投资建立中药材科技园、博物馆和药用动植物园等保育基地。探索荒漠化地区中药材种植生态经济示范区建设。

3. 中药材规范化种植养殖

制定中药材主产区种植区域规划。制定国家道地药材目录，加强道地药材良种繁育基地和规范化种植养殖基地建设。促进中药材种植养殖业绿色发展，制定中药材种植养殖、采集、储藏技术标准，加强对中药材种植养殖的科学引导，大力发展中药材种植养殖专业合作社和合作联社，提高规模化、规范化水平。支持发展中药材生产保险。建立完善中药材原产地标记制度。

4. 中医药海外发展

（1）加强中医药对外交流合作。深化与各国政府和世界卫生组织、国际标准化组织等的交流与合作，积极参与国际规则、标准的研究与制定，营造有利于中医药海外发展的国际环境。实施中医药海外发展工程，推动中医药技术、药物、标准和服务“走出去”，促进国际社会广泛接受中医药。本着政府支持、民间运作、服务当地、互利共赢的原则，探索建设一批中医药海外中心。支持中医药机构全面参与全球中医药各领域合作与竞争，发挥中医药社会组织的作用。在国家援外医疗中进一步增加中医药服务内容。推进多层次的中医药国际教育交流合作，吸引更多的海外留学生来华接受学历教育、非学历教育、短期培训和临床实习，把中医药打造成中外人文交流、民心相通的亮丽名片。

（2）扩大中医药国际贸易。将中医药国际贸易纳入国家对外贸易发展总体战略，构建政策支持体系，突破海外制约中医药对外贸易发展的法律、政策障碍和技术壁垒，加强中医药知识产权国际保护，扩大中医药服务贸易国际市场准入。支持中医药机构参与“一带一路”建设，扩大中医药对外投资和贸易。为中医药服务贸易发展提供全方位公共资源保障。鼓励中医药机构到海外开办中医医院、连锁诊所和中医养生保健机构。扶持中药材海外资源开拓，加强海外中药材生产流通质量管理。鼓励中医药企业“走出去”，加快打造全产业链服务的跨国公司和知名国际品牌。积极发展入境中医健康旅游，承接中医医疗服务外包，加强中医药服务贸易对外整体宣传和推介。

5. “互联网+”推动中医药发展

构建全景式互联网中医药平台推动中医药发展，中医药的发展在互联网时代迎来了新的契机，找到互联网与中医药的结合点，全面构建中医药的互联网生态网，是“互联网+中医药”的真正内涵。“全景式”是指在内容上囊括中医药知识结构的完整内涵，在流程上贯穿传承的所有链条，在功能上渗透生活的各个方面，在资源上覆盖相关的医院和高校，在形式上构造网站、APP和微信公众平台的全生态体系，建立线上线下连接的、立体式的互联网平台。充分借助“互联网+”的时代潮流和发展机遇，是我国中医药未来发展的必经途径。

二、生物制造产业

（一）能源生物炼制

能源生物炼制的难点问题与技术攻关点主要部署包括以下几方面。

（1）针对以粮食生产生物燃料的不可持续性问题，实现逐渐向非粮经济作物和纤维素原料综合利用方向转型，并适时布局以一碳气体和油藻为原料生产生物燃料的新技术，预计至2035年，基本建成以纤维素原料为主、油脂和含碳气体为辅的多种生物能源组成的生物炼制产业体系。

（2）针对我国核心菌种和关键酶上受制于人的问题，利用合成生物学和分子生物学手段，挖掘新型能源酶和构建高产高耐受菌株；利用生物信息学和计算生物学技术整合各种组学数据，建立工业生产菌株的代谢网络和调控网络模型，优化工业生产菌种的发酵生产能力，获得一批具有自主知识产权的新型工业生产菌株。

（3）针对当前生物燃料企业生产效率、经济效益低于国际先进企业的问题，突破共性关键技术，提高现有装置产能、提升设备利用率、各操作单元转化效率；采用表面固定化发酵、渗透汽化膜分离、AMBBR（anaerobe moving-bed biofilm reactor，厌氧移动床生物膜反应器）废水处理等新工艺技术，提高生产效率，降低环保成本；精细化考量原料的多元化，以及流股的合理分配和分级利用；能量的耦合优化；相应新型设备的开发，并灵活应对嵌入式或整合式的不同需求；相应副产物的开发利用，多产品组合缓冲市场冲击。

（4）针对我国生物燃料产业化基础薄弱的问题，纤维素乙醇和生物天然气项目建设仍需引进、消化、吸收国外先进经验，探索自身市场发展路径，验证技术与经济的可靠性，推动行业整体产业化发展。

（5）针对商业模式不成熟与产业支撑体系不健全的问题，建立完善的农作物秸秆收储运模式，确立下游产品的绿色属性，打通产品市场；在产业政策上，完善相关扶持与激励政策，建立相关产品强制市场保障措施与机制，形成稳定的市场需求；在行业标准体系上，建立完整的行业标准体系目录，建立原料收运、产品生产及副产物再利用等全过程的环保监管与执法监察体系，规范行业发展。

（二）化工与材料的生物制造

化工与材料的生物制造的技术攻关重点主要集中在以下几方面。

（1）基于系统生物学和合成生物学的微生物代谢网络重构与调控技术：针对代表性产品的工业生产菌株进行基因组测序与重测，利用生物信息学和计算生物学技术整合各种组学数据，建立工业生产菌株的代谢网络和调控网络模型；计算目标化合物各条生物合成路线的能量供给、还原力平衡及产物的理论产率，理性设计出目标化合物合成的最优路线；模拟预测网络中的重要途径及关键分支节点，进行网络重构和系统优化；在分析代谢途径网络结构和功能模块的基础上，发展全局扰动、多位点快速进化和基因组删减技术，优化工业生产菌种的发酵生产能力，赋予工业生产菌株粗原料利用、新产品合成等新型生产功能，以及可明确界定知识产权的基因组标记，获得一批具有自主知识产权的新型工业生产菌株。

（2）基于计算机结构模拟的生物催化剂分子模拟、修饰及改造技术：利用酶蛋白–底物共结晶、X 射线衍射、NMR（nuclear magnetic resonance，核磁共振）等最新的蛋白质工程技术研究获得的优良工业酶蛋白精细结构，借助生物信息学手段，包括同源建模、量子化学建模和 Rosetta 设计方法，获取酶的序列、结构和功能关系，解析与工业应用性能相适应的催化位点信息，实现工业酶分子改造的理性设计，同时结合饱和突变、结构域重排等定向进化技术，进一步提高酶对高温、酸、碱、有机溶剂和表面活性剂等工业环境的耐受性，提高获得更适合绿色工艺应用的高性能工业生物催化剂。

（3）基于非粮生物质的生物炼制关键技术：研发各种生物质原料的高效预处理技术，建立以可再生非粮生物质资源为原料的生物制造路线，促进化工及材料原料的多元化，降低战略资源的对外依存度。

（4）基于细胞集群的连续生物催化关键技术：大力发展具有自增殖、自修复功能的生物催化剂，以及基于细胞聚集效应的新型生物连续催化技术和相应的装备开发，实现生物制造过程的连续化、清洁化生产。

（5）基于大数据的新一代生物发酵技术：建立基于生物过程大数据的发酵优化新方法；将生物过程多组学数据与细胞微观代谢流研究结合，寻找菌种改造靶点和过程优化控制点；建立基于系统生物学分析与在线过程参数相结合的过程优化；实现高产细胞亚群在线分选提升合成效率的全过程优化；建立规模缩小的新一代微生物发酵优化策略。

（6）大宗化学品衍生催化、转化技术：突破生物催化剂改造、高性能固体酸/碱化学催化剂开发、生物–化学级联交叉耦合等技术，促进大宗生物基产品的高值衍生化的工业化应用与生物制造产业链的形成。

（7）高效分离材料及智能装备开发技术：研发具有自主知识产权的高性能超滤、纳滤、渗透汽化及离子交换等膜分离材料，开发生物反应–膜分离耦合新工艺，开发高分辨率精细分离介质，高流速超大孔分离介质及低成本多糖分离介质，形成规模化制备技术；开发无酸碱再生的智能化连续色谱分离技术及装备，开发晶型与粒度可控的结晶新技术与专用装备，实现生物反应过程强化，提高生物制造效率，降低生物产品成本。

（8）基于计算模拟和过程解析的操作单元适配与系统集成技术：通过过程集成，达到简化工艺、降低成本、减少污染和降低能耗的目的是酶制剂和生物催化产品工业化生产的技术难点。通过计算模拟对各个操作单元自身的特点和规律进行总结，分析多个系统之间相互适配与协同作用机制，找出集成的适宜切入点和关键点，采用综合手段对过程进行数学模拟和优化，通过系统集成技术实现各个操作单元的最优匹配和全局最优，提高工业化效率。

（9）过程强化技术：生物制造过程涉及小分子间及小分子与大分子的反应，其对传质效率的要求比传统化学反应更高，尤其在反应后期底物浓度较低时，反应效率低导致反应过程时间很长，从而带来副反应的发生及生物分子的失活。开发高效过程强化技术，突破分子间传质效率低的技术瓶颈，以实现生物化工过程高效转化。

目前生物基大宗化学品制造产业正处于技术攻坚和商业化应用的关键阶段，提升技术创新能力和加快产业化进程至关重要。我国亟须在产品结构、核心关键技术和装备研发、知识产权竞争等方面积极做好战略部署。

（三）生物反应器及装备技术

1. 微小型生物反应器

微小型生物反应器可准确监测和控制工艺条件，能自动化控制，平行性好，能够准确模拟菌体生长动力学和产物变化，并具放大性。除了微小型生物反应器所能实现的高通量特性，也具有更高的质量，其工艺具有更好的可预测性、易放大性、宽泛的适用性，从而满足新一代工艺研发的要求。

2. 大规模细胞生物反应器

哺乳细胞反应器内悬浮培养技术、无血清培养技术、固定床微载体培养技术等是当前世界范围内各大生物制药公司产业化生产疫苗、抗体和重组融合蛋白等生物医药的首要选择和发展方向。多种细胞培养技术对生物反应器有着多样性的技术要求和培养规模需要。全球生物医药产业和新型治疗技术手段日新月异的发展对规模化哺乳细胞培养技术和装置提出了更高的要求，包括生产效率的提高、产品质量和安全性的稳定、生产过程成本的降低、个体化细胞培养生产模式的临床应用等。

3. 细胞治疗用生物反应器

针对免疫细胞（CAR-T）和干细胞的工程化培养开展相应生物反应器的研制也是占领生物医药产业制高点的重要战略方向。干细胞能够持续分裂、维持多能干性，并且具有分化成不同类型的功能细胞的特性，使其在治疗各种损伤和疾病中具有巨大的潜力。

4. 面向精准医疗的定制生物反应器

以恶性肿瘤治疗和器官修复为目标，重点突破个性化肿瘤细胞、个性化/通用性免疫细胞、自体和异体干细胞，以及个性化类器官等功能细胞或者组织/器官三维规模化培养、扩增与临床前质量控制等关键技术瓶颈，开发具备多种生理和形态参数实时在线检测、可视化和在线调控的定制化细胞培养用生物反应器，3D打印器官再造生物反应器，高通量连续流微生物反应器等，实现治疗性细胞、组织、类器官的精确三维体外培养，推进我国精准医疗和智能生物制造领域的跨越式发展。

第四节 “十四五”高端装备制造产业发展目标及重点方向

一、空天海装备产业

（一）航空装备

以市场需求为航空装备发展的指挥棒，以重点装备发展为主线，重点发展军用战斗机、军用大型运输机、大型客机、军用无人机等主流装备，兼顾小型低成本航空装备，将是航空装备产业的重点发展方向，同时航空材料、先进制造、机电航电等配套产业也将作为航空领域的支柱产业，支撑航空装备产业的发展，逐步建立具有可持续发展能力的航空产业体系。

1. 大型客机

根据我国城市布局特点，研制航程4000km以上，150座级的枢纽飞机，并在舒适性、经济性、环保性等方面深入挖掘潜力，提供具有国际竞争力的干线飞机，并逐步形成系列化和规模化生产能力，将成为大型客机的发展重点。

2. 军用战斗机

为满足我国空军维护主权及领土完整的需求，我国对军用战斗机的需求特别是高品质战斗机的需求将逐渐增加，随着第四代战斗机的陆续服役，无人机、第五代战斗机等新型战机将逐渐成为发展主流，将对相关的支撑产业形成强有力的牵引。

3. 军用大型运输机

我国正在逐渐突破大飞机技术，这将反哺军用大型运输机的发展，使我国在军用大型运输机的研制方面气定神闲，从而催生出性能卓越的军用大型运输机，在未来一段时间内，可以预料，军用大型运输机的研制将成为我国航空装备产业的发展重点之一。

4. 支线飞机

加快涡扇支线飞机研制，逐渐形成产业化能力，实现批量交付将是最近一段时间支线飞机的主要任务。同时，根据不同的用户需求进行差异化经营，改进标准型飞机，提供定制化服务，开发加长型、豪华型、货运型、公务型等飞机研制，实现系列化并适时启动新型支线飞机研制将是支线飞机产业的发展重点。

5. 通用飞机和直升机

与大型民机相比，通用飞机和直升机具有部署灵活、成本低廉、起降方便等特点，将是航空装备领域具有重大竞争力的产品。我国应在民用领域大力发展通用航空尤其是直升机，鼓励民营资本进入 6 座以下轻型通用飞机和 2t 以下直升机的研制。充分利用民间资本，撬动我国航空装备的升级换代，将是我国航空装备产业发展的又一重点方向。

6. 航空发动机

航空发动机是航空工业的明珠，发动机的水平高低直接决定了航空装备整体水平的优劣。体系化布局航空发动机关键技术群，激发原始创新能力，加快亚燃冲压发动机、超燃冲压发动机等新型发动机的研制，为我国新型战机和大型民机提供强劲动力，实时带动发动机周边产业发展，是航空发动机的重点发展方向。

7. 航空设备

航空产业具有典型的多领域集成特征。航空机载系统、飞行控制、结构/材料/制造、性能测试与验证装备、元器件、CAE/CAD（computer aided engineering/

computer aided design，计算机辅助工程/计算机辅助设计）软件、通信导航、燃油/液压、电源系统等大量产业集群的综合优化是决定航空产业水平高低的重要因素。

（二）航天装备

从满足用户需求出发，综合考虑研制技术能力、系统条件及应用基础等因素，统筹空间系统、地面系统，一体化构建卫星遥感、通信广播和导航定位系统。

（1）建设全域感知、全球覆盖的卫星遥感系统，采用一星多用、多星组网、多网协同的发展思路，建设陆地、海洋、大气系列卫星，逐步形成高中低空间分辨率合理配置、多种观测手段优化组合的综合高效的全球观测能力，实现陆地、海洋和大气观测多星座协同运行，观测手段持续创新，全天候、全天时、定量化、综合观测能力大幅提升，形成全球陆地、海洋和大气多尺度、近实时观测能力，实现以优于 0.5m 为主的高分辨率观测能力。高分辨率遥感数据自给率达到 90%以上。

（2）建设随遇接入、高速互联的卫星通信系统，面向市场与行业应用，积极开发利用轨位和频率资源，逐步建设固定通信广播、移动通信广播及数据中继卫星系列，建成覆盖全球主要地区、与地面通信网络融合的卫星通信广播系统，服务宽带中国和全球化战略，推进国际传播能力建设。宽带通信系列具备 500～800Gbps 带宽的传输能力，覆盖国土及沿海、东南亚和印度洋地区，满足南极站数据传输服务。移动通信基本实现全球覆盖，提供不低于 8 万路基本信道，可支持数百万移动用户通信；移动多媒体广播系列具备 32Mbps 传输能力。低轨移动支持全球 300 万用户的接入，同时接入的用户超过 5 万；低轨宽带支持全球同时超过 1Tbps 的宽带互联网接入服务。

（3）建设全球连接、按需服务的卫星导航授时系统，我国北斗全球卫星导航系统组网运营，整体性能达到世界一流水平，定位精度达米级，并具备短报文通信、星间增强等特色服务。完成下一代卫星导航系统，服务范围覆盖中高轨，建成性能先进、功能全面、安全可靠的时空基准网络和导航信息服务网络，实现由单一的定位授时服务向按需提供导航信息服务转变。

（4）促进空间科学取得原创性成果，研究发生在地球、日地空间、太阳系乃至整个宇宙的物理、化学和生命等自然现象及其规律的科学。针对极端宇宙环境，开展引力波爆发源的电磁对应体、黑洞、中子星等致密天体的普查及超高精细结构成像观测，针对宇宙早期活动，开展原初引力波、宇宙微波背景等探测，研究宇宙天体的高能过程，认识黑洞、暗物质、暗能量的物理及宇宙大爆炸遗留的原初引力波的性质。对太阳进行高分辨率、多视角、多波段的高精度观测。对日地系统整体过程的研究，包括空间天气事件大尺度扰动能量的形成、释放、传输、转换和耗散的全过程及基本物理过程。开展太阳系外类地行星与小行星成分科学探测。认识地球三大循环系统中的水循环、能量循环及生物化学循环的特征和科学规律。以返回式航天器等为研究平台，在微重力条件下开展空间基础物理、湍流燃烧及生命科学研究。

太空原位制造可以支持宇航器、空间站及卫星的在轨制造和维修，月基及太空制造可以大幅度降低大规模宇航发射的费用，支撑民用航天的经济发展，同时开辟新的制造理论与人类新的制造基地。应该及早开展顶层规划，加强基础研究，提供关键共性技术解决方案。

（5）着力发展卫星应用产业，建立民商衔接的空间信息服务体系。扩大基于空间技术的数字化综合应用，带动空间生物、空间医药、材料制造等产业发展，促进空间技术、空间信息与各行业应用深度融合，积极打造“航天+”产业形态。

（三）海洋装备

1. 提升海洋装备产业信息化、智能化水平

面向产品研发和设计制造，以数字化为基础，加强物联网建设，推动产业智能化发展；以智能船舶先期研究构建的全船网络和信息平台为基础，开发以自主驾驶为基本特征的具有世界领先水平的智能船舶；开发支持远航能力的核动力装置；推进传统配套设备智能化升级，加快动态感知、远程操控等智能技术和新型智能装备在船舶领域的应用；进一步加强船舶制造的数字化普及和智能化示范，切实提高船舶产品质量和生产效率。

2. 提高海洋油气开发装备和高技术船舶研发能力

重点掌握主力钻井装备、生产装备及海工辅助船舶设计建造技术，提升具有较好基础的海工装备自主化、系列化和品牌化水平；高端深海装备自主研制取得突破，形成勘探、开采、加工、储运等关键装备较为完善的研发、设计、建造技术体系；推动新能源、新材料技术应用，丰富高技术船舶的产品种类，形成大型邮轮、清洁能源船舶、极地船舶、特种液货运输船、特种工程船等一批技术指标先进、竞争力强的特色产品和品牌船型，推动产品结构向中高端转变。

3. 布局前瞻性新型海洋资源开发装备

开发可燃冰、海洋矿产资源的钻探与试开采装备，支撑海洋新型能源与矿产资源的商业化试开采；研制深远海工业化养殖平台（船）、“海洋牧场”工程智能装备；开发一批高效、稳定、可靠的海洋能源技术装备，形成海上能源多能互补

的一体化解决方案。加快构建涵盖基础研究储备、关键技术突破、核心产品示范应用的新型海洋资源开发创新格局，形成在海洋资源开发的全球竞争能力。

4. 加快推进配套产品的技术升级

构建船用低速机自主创新能力，大幅提升船用中高速柴油机品质和品牌效应，推动电力推进系统、节能环保设备等关键动力装置的研发与应用；面向甲板机械、舱室机械、水下生产系统等船舶机电设备和海洋工程装备关键系统进行研发设计，加快虚拟设计与试验技术研究，提高关键设备的可靠性。提升海工配套装备产品性能、可靠性试验验证能力，突破制约产品工程化应用的瓶颈技术。开展舰载3D打印设备的研发，形成配套能力，支持远海在线维修能力。

5. 夯实共性技术基础

通过重大工程与专项的实施，加强共性技术和研究成果的共享，建设一批重点产品基础研发平台；深化数值水池技术及其应用，形成船舶智能设计能力，提高船舶与海洋工程装备综合试验水平；围绕智能化、绿色化、安全化等发展方向开展相关研究，提升国际公约、规范、标准的主导能力，显著提升我国船舶基础共性技术水平。

6. 加快推进“冰区”战略新领域体系化布局

以适应极地航行和作业的船型与海洋装备需求为牵引，将冰区航道开辟、运输航行、资源勘探与开采、冰下环境条件探测等技术作为重点发展方向，突破共性关键技术，发展相关试验技术及理论和方法，形成中高冰级装备设计评估方法、试验方法、标准和规范；围绕提升破冰能力、极地资源开发和环境探测装备，开展典型装备的系统性研究，牵引共性技术的研究和应用，基本形成我国中高冰级装备自主研发能力，为我国“冰区”战略提供强大的技术和装备支撑。

7. 完善海洋环境立体观测装备与技术体系

围绕我国海洋自然（生态与灾害）环境、资源开发与维权保障等国家重大海洋安全需求，重点突破海洋耐腐蚀材料、异质模块组集和传感集成、海洋大数据应用等瓶颈问题，重点研制自主传感器、深远海和海底观测平台、立体观测组网等智能海洋环境观（监）测装备，构建综合性的海洋环境和服务于资源勘查的立体观（监）测与预警预报系统，提高核心装备的国产化水平。开展海洋环境一体化组网观测顶层设计，发展海洋立体观测网络构建和集成关键技术，建立“天空岸海”一体化立体观测示范运行网，推动我国在海洋环境监测与装备领域进入先进国家行列。

二、智能制造装备产业

智能制造正在全球范围内快速发展，以智能制造为引领的全球制造业竞争格局加剧。围绕我国经济社会发展和国家安全的重大战略需求，抓住新一轮科技革命和产业变革的机遇，解决关键领域的“卡脖子”问题，提高我国智能制造装备行业整体竞争力，在高端机床装备领域部分引领国际发展前沿，塑造新的产业竞争优势，实现制造强国战略目标。

（一）发展目标

（1）“十四五”发展目标。以高档数控机床为代表的智能制造装备系列产品国际竞争力明显提高，解决一批高档数控机床的数控系统、关键功能部件制造的“卡脖子”问题，研发一批我国航空航天海工及国防军工领域急需的重要装备。高度重视各工业领域的工作母机、生产线的智能化改造，开展规模化验证和提升工作母机的智能化水平，促进行业的市场开拓及行业的高速发展。到 2025 年，核心元器件和材料基本实现国内供应，国产高档数控机床基本满足航空航天海工、国防军工及新能源汽车领域的主要需求，形成完善的产业发展链。国产新一代信息电子制造装备，包括用于芯片制造的光刻机等设备，基本实现产业化应用。增材制造在飞机、航空发动机、导弹、卫星、船舶、轨道交通等重大设备中实现工程应用，成为航空航天装备等领域高性能大型复杂关键构件的重要制造手段。

（2）2035 年发展目标。步入智能制造装备先进国家行列。由国产高档数控机床为主的成套、成组装备组成的智能工厂具备行业级解决方案，能有力支撑我国航空、航天、海工舰船、汽车等各领域的创新发展和制造强国目标，广泛支持制造业各领域的换代升级。

（二）发展方向

1. 航天航空及航空发动机制造工艺装备

在宇航及深空探测制造装备方面，解决新一代中型、大型运载火箭量产对总装成套装备的急需和重大技术问题，突破航天/飞航武器大型构件和复杂构件大批量精密制造技术瓶颈，满足探月、探火等深空探测对复杂构件轻量化、结构功能一体化的重大需求，支撑我国航天发展战略。

在大型飞机及新一代战机制造装备方面，突破大尺寸钛合金、碳纤维复合材料及异性材料叠层的航空结构件高速切削、增减材复合及大部件高精度互换性制造等技术问题，实现高性能、高精度、高效率、低成本制造。支撑我国航空飞行器发展战略。

在航空发动制造装备方面，发动机短舱、机匣、叶片、涡轮轴、叶盘等典型部件的国产化装备产业化成熟，突破航空发动机关键零部件高温合金、高强度合金、复合材料的集成设计制造、高效和高精制造技术瓶颈，解决进口依赖问题，支撑我国航空发动机发展战略。

2. 新型舰船及深海探测等海工关键制造工艺装备

继续完善我国船舶及海工大型柴油机缸体、曲轴、齿轮及船用燃气轮机叶片、涡轮轴、叶盘等先进加工工艺的成套技术装备。突破大型舰船关键部件制造技术、大型船用螺旋桨推进器整机加工装备、深海焊接、探测及深海工作站制造装备等，推进舰船 3D 打印现场维修成套装备发展，实现关键装备自主可控。支撑国家海工装备发展战略。

3. 新能源汽车变速箱关键零部件加工成套装备及生产线

重点开发新能源汽车变速箱高效加工、近净成形装备及成组工艺生产线，开发齿轮、壳体加工采用的强力珩齿、高效车齿、干式磨削、近净成形、高刚度三轴加工等高效加工与成形、在线检测与装配成套装备及生产线。

4. 其他国家重点领域急需装备

面向新一代战略武器制造、多目标红外探测及高精度智能制导、手机背光模组成像、光通信、半导体激光整形、芯片制造等领域急需，研制制造超精密机床的母机装备，形成超精密机床制造能力，解决我国超精密机床所需的功能部件、结构件的高精度加工制造的难题，支撑我国国防、信息技术等领域的发展战略。

三、民生领域高端装备制造产业

（一）农业装备

立足“智能、绿色、高效、安全”，统筹“补短板、攻核心、强智能”，准确把握当前农业装备与农业机械化发展面临的精细生产、装备智能、高效绿色机械化等重大科技问题，以关键核心技术、重大装备及系统为突破口和主攻方向，推进新一代智能农业装备科技创新，加快推进农机化和农机装备产业转型升级，提升自主创新能力和产业核心竞争力，发展自主可控装备产业。

一是加强土壤、动植物及环境感知和调控基础理论与关键共性技术研究，提升自主创新能力和水平。研究动植物生理、生长、环境信息感知技术、材料、元器件，研究种、水、肥、药、光、热等精准精量调控及精细饲喂技术及系统，研究构建动植物全生命周期智能调控技术体系，推进实现农业生产由群体向个体、总量向变量调控的智能精细生产转变。

二是深度融合新一代人工智能技术，发展高水平的智能农业装备。推进农艺、农机、制造深度融合，研究智能设计、验证、制造、检测、试验技术，提升产品制造和质量水平，发展耕种管收等智能作业装备、智能养殖装备与设施、农产品加工智能装备与设施等，开发农业装备智能操作系统、农机自主作业系统、农业机器人系统、无人机系统等，实现生物、机械、信息等的智能融合，构建新一代智能农业装备技术、产品、服务体系。

三是以高效绿色发展为核心，推进薄弱环节、薄弱区域、特色农业等机械化生产技术装备研发集成，推进现代农业全程、全面机械化发展。研发集成适合不同种植制度、种植规模的机械化生产技术及装备，形成可推广、可复制的高效生产模式；针对山地丘陵、深泥脚水田等需求，研究轻简化、机械化生产技术装备，形成区域适应性的全程机械化生产模式；针对发展循环农业、种养加一体化与适度规模经营的需求，研发集成工程化技术及装备，支撑新业态农业、养殖业、渔业发展。

（二）纺织装备

我国纺织装备应着力突破新材料与产业用纺织品领域生产装备瓶颈，聚焦纺织工业未来智能制造与绿色制造等发展方向，重点发展如下领域。

（1）纺织新材料及应用技术与装备。优先发展用于应急与公共安全、基础设施建设工程、海洋工程、健康工程等方面的纺织新材料和高端纺织品的生产技术与装备；重点研发包括 T1200、M60J 等高规格碳纤维产品，强度 40cN/dtex 以上高强、高模聚乙烯，K129、K149 等高规格芳纶 1414，飞机主结构件等结构设计难度大、加工要求高的高性能纤维应用产品及生产装备。

（2）智能纺织技术与装备。重点研发短流程智能制造装备与生产线；研发纺织生产关键工艺环节的专用机器人、在线智能检测器件、专用传感器及关键基础件，智能化连续纺纱生产装备、数控机织装备、数控非织造布生产装备、智能化针织装备、智能化服装生产线等。加强对纺织装备专用基础件精度控制、表面强化、新材料的应用等技术的研发。研发量大、面广的纺织专用基础件的高效复合加工专用数控装备和自动化生产线。

（3）纺织绿色技术与装备。重点研发绿色制造产业化主机装备和配套的关键装置，包括二氧化碳超临界无水染色设备、全幅宽喷头数码喷墨印花机、针织物连续染色生产线、化纤织物少水连续染色生产线，以及数码印花喷头、专用传感器、印花导带等；研发单线规模 2 万 t 以上的生物基纤维生产成套装备，开发生物基纤维生产所用的单体原料、专用浆粕及溶剂；加快再生循环纤维的先进技术突破，发展废旧纤维及纺织品的高水平再循环回收利用技术及装备。

（三）食品装备

食品装备向柔性自动化、集成化、综合化、系统化、敏捷化和智能化方向发展。当前，我国食品装备部分领域较国际先进水平仍存在较大差距，细分领域高端装备及生产线对欧盟国家依存度较高，成套智能化装备自主创新能力不足，缺乏安全标准及检测监控体系。其重点发展方向如下。

（1）食品关键技术领域，重点发展农产品深加工技术、食品装备先进设计技术及平台、食品柔性智能制造技术、食品成型 3D 打印技术、食品加工工艺品质调控技术、液体食品无菌灌装关键技术、新型蛋白加工关键技术、全产业链质量安全控制技术、特殊膳食营养创制关键技术、功能原料生物修饰关键技术等。加强食品卫生标准研究制定，发展便民监督的质量检测监控体系。

（2）关键材料及元器件领域，重点发展高性能聚合物空心膜、食品级特种钢材、橡胶材料、特种塑料等食物直接接触材料和可循环利用包装材料；重点发展可编程逻辑控制器（programmable logic controller，PLC）、料（液）位传感器、微型流量传感器等控制系统，超高压阀门及筒体，高效伺服机、减速机、封盖机等。

（3）食品专用装备制造领域，重点发展粮油副产品深加工装备、食品挤压加工技术与装备、全谷物磨粉专用高品质装备、油脂加工膨化浸出设备、大型玉米深加工综合利用成套设备、果蔬精深加工装备、大中小型牲畜屠宰加工设备、肉及肉制品加工配套设备、方便食品加工设备、冷饮与速冻食品设备、过滤分离装备、均质粉碎装备、食品杀菌装备、高速无菌灌装设备、大型固态发酵蒸馏设备、大型多功能酿造一体机、食品原料纯净化处理系统、食品安全技术装备及高端精密检测仪器等。

（四）医疗装备

我国在高端医疗装备方面正处于追赶先进的阶段，发展模式在整体上仍以跟踪模仿为主，在品牌、品质上仍与先进国家的产品有差距，未来在提升国际产品竞争力和新技术应用提前布局方面，需要重点发展的方向如下。

（1）强化医疗装备的基础研究与应用开发。针对医学影像、临床检验、先进治疗等设备的关键核心部件、元器件、软件系统等方面加强基础研究；针对生物医用材料产品的基础材料、工艺、加工设备等方面加强应用开发。

（2）加强高端国产医疗装备产业化。重点推进超高场磁共振、能谱 CT（computed tomography，电子计算机断层扫描）、新型超声、各种抗凝全血检测项目为一体的全自动智能化流水线检测装备，基因测序仪，外科手术 PET（positron emission tomography，正电子发射体层成像）荧光引导设备，智能化重症治疗呼吸机及无创呼吸机，PET 引导的放疗加速器设备，磁共振实时引导加速器放疗设备，先进治疗设备等高端设备，以及 1.5T 无液氦超导磁体、超宽带单晶超声换能器、高频线阵探头、大功率 CT 球管等关键核心部件的开发与产业化。

（3）面对未来，培育和布局新产品开发。对液态金属应用、3D 打印全降解冠脉药物洗脱支架系统、3D 打印医疗器械与技术、治疗阿尔茨海默病的神经调控、智能化医用机器人、虚拟现实手术模拟等新技术产品进行重点开发。推进基于 5G 传输的健康大数据、人工智能诊断系统、设备运行质量保障与临床大数据融合等系统开发与平台的建设。推进康复与保健装备的智能化技术、人体功能辅助设备及训练设备等的开发。

（4）促进成果转化，加强国产医疗装备的示范应用和推广力度。重点推进已上市的国产创新医疗装备在国内临床机构的示范应用推广，加强国产创新医疗装备企业与国内临床之间的学术交流，推进国内临床机构对国产医疗装备产业发展的支撑。

第五节　“十四五”新材料产业发展目标及重点方向

一、“十四五”目标

新材料产业达到国际先进水平，先进基础材料实现大规模绿色制造、使役和循环利用，关键战略材料实现全面自主保障，前沿新材料在部分领域实现颠覆性应用，产业创新体系稳步提升，满足我国国民经济、国家安全、社会可持续发展的需求，实现由材料大国向材料强国的战略性转变。具体发展目标如下。

（一）电子信息材料

加快电子信息材料产业化和市场应用推广，突破 300mm 硅片的关键技术，满足线宽≤14nm 集成电路应用要求；开发 450mm 硅单晶材料生长技术、FDSOI（fully depleted silicon on insulator，全耗尽绝缘体上硅）片制备的关键技术；4～6 in 的 SiC（碳化硅）和 GaN（氮化镓）材料实现批量商业应用；锆铪系高 k 材料和金属栅极材料得到商业应用；突破海量存储材料工程化技术，实现小批量试用；实现磁性随机存取存储器（magnetic random access memory，MRAM）批量生产。在继续提高LED性能、降低成本的同时，重点开展智能和超越照明应用等关键技术研发与集成创新，开展LED可见光通信、医疗、农业等超越照明领域应用研究；开发高效、低成本OLED材料及照明应用技术；加强系统布局和产业发展环境的优化。增强国外市场开拓能力，包括LED在内的整体产业规模达到万亿元以上，支撑信息化带动工业化，推动我国信息技术产业达到国际先进水平。

（二）新能源与节能环保材料

突破新能源及节能环保材料工程的关键科技问题，建立以企业为主体的高水平产学研用相结合的新能源材料研发平台；建立具备一定自主创新能力、规模较大、产业配套齐全的产业体系，推动关键材料生产和制造装备的国产化，缩短与世界先进水平之间的差距，实现关键材料的批量生产。

（三）先进无机非金属材料

攻克一批重要典型高纯、超细陶瓷粉体的制备技术，实现纯度和粒度可控，并实现批量化生产；突破后端高温烧结设备设计制造技术瓶颈，产业发展能力达到国际领先水平。解决大尺寸碳/碳复合材料构件高效制备的基础问题，研发出国家优势产业、战略必争产业及新型武器装备所必需的新型碳/碳复合材料。实现耐火材料非金属矿产资源管理的规范化、矿产开采的规模化和有序化，实现矿产资源综合利用，使我国耐火材料达到国家先进水平。开发出具有自主知识产权的高品质特种光电玻璃、高世代TFT-LCD（thin film transistor liquid crystal display，薄膜晶体管液晶显示器）基板与盖板玻璃、建筑高效节能与高安全功能玻璃。攻克混凝土材料抗蚀和抗裂关键技术，解决我国混凝土材料强度总体偏低、寿命偏短的问题。

（四）重大工程用先进金属材料

钢铁和轻合金材料产业整体达到国际先进水平，钢铁和轻合金材料全面实现绿色、循环制造，基本建成新材料产业创新体系。能源石化用钢、海洋工程用钢、交通运输用钢、基础零部件用钢、超超临界电站用钢，以及航空用铝合金、钛合金等关键材料，基本能够满足国民经济、国家安全、社会可持续发展的需求，支撑“中国制造2025”，初步完成由材料生产大国向材料制造强国的战略性转变。

（五）高分子及复合材料

突破国产碳纤维低成本制备技术，实现碳纤维制备技术从跟踪创新到原始创新，建立起具有中国特色的碳纤维制备与应用技术体系、科学合理的区域发展和产业链结构，建立基于 T800 级碳纤维的第二代先进复合材料规模化制备与应用平台。碳纤维主要产品支撑国家大飞机、载人航天等重大工程及交通、新能源等战略性新兴产业的发展，使我国复合材料技术达到世界同步发展和并行发展水平。实现国产碳纤维高性能复合材料产业化及推广应用达到 3 万 t /年的工程化能力，创造直接产值 1000 亿元/年以上。

（六）高端生物医用材料

基本建成新一代生物材料产业体系，带动行业跨越式地发展进入国际先进水平。力争 2025 年市场份额近 1450 亿美元，占世界市场份额从 2015 年的 9.5%提高到近 22.5%；国产高技术产品基本取代进口产品并参与国际市场竞争。

生物医用材料前沿基础理论研究国际先进，部分领先；突破可再生人体组织的新一代生物医用材料设计和制备技术，包括仅通过材料自身优化设计诱导组织再生的组织诱导性材料，组织工程化制品及可促进组织再生的药物与生物活性物质靶向控释载体及系统等的设计和制备技术，人体组织的生物 3D 打印技术，生物材料基因组工程技术，纳米生物材料及软纳米技术，智能及可降解生物材料设计制备技术，具有药物防治疾病功能的生物材料设计与制备技术，微创及精准治疗器械及设备设计和制备技术，分子探针及植入性芯片等临床治疗技术，以及材料和植入器械表面改性技术等。

于国际率先研发出一批新一代生物材料产品，包括第二代骨诱导人工骨、软骨、神经、肌腱、韧带、角膜、心瓣膜等组织诱导性生物材料及植入器械，兼具重大疾病（肿瘤、骨质疏松等）防治及组织再生功能的新型生物材料，具有血管自修复功能的可降解血管支架、介入治疗人工心脏瓣膜、心衰治疗水凝胶等新型心血管系统修复材料等；研发出国际先进的用于人体结构组织的组织工程化产品，生物人工肝，血液代用品（人造血液），药物和生物活性物质（基因、短肽、疫苗等）的控释载体和系统，一批表面生物活化、抗凝血和组织增生及抗菌等表面改性的植入器械，用于影像技术的纳米分子探针、临床诊断的植入性芯片及电子视网膜等植入性微电子器械等；开发一批新型生物材料临床植入示范性手术，建立评价生物材料和植入器械长期生物相容性、功能性及临床试验模型。

(七)高性能稀土材料

到2025年，建成3～5个具有国际先进水平的国家级稀土材料创新平台和工程化研发基地。成功开发一批具有核心知识产权的新型稀土磁、光、电等稀土功能材料，并在智能控制、高速列车、城市轨道列车、机器人、新型显示与照明、国防军工等高新技术领域获得应用。超高性能永磁体综合性能最大达到85，研究、开发实现制造工艺的数字化，全生产链过程的柔性化、自动化；新型铈永磁体中铈含量占稀土总量的40%时磁能积大于40 MGOe。推动高稳定性、长寿命、耐高温稀土永磁材料的研究；获得新型稀土荧光粉，满足全光谱白光LED［Ra（显色指数）大于95时、R12大于90、光效大于200lm/W］和显示色域大于100%NTSC①的LED背光源液晶显示器的应用需要；稀土储氢材料容量达到7.5wt%。高性能稀土催化剂、白光LED荧光粉、稀土晶体材料、超高纯稀土金属及其化合物等关键稀土新材料国产率达到80%以上。

(八)前沿新材料

高性能特种纤维制备技术实现工程化生产及批量应用，建立性能检测评价及质量控制体系，为下一代装备和关键民用行业发展提供世界领先的纤维材料支撑和技术储备；突破满足飞行器前缘、鼻锥类部件高温高效防隔热材料的设计和可控制备技术，大尺寸热结构复合材料的成型技术，提高材料重复使用性能，实现由跟踪仿制到自主研发的跨越；突破较大尺寸、较高质量超宽禁带半导体单晶材料生长和晶片加工核心关键技术，建立并完善超宽禁带半导体材料研发平台和应用验证平台，技术能力达到国际先进水平，推进单晶材料的应用验证进程，培育超宽半导体材料新兴产业，增强国际竞争力，实现2in、3in氮化铝，以及2in金刚石、3～4in氧化镓单晶材料小规模量产，支撑半导体材料、新型光电子和微电子器件产业的发展。

二、“十四五”发展方向

立足“解决受制于人问题、提升引领发展能力”，围绕保障国家重大工程建设、强化国家战略资源国际主导地位的先进无机非金属材料、重大工程用先进金属材料、高分子及复合材料、高性能稀土材料、新能源与节能环保材料、功能晶体材

① NTSC为美国国家电视系统委员会（National Television Standards Committee）制定的一个色域空间标准。

料、高端生物医用材料、前沿新材料与材料基因工程等关键新材料及新材料研究方法，系统开展研发及工程化研究布局。

（一）功能晶体材料

有重大应用背景的功能晶体材料重点发展：①大尺寸高质量激光、非线性光学、闪烁和弛豫铁电晶体的生长及其装备研究，包括无核心 Nd:YAG（掺钕钇铝石榴石）和大尺寸 Ti:Al_2O_3（钛蓝宝石）及氟化物激光晶体，大尺寸优质 LBO（LiB_3O_5，三硼酸锂）、YCOB（$YCa_4O(BO_3)_3$ 三硼酸氧钙钇）非线性光学晶体，有自主知识产权的闪烁晶体、无铅压电晶体、新型 LGS、KTN 电光晶体和复合功能晶体（Yb:YCOB 晶体）等；②高质量第三代半导体晶体，如 SiC、GaN、金刚石和氧化物半导体等；③优质电力电子器件用宽禁带半导体材料，如 SiC、GaN 等；④晶体生长基本理论、计算机模拟与生产和产业化的结合，发展新的晶体生长方法和技术，加强晶体生长设备研制和产业化，加强晶体从原料到加工、后处理、检测及镀膜等全过程的结合。

新概念、新功能晶体重点发展：介电体超晶格材料及量子芯片的应用，超构材料在新波段探测和高技术对抗、防护中的应用，铌酸锂单晶薄膜及其光子学应用和产业化。

（二）新能源与节能环保材料

（1）太阳能材料。发展高质量硅材料，降低成本，提高效率，并同时发展多种太阳能电池技术。

（2）锂离子电池材料。正极材料研发重点为镍钴锰酸锂（NCM）和镍钴铝酸锂（NCA）；负极材料研发重点为硅基负极——硅碳、氧化亚硅碳；电解液领域重点围绕功能电解液展开，重点开发高电压三元/石墨电池、高镍正极/石墨或硅碳电池、高功率三元/石墨电池、长寿命磷酸铁锂/石墨电池、高比能量磷酸铁锂/石墨电池用添加剂；隔膜技术方面，涂覆（或复合）隔膜则是当今隔膜应用发展的焦点所在，未来重点发展薄型化隔膜。

（3）燃料电池材料。建立健全燃料电池发动机关键材料与部件产业链，特别是燃料电池扩散层用碳纸、低功耗空压机、氢气循环泵、70MPa 的储氢瓶和 MEA（membrane electrode assembly，膜电极）大批量的生产技术；进一步提高电堆的体积和重量比功率，以适应乘用车的需求；提高电堆和电池系统的可靠性和耐久性，确保大巴车用燃料电池发动机寿命达到 1 万～2 万 h，轿车大于 5000h；发展基于可再生能源和核能的电解水制氢技术、劣质煤制氢技术、氢的储运技术，大幅度降低氢气生产成本。

（三）先进无机非金属材料

（1）先进基础材料与基础技术。发展先进基础材料与基础技术，包括设备技术、工艺技术、产量技术、应用技术、测量技术、表征技术等。积极发展在航空航天、轨道交通、海洋工程等战略领域用先进陶瓷材料、碳/碳复合材料、包括高端水泥在内的新型耐火材料等高端特种材料、高性能陶瓷纤维等。

（2）新材料和新兴技术发展。高端粉体制备及分散技术、先进材料成形技术、先进陶瓷烧结技术、精密加工技术、制造装备加工技术等技术需要进一步的发展。在新材料发展方面，要进一步加强半导体、高性能粉体、先进陶瓷、锂电池、生态环境材料、碳/碳复合材料、玻璃、耐火材料、超导材料、纳米材料、智能材料等前沿新材料的基础研究与技术积累。

（四）重大工程用先进金属材料

开展高温合金、高强高韧钢及轻质、高强、大规格、耐高温、耐腐蚀、耐疲劳的新型轻合金材料的研发；提高冶金质量控制手段和控制水平，以及扩散退火、锻造加工、热处理设备等工艺控制水平；加强材料研发的基础理论研究及材料先进研制手段的创新；提高材料及零部件测试评估方法、测试精度和数据处理水平；开发用于高铁车厢、车头用新型轻质铝、镁合金材料，铜合金接触网导线材料，车轮、车轴、轴承等关键部件用钢，长寿命齿轮钢、螺栓钢、模具钢、弹簧钢和高速钢等基础零件用钢；发展轨道列车用大型多孔异型空心铝合金型材、高速铁路车轮车轴及轴承用钢、高品质铝合金车身板、变截面轧制板、大型镁合金压铸件、型材及宽幅板材等。开发车轮用贝氏体钢，高强度、耐冲击韧性与耐疲劳性能的车轴用钢，以及抗磨损、抗疲劳的轴承用钢。研发新型高速列车弹簧用钢及泡沫铝等新型减震材料，加快长定尺、新廓形钢轨的研发，研制过共析钢和贝氏体钢的钢轨及道岔。研制轮轴轴承、传动齿轮箱、转向架等关键零部件所用的金属材料。研究海洋环境用金属材料。加快耐海水腐蚀超级不锈钢材料国产化进程，系统研究苛刻环境设备用高 Mo 含 N 高性能不锈钢。海洋环境用特殊规格合金板带关键产品，如深潜器耐压壳用钛合金特厚板、LNG（liquefied natural gas，液化天然气）船用因瓦合金薄带等。加快海洋工程和海水淡化用耐蚀铜合金和钛合金焊管的材料开发和产业化。重点发展油气开采和输送装备、深海探测开发和深潜器、海水淡化装置、特种船舶与船舶发动机等四大领域特殊钢材料。重点攻关700℃超超临界燃煤机组用耐高温、高压合金新材料。重点突破油气井用超级不锈钢和镍基合金高合金油井管系列产品。实现核电、火电和大型炼化装置用大单重厚钢板，重型燃气轮机用超大型涡轮盘，核电堆内构件中大型奥氏体不锈钢锻件等大规格产品。

（五）高分子及复合材料

扩大通用树脂高端聚烯烃的产业化规模，实现高端通用树脂和工程塑料自给率达到60%以上；扩大含二氮杂萘酮结构聚芳醚砜酮等系列高性能工程塑料产业化规模，产能达到5000t /年；全面推进智能工厂、智能生产、智能物流建设和绿色制造，合成橡胶主要品种的自给率达到90%以上；突破芳纶纤维规模化生产关键技术，实现芳纶纤维5000t /年规模化稳定生产。

创新开展高性能碳纤维的研发，实现碳纤维性能达到或超过TORAYCA® MX系列；突破低成本碳纤维制备关键设备和工艺技术，建立千吨乃至万吨级低成本碳纤维生产线，产品性能符合拉伸强度2.8GPa、拉伸模量280GPa和断裂伸长率1%国际标准；实现高强中模高韧碳纤维（T800 级）复合材料在航空装备等领域的批量应用；全面突破复合材料自动铺放装备和制造技术，突破高性能热塑性复合材料预浸料和原位固结成形技术、热塑性复合材料原位反应成形技术。

发展级联化学反应波固化树脂和真空状态下模具直接加热的新型非热压罐固化工艺，1～5min快速固化、高压RTM（resign transfer molding，树脂传递模塑）、快速热压等低成本复合材料制备单元工艺技术，超材料技术和吸波夹层结构协同吸收的超宽频结构吸波复合材料，高承载电磁屏蔽结构复合材料；开展新一代隐身、抗弹复合材料设计和制造技术研究，发展耐温等级达2500℃/3000s、制造周期和成本降低30%的热结构复合材料技术研究，碳纤维复合材料高效回收技术和回收碳纤维再利用技术研究。

（六）高端生物医用材料

重点发展组织诱导性生物材料，具有重大疾病防治功能的生物材料及植入器械，心血管植、介入材料及医疗器械，组织工程化产品，生物3D打印及体外人工器官的构建，柔性生物电子材料器件及植入性智能假肢，电子视网膜，脑刺激电极等微电子植入器械，人源化转基因异种器官的研发（用于解决器官移植供体短缺问题），基于大数据、互联网的生物材料及器械市场准入前后监管和评估的软硬件系统研发，预测生物材料及器械长期生物相容性、有效性的科学基础、模型和新方法。

（七）高性能稀土材料

（1）稀土磁性材料研发及应用。高磁能积、高综合性能稀土永磁的研发、产业化及规模应用（重点在重稀土渗透和超细晶粒磁体方面的突破）；高 Ce 永磁材料研发及应用；稀土（非晶）高效电机研发、产业化及规模应用；650℃及以上高温稀土永磁材料研发及应用；轮毂电机用超强磁钢和制备技术研发及应用；高带宽、强吸收稀土高频微波软磁材料研发及应用；稀土磁功能材料体系创新及应用（包括纳米复合永磁材料，大尺寸、低成本超磁致伸缩材料，新型磁致冷材料等）；软、硬磁一体化复合材料示范应用。

（2）稀土光功能材料研发及应用。超高光效半导体照明及超高色域显示用新型稀土发光材料开发，适合蓝光、紫外光与近紫外光激发的新型近红外发光材料开发及应用，新型高性能稀土闪烁晶体材料的低成本规模制备技术开发。

（3）稀土储氢材料研发及应用。高容量、长寿命、低成本新型稀土固态储氢材料体系研发；与燃料电池高效匹配的稀土储氢材料-高压氢复合系统研发；与新型固态动力电池匹配的高安全性、高容量、超快充、宽温域稀土储氢材料技术和装备开发；新型稀土储氢材料评价标准、分析与测试平台建设。

（4）稀土催化材料研发及应用。国Ⅵ以上机动车尾气净化器用稀土基催化材料研发及应用；清洁能源合成用高效、长寿命、高选择稀土催化材料研发；工业废气净化用稀土复合氧化物催化材料及集成技术研发及应用；稀土催化材料再生和回收工艺技术研发及应用。

（5）超高纯稀土材料与清洁生产技术。超高纯稀土金属规模化制备技术及装备研发；大尺寸超高纯稀土金属及合金靶材制备技术及装备研发；超高纯稀土化合物分离提纯及分析检测技术开发；稀土高效清洁提取分离新技术及装备开发；稀土二次资源及生产过程物料循环利用技术研究；稀土分离提纯与化合物材料制备一体化技术开发。

（八）前沿新材料

以碳纳米管纤维、石墨烯纤维为代表的新型碳质纤维研发及其复合材料应用；低烧蚀/非烧蚀复合材料、超高温多元陶瓷、高强韧超级隔热材料研发及工程应用；大尺寸氮化铝、金刚石、氧化镓单晶材料研制及工程应用。

（九）材料基因工程

加强高通量制备、表征与服役行为评价关键技术的研究和研发平台的建设，突破传统工艺和装备对材料开发成本、效率、一致性和稳定性等方面的制约；建设基于数据存储库、数据工具和数据合作平台三个核心组成的材料数据基础设施；开发材料高通量表征的微观–介观–宏观多尺度、跨层次的高通量并发模型和相应算法，加强各尺度的关联和耦合度；融合高通量计算（理论）、高通量实验（制备和表征）、专用数据库、服役安全保障四大技术，变革材料的研发理念和模式，实现“研发周期缩短一半、研发成本降低一半”。

第六节 “十四五”绿色低碳产业发展目标及重点方向

一、“十四五”能源新技术产业发展目标及重点方向

（一）煤炭清洁高效利用产业

1. “十四五”目标

“十四五”期间，实现燃煤发电机组平均供电煤耗低于 300gce/(kW·h)，CO_2 排放强度下降到 825g /(kW·h)左右；建成 3～5 座 IGCC（integrated gasification combined cycle，整体煤气化联合循环）清洁电站，进行基于 H 级燃气轮机的 IGCC 技术示范，供电效率超过 50%；示范 IGCC 多联产技术，保证稳定生产天然气等液体燃料的同时，实现 IGCC 的电力调峰与经济性；实现 5～10MW IGFC（integrated gasification fuel cell，整体煤气化燃料电池）电站工程示范，发电效率超过 55%，实现 CO_2 近零排放，CO_2 捕集率超过 90%；完成 700℃超超临界机组关键部件的加工制造，建设 600MW 等级的 700℃超超临界工程示范。

开发出高效、低成本的 CO_2 捕集、利用和封存技术，建成百万吨级 CO_2 捕集、驱油与封存示范工程，捕集成本降低到 25 美元左右。实现固体氧化物电解 CO_2 和 H_2O 制取合成气、甲烷、甲醇等燃料的大规模示范，形成 CO_2 驱煤层气与封存关键技术，完成 CO_2 矿化、微藻固碳等 CO_2 利用关键技术工业验证。

预计到 2035 年，先进煤基发电产业的发展将大大推动煤炭产业的健康有序发展，全面提升我国燃煤发电水平，实现污染物和 CO_2 近零排放。基于 H 级燃气轮机的 IGCC 和 700℃超超临界发电技术实现商业化推广应用，供电效率超过 50%，完成百兆瓦级 IGFC 发电技术的示范应用，发电效率超过 60%，CO_2 捕集率超过 95%。

2. “十四五”发展方向

煤炭清洁高效利用紧紧围绕“清洁、高效、低碳”三大主题，依靠科技创新

驱动产业技术进步，在提高煤炭发电效率及燃煤污染物超低排放和CO_2减排、煤炭资源综合利用等方面取得突破性发展。煤炭清洁高效利用技术的提升是我国煤炭产业升级的关键。

（1）全面提升我国燃煤发电机组能耗与污染物排放控制水平。实现发电行业高效节能与清洁排放，达到国际先进水平和领先水平，全面降低和控制煤炭燃烧和煤炭转化过程中的常规污染物、重金属、CO_2等排放。实现燃煤发电机组平均供电煤耗低于300gce/(kW·h)，全面实施燃煤电厂超低排放改造，进一步提升高效清洁发展水平，CO_2排放强度下降到825g/(kW·h)左右。

（2）开发高灵活性燃煤发电技术，满足煤电机组深度调峰和快速变负荷要求；研究煤与生物质、煤与光热耦合发电技术；研发智能发电技术，主要研究数字化、自学习、自适应、互动化特征显著的智能发电技术。

（3）加快实施煤炭清洁高效利用重大工程。掌握700℃等级高温材料制造和加工技术，完成700℃超超临界机组关键部件的加工制造，完成700℃超高参数锅炉的详细设计，建设600MW等级的700℃超超临界工程示范。推进IGCC/IGFC关键技术装备示范，建成3～5座IGCC清洁电站，进行基于H级燃气轮机的IGCC技术示范，供电效率超过50%；示范IGCC多联产技术，保证稳定生产天然气等液体燃料的同时，实现IGCC的电力调峰与经济性；实现5～10MW IGFC电站工程示范，发电效率超过55%，实现CO_2近零排放，CO_2捕集率超过90%；示范燃煤机组烟气多污染物（SO_2、NO_x、Hg 等）一体化脱除技术。商业化碳捕集和封存技术在煤电机组得到推广应用。

（二）非常规天然气产业

1. “十四五”目标

加快发展页岩气产业，进一步促进技术水平提升和资源潜力释放，到2025年页岩气产量达到300亿～500亿m^3，成为全国天然气产量的重要组成部分；通过持续开展煤层气关键技术攻关，实现煤层气产量稳定增长，到2025年地面煤层气抽采产量达到130亿m^3。前瞻性布局天然气水合物产业，加快资源评价和技术研发，天然气水合物资源进一步落实，天然气水合物开采试验技术取得新突破。

预计到2035年通过地质理论、提高单井产量、降本增效等科技攻关，海相页岩气勘探开发技术达到国际先进水平，陆相、过渡相页岩气勘探开发技术取得实质性突破，页岩气产业进入高速发展阶段，到2035年页岩气产量达到800亿～1000亿m^3，成为全国天然气产量的重要组成部分。煤层气形成适应我国多类型煤层特点的勘探开发技术，煤层气产业进入快速发展阶段，2035年煤层气产量达到300

亿 m^3。天然气水合物通过开发攻关试验，相关开采技术达到世界领先水平，并有望实现水合物商业开发。

2. “十四五”发展方向

（1）加快川渝页岩气商业开发基地建设，实现页岩气产量快速增长。以四川盆地志留系为重点，加快川渝地区页岩气商业开发基地建设，实现页岩气产量持续快速增长。重点在涪陵、威荣、长宁、威远、昭通已实现商业开发的区域，持续扩大新建产能规模。持续开展深层、常压页岩气攻关，在南川、荣昌—永川、丁山、武隆等地区形成新的产能建设新阵地。加大中扬子志留系、寒武系、黔南-桂中石炭系海相页岩，四川盆地二叠系、侏罗系，鄂尔多斯盆地三叠系、石炭-二叠系海陆过渡相页岩、陆相页岩等新区、新层系、新类型页岩气勘探，力争实现商业化突破，形成页岩气产业接替阵地。

（2）加快常压、深层、陆相等新类型页岩气示范区建设，推动我国页岩气产业向多地区、多领域拓展。在前期涪陵、长宁-威远、昭通页岩气示范区成功建设的基础上，优选深层页岩气、常压页岩气、陆相页岩气、海陆过渡相页岩气取得突破的地区开展新类型页岩气示范区建设。通过建设示范区，一是形成一批常压页岩气、深层页岩气、陆相页岩气、海陆过渡相页岩气商业开发阵地，实现我国页岩气多地区、多层系、多类型商业化开发，实现页岩气跨越式发展；二是形成适合我国地质条件的多类型页岩气勘探开发关键技术及装备，在陆相页岩气、海陆过渡相页岩气地球物理评价及“甜点区”预测技术方面取得突破，在深层/超深层水平井优快钻完井技术、多类型页岩适应性压裂改造技术、多类型页岩气开发优化技术等方面取得突破；三是形成低成本、市场化运作的综合利用模式；四是形成页岩气环境保护等可持续发展模式。

（3）继续推进沁水盆地、鄂尔多斯盆地东缘两个煤层气产业化基地建设。以沁水盆地、鄂尔多斯盆地东缘实现规模化商业开发的地区为重点，持续开展适应性技术攻关，进一步开展示范工程建设。加强潘庄、樊庄、郑庄、柿庄南、柿庄北、保德、韩城、延川南等项目生产建设，实现已有产区稳产增产；在马必、古交、三交、保德南、韩城南等新建产区增加储量，扩大产能，配套完善基础设施，实现产量快速增长。

（4）加快南方二叠系、鄂尔多斯盆地低阶煤等新区、新层系开发试验，形成新的煤层气产业化基地。对四川盆地南缘二叠系、贵州织金-安顺二叠系、新疆准噶尔盆地南缘等已经实现单井突破的地区，进一步开展开发试验攻关，探索不同井型、不同完井方式的单井提高产能攻关试验、面积排采试验，实现新的突破，形成新的煤层气产业化基地。在内蒙古东胜、海拉尔、二连浩特及新疆等地区开展低煤阶、厚煤层、深部煤层气开发利用示范工程，形成若干个煤层气开发试验区。

（5）海陆并举，前瞻性布局天然气水合物产业，加快资源评价和技术研发力度，早日实现商业开发。以国家基础性研究项目、专项项目为依托，持续开展天然气水合物地球物理、地球化学等勘查技术及天然气有效开发技术的攻关。以我国南海、东海、青藏高原冻土区为重点，加强天然气水合物资源勘查，尽快摸清水合物资源“家底”。持续在南海北部等有利区开展天然气水合物开采试验，攻关形成天然气水合物有效开发能力。

（三）综合能源服务产业

1. “十四五”目标

（1）能源互联网方面。加快构建泛在电力物联网，充分应用“大云物移智链”等现代信息技术、先进通信技术，实现电力系统各个环节万物互联、人机交互，大力提升数据自动采集、自动获取、灵活应用能力，广泛连接内外部、上下游资源和需求，打造能源互联网生态圈。到2021年，初步建成泛在电力物联网，能源互联网生态初具规模，实现涉电业务线上率达70%；到2024年，建成泛在电力物联网，形成共建、共治、共赢的能源互联网生态圈，引领能源生产、消费变革，实现涉电业务线上率90%。

（2）在综合能源服务方面。全面深度感知“源网荷储”设备运行、状态和环境信息，用市场办法引导用户参与调峰、调频，重点通过虚拟电厂和多能互补提高分布式新能源的友好并网水平和电网可调控容量占比；采用优化调度实现跨区域送受端协调控制，基于电力市场实现集中式新能源省间交易和分布式新能源省内交易，缓解弃风弃光，促进清洁能源消纳。

（3）在先进输电方面。加强与地方政府、发电企业沟通，通过推动落实配套电源、送受端签订长期协议、优化电网运行方式、加强设备运维保障等措施，发挥好特高压直流工程作用，提升特高压直流利用效率。

（4）在储能方面。加大储能关键技术研究，一是提高大型抽水蓄能电站成组调节和源网协调能力，提高抽水蓄能电站的信息化、自动化、互动化运行水平，实现电站经济运行和节能增效。二是研究大容量、长寿命、低成本、高安全性的新型电池技术，提高储能装置能量密度，满足电力系统大规模储能需求。三是开发低成本、高寿命、高性能的混凝土、陶瓷、熔盐、复合储热材料，优化换热器、聚光镜、吸热器等关键部件设计，突破大容量高温显热、储热的动态热管理技术瓶颈，提高发电和输电系统的可靠性。四是开发低成本、高效率的氢储能技术，实现清洁电力到清洁气体能源的大规模高效转化、网络化存储和高效利用，提升电力系统大容量、长时间尺度调峰能力，支撑安全、高效、绿色低碳的全球能源互联网建设。

2. “十四五”发展方向

（1）能源互联网与综合能源服务产业。研究基于新一代信息技术，适应全球能源互联网发展特点的智慧城市新基础设施体系；研究智慧城市广义能源互联接口标准及信息传输协议；研究智慧城市综合能源管理及协调优化关键技术；研究交互式住宅（智能家居）关键技术；研究基于移动互联的新一代车联网及智慧交通信息通信关键技术。

（2）先进输电产业。超导输电具有传输容量大、损耗低、走廊需求小等技术优势，在输电线路升级改造中，可以取代常规电缆解决空间、容量受限等问题，以及未来大城市高负荷密度地区供电等技术难题。在冷却和绝缘技术突破后，可实现电力、燃料（液化天然气、液氢）等多能源混合输运新模式。GIL（gas insulated transmission line，气体绝缘金属封闭输电线路）可采用隧道、竖井或斜井通道进行输电线路建设。其适合地理条件受限地区线路建设：发电厂或变电站的大容量出线和联络线、输电走廊紧张的城市中心大负荷供电线路、气候或环境恶劣地区的跨越输电线路等。适合综合管廊模式建设：GIL 输电的安全性和可靠性高、环境兼容性好，允许与通信线缆、输油输气管道等同走廊或隧道共建。

（3）储能产业。开发多类型、大容量、低成本、高效率、长寿命的储能系统；推动在集中式新能源发电基地配置一定比例的大规模储能电站，实现储能系统与新能源、电网协调优化运行；满足循环寿命、储能效率、最大储能容量、能量密度、功率密度、响应时间、建设/运行成本控制等关键指标。

（四）核能产业

1. “十四五”目标

围绕核能利用长期安全稳定及效能最大化目标，形成自主三代核电技术的型谱化开发，开展批量化建设；发展小型模块化反应堆，作为分布式小型能源，探索核能多用途利用是未来的发展趋势。需要重视全国范围内的核电布局，内陆作为重要组成部分，需要提前示范；提升经济性并通过先进核燃料研发、严重事故机理研究，完善先进理念的安全系统、设置完善的严重事故预防和缓解措施、增强对外部事件的防御能力应用，实施核废物最小化；制订轻水堆的延寿和退役方案并开展工程实践。核燃料领域完成乏燃料的中间储存，商业规模的后处理厂关键技术取得突破，并开工建设；通过开展核燃料产业园项目，整合核燃料前端产能。先进四代核电领域，建成 600MW 钠冷示范快堆，按照实验堆、示范堆、商用堆规划发展；完成 60 万 kW 高温气冷堆设计，并开工建设 60 万 kW 高温气冷堆核电示范工程，实现高温气冷堆设计、制造、建造和调试运行的国产化。

2. “十四五”发展方向

根据核能的现有技术体系、攻关重点及技术路线，未来的核能产业的发展仍将围绕自主三代压水堆核电技术、小型多用途核反应堆技术、第四代先进核能技术及核聚变技术等重点方向展开。

（1）自主三代压水堆核电技术实现型谱化开发、批量化建设。压水堆仍是未来核能技术发展的核心领域，未来将以其为核心，安全、高效地实现核电规模化与批量化发展应用。2025 年前，自主压水堆先进技术取得重大突破，全面形成自主三代核电技术的型谱化开发，实现批量化建设，可支撑参与世界核电市场竞争。核燃料循环体系前段和后段能力逐步提升，初步匹配核电批量规模发展需求，构建完善、可持续发展的核燃料循环体系。

（2）小型多用途核反应堆技术开拓核能应用范围与应用领域。小型模块化反应堆在热电联产、高温工艺供热、海水淡化、浮动核电站建设、开拓海洋资源等特殊场合有独特优势，将是未来开拓核能应用范围与应用领域的关键技术方向。2025 年前，初步实现基于小型模块化压水堆技术的多用途技术应用与工程示范，应用领域涵盖至浮动式核电站及核能供热、供汽等。成为孤岛供电及岛礁、偏远地区供电供能的主力选择，与大型商用压水堆一同构建“大型电力节点+小型多用途能源应用”的核能应用体系。小型化、模块化及经济性达到世界先进水平，可参与世界核能多用途应用市场竞争。部分基于先进核能技术的小型多用途核反应堆实现工程示范与应用。

（3）第四代先进核能技术与压水堆协调发展，打造可持续发展模式。先进核能系统与技术，是实现铀资源的增殖与完善闭式循环体系的必然选择。2025 年前，以钠冷快堆、铅冷快堆及超高温气冷堆为核心，完成关键技术攻关，技术逐步走向工程可用。根据技术特点及应用要求，采用压水堆与四代堆协调、匹配发展的方式，推动核能稳步发展。

（4）尽早实现稳态、高效、安全、实用的核聚变技术。作为未来高效、高能量密度、储量丰富的终极能源利用形式，核聚变技术的发展应瞄准国际前沿，创新发展理念，加快攻关步伐，尽早实现稳态、高效、安全、实用的核聚变技术突破与应用。2025 年前，建立近堆芯级稳态等离子体实验平台，完成关键部件与系统技术的突破。

（五）风电产业

1. “十四五”目标

统筹考虑可开发的风能资源、风电技术的创新进步、风电开发规模、市场竞争环境等因素，结合国家能源和电力需求，预计到2025年底，我国风电累计装机容量达到3.5亿kW，其中，海上风电累计装机容量达到2000万kW，风电年发电量达到7450亿kW·h，约占全国总发电量的8%。陆上风电项目全面实现竞价上网，海上风电项目平准化度电成本显著降低。风电设备研发能力和制造水平进一步提高，风电机组整机及核心部件全部实现国产化，风能转化效率、机组可靠性等技术指标显著提升。预计到2035年，我国风电累计装机容量达6.8亿kW，风电年发电量约占全国总发电量的10.5%，风电投资约占能源领域总投资的32%，陆上风电项目边际成本低于燃煤发电，海上风电项目全面实现竞价上网，单机容量15～20MW的巨型海上风电机组示范运行，高空风力发电等新型风能利用方式推广应用。

2. “十四五”发展方向

（1）优化产业空间布局，加快发展陆上分散式风电。在国家及各地方政府政策带动下，我国分散式风电发展取得显著进步，一批代表性项目顺利完成并产生了良好的示范作用，但分散式风电在审批流程、电网接入、技术标准等方面仍存在亟须破解的难题。加快发展我国陆上分散式风电还需要从加快做好风电发展规划滚动修编，简化风电项目核准支持性文件，制定简化审批手续流程的实施细则，因地制宜出台分散式风电项目电网接入方案，优化并网申请流程，完善分散式风电技术标准体系和检测认证，扩大融资渠道，降低融资成本等方面着手发力。

（2）促进能源结构转型，积极有序推进海上风电建设。我国沿海省区市经济发达，能源消耗巨大，但能源供应仍以化石能源为主，减排压力大，能源结构亟须调整。依靠丰富的海洋风能资源，积极有序推进海上风电建设，可以有效推进沿海地区能源供给侧结构性改革，有利于确保我国能源供给安全及促进地区经济发展和技术进步，发展海上风电也与我国海洋强国战略高度契合。目前我国海上风电处于规模化发展前夕，完善合理的海上风电产业发展规划，稳定持续的风电开发政策环境，政府各部门间的协调运行机制，完善的海上风电标准检测认证体系等是确保我国海上风电产业健康发展的重要支撑条件。

（3）落实解决消纳难题，加强就地就近利用。强化风电投资监测预警机制，弃风问题严重的省（自治区、直辖市）重点解决存量风电项目的消纳问题，将风电消纳利用水平作为风电开发建设管理的基本依据。重点加强风电项目集中地区的配套电网建设，对重要送出断面、风电汇集站、枢纽变电站等进行补强和增容扩建，加强配电网和主网架结构，加快推动配套外送风电的跨省、跨区特高压输电通道建设，优化电力调度运行管理，通过市场化方式提高风电外送电量，促进风电跨省、跨区消纳。优化电网接入程序，因地制宜地推动风电项目就近、就地消纳利用。

（4）加强基础共性技术研究，形成产业发展的完整研发制造体系。加强陆上和海上典型风资源特性与风能吸收方法和资源评估等基础研究，开展大型风电关键设备、深远海大型风电系统建设、基于大数据和云计算的风电场集群运控并网系统、废弃风电设备无害化处理与循环利用等共性关键技术攻关与试验示范，加快全国风资源公共服务平台、超大型风电机组传动链全尺寸地面试验系统平台、大型海上风电机组多场耦合性能测试验证系统平台、超长风电叶片全尺度测试系统平台等公共技术平台建设，加强对国外先进技术的引进、消化、吸收，全面提升风电机组性能和智能化水平，实现主控系统、发电机、变流器、齿轮箱等关键核心部件国产化。

（5）强化市场竞争机制，积极促进风电产业与金融体系的融合。充分发挥市场在资源配置中的决定性作用，规范地方政府“资源换产业”等不正当行政干预行为，建立公平有序的市场竞争环境，实现竞争性方式配置风能资源。鼓励企业采用多元化金融手段，扩展融资模式，充分利用低成本资金降低融资成本，积极参与碳交易市场，推动实施绿色电力证书交易，增加风电项目经济性。

（6）深化国际合作，积极培养风电行业人才队伍建设。加强风电产业多种形式的国际交流合作，大力支持和鼓励我国风电设备和开发企业开拓国际风电市场，积极参与国际技术合作和国际标准体系建设，通过开展国家级风电公共实验室国际合作、建立大型公共风电数据库共享、联合国外机构开展基础科学研究等方式，推进我国风电产业国际化发展。建立风电行业人才培养基地，与企业、高校、研究机构联合开展人才队伍建设培养。

（六）太阳能光电产业

1. “十四五”目标

太阳能光伏发电产业发展目标（表3-1）：太阳能光伏发电在“十四五”初期有望实现平价上网。根据上述可再生能源占比目标和光伏累计装机量及发电量目标，未来太阳能光伏在可再生能源装机量，以及电力总装机量和发电量中的占比将有快速增长，这将对我国能源结构优化具有重要作用。

表 3-1　我国光伏装机及发电量路线

年份	光伏累计装机量/GW	累计装机量在总装机量中占比	光伏发电量/（TW·h）	发电量在总发电量中占比
2025	425	15.9%	530	5.7%
2035	1486	34.9%	1836	15.5%

资料来源：《中国可再生能源展望 2018》

“十四五”是我国太阳能热发电产业快速发展的关键时期。我国在“十二五”期间建立了国内首座塔式太阳能热发电站和商业化塔式太阳能热发电站，“十三五”出台了太阳能热发电标杆电价和首批示范项目，建成了三座大型商业化电站，“十四五”将迎来太阳能热发电产业爆发式增长，目标是至少建立超过 20 座槽式电站和 35 座塔式电站。太阳能热发电装机路线见表 3-2。

表 3-2　我国太阳能热发电装机路线（单位：MW）

年份	累计装机量	槽式装机量	塔式装机量	其他
2025	4 840	1 520	2 770	550
2035	42 000	12 000	25 000	5 000

2. “十四五”发展方向

（1）大力发展分布式光伏发电。形成大规模集中利用与分布式生产、就地消纳有机结合，分布式与集中利用“两条腿”走路的格局。结合中央关于混合所有制改革的重大部署，通过建立民营新能源与国有传统能源包容发展的协同体系、加强民营新能源企业与国有企业的混合所有制改革、鼓励传统能源企业主动介入光伏等新能源领域等方式，积极推动传统能源与新能源包容式发展，由速度规模型向质量效益型转变。

（2）完善消纳保障机制，保消纳、保装机。随着平价上网时代的到来，光伏发电的市场规模将稳定快速发展，而受限于电网行业消纳，中东部地区大力发展的分布式光伏电站将面临消纳难题。而通过混合所有制改革，可以形成多方利益共享机制，共同促进相关产业快速健康发展。

（3）加大科技投入，提高太阳能电池及组件效率，降低度电成本。通过科技专项投入，推动包括钙钛矿太阳能电池与晶硅太阳能电池叠层等新技术的基础及产业化研究，持续提高商业化电池及组件的效率，从而降低太阳能光伏发电的度电成本。

（4）规模化发展长储热小时数的融盐塔式技术，进一步降低导热油槽式电站的成本电价。提高系统运行参数和关键部件的可靠性，降低定日镜生产成本，优化电站设计。扩大单个导热油槽式电站的装机，开发新一代槽式集热器，研发低凝固点、高工作温度的新型导热流体。

（5）积极参与全球热发电市场。实施路径是以太阳能热发电站总承包商的方式建设电站，使我国制造的装备、零部件和材料具有工程业绩，突破制约我国制造的产品在商业上的业绩壁垒。

（6）发展太阳能跨季节储热采暖技术。通过在我国西部地区适合小镇或居住集中的自然村建设多个太阳能跨季节储热示范项目，探索适合储热的低成本集热器和储热技术。

（七）生物质能产业

1. “十四五”目标

“十四五”期间，生物质发电和供热成本逼近燃煤发电和供热成本，生物交通燃料建立示范、产业化规模和成熟的运营模式。原料高效收集模式成熟，建立生物质热电多产品联产示范工程，建立生物质与煤混燃数据库，建立生物质与煤联合气化混燃发电技术示范工程，生物质气化热电联产技术单机产能达到10MW以上，垃圾焚烧发电实现清洁运行并在生物发电中占据显著主导地位，研发出更为高效的生物质直燃、混燃及沼气发电技术，生物质发电成本进一步降低，逼近燃煤发电成本，生物质发电商业运行模式成熟。生物质成型燃料年利用量4000万t。生物质成型燃料设备能耗低于50 kW·h/t，成型模具工作寿命大于800 h，工业生物质成型燃料锅炉完成升级改造，生物质成型燃料供热成本逼近燃煤供热成本，生物质成型燃料商业运行模式成熟。生物沼气多原料厌氧发酵技术、干发酵技术实现示范应用，沼肥实现产业化应用，生物天然气实现商业化应用，研发出生物天然气高效液化技术，生物天然气生产成本逼近天然气生产成本，建立沼气多产品开发及运营模式。纤维素燃料乙醇低成本酶生产技术获得突破，实现产业化，生物柴油实现商业规模生产，形成成熟的商业运营模式，生物质气化合成液体燃料、生物质水相催化合成液体燃料和生物质热解油工程示范规模达到万吨级以上。

到2035年，生物质发电和供热成本与燃煤发电和供热成本持平甚至更低，生物交通燃料产业化成熟。生物质热电多产品联产实现产业化，生物质与煤联合气化混燃发电技术实现产业化，生物质气化热电联产/热电多产品联产技术单机产能达到15MW以上，农林生物质、垃圾和沼气发电成本与煤电持平或更低，生物质发电更具市场竞争力。生物质成型燃料设备能耗低于35 kW·h/t，成型模具工作寿命大于1000 h，生物质成型燃料供热成本与燃煤供热成本持平甚至更低，生物质成型燃料具备市场竞争力。生物沼气多原料厌氧发酵技术、干发酵技术实现产业化应用，生物天然气生产成本与天然气生产成本持平甚至更低，生物天然气高效液化技术成熟，沼气多产品开发及运营模式成熟，沼气及其衍生产品具备市场竞争力。纤维乙醇实现商业化，生产成本与粮食乙醇生产成本持平，生物柴油生产成本与柴油生产成本持平甚至更低，生物质气化合成液体燃料、生物质水相催化合成液体燃料和生物质热解油实现产业化应用。

2. “十四五”发展方向

（1）生物质发电重点研发高效热电联产和热电多产品联产技术，规模化发展基于生物质气化的热电和热电多产品联产技术。建立原料物化特性资源库，根据技术要求对原料进行预处理，提高原料品质，降低燃料在燃烧/气化过程中对锅炉的腐蚀及产生的飞灰对环境的影响，揭示现有锅炉效率低的原因，提高直燃、混燃锅炉燃烧效率和气化设备的气化效率及对燃料的适应性，研发灰渣资源化利用技术。

（2）生物质成型燃料重点研发成型燃料工业化生产关键技术和高效清洁化利用设备。建立不同原料粉碎及干燥特性数据库，基于该数据库对粉碎和干燥设备进行优化设计，降低能耗，提高效率，研究成型压力、原料特性与成型燃料密度的关系，优化设计成型燃料设备，提高模具寿命，降低燃料成型能耗，根据成型燃料的物化特性，优化成型燃料燃烧或气化锅炉性能，提高成型燃料转化效率，降低烟尘排放。

（3）生物质交通燃料重点推进纤维乙醇产业化，建立生物柴油成熟的商业运营模式，实现生物天然气的高效提炼，研发生物质气化合成液体燃料、生物质水相催化合成液体燃料和生物质热解油的高效转化技术。研发纤维乙醇低成本预处理和酶水解技术，构建燃料乙醇和高附加值产品多联产生物炼制工艺；借鉴生物柴油试点项目运营模式，形成生物柴油原料收集—生产—销售成熟运营机制，推动生物柴油规模化发展；研发多原料的沼气厌氧发酵技术和干发酵技术，实现沼气大规模生产，建立不同原料沼气组分数据库，根据沼气组分特性研发针对性的低成本高效甲烷提纯技术，研发沼液和沼渣高效资源化利用技术；研发低成本高效催化剂，推进生物质合成液体燃料及热解油高品质转化示范工程的建立。

（八）地热产业

1. “十四五”目标

在“十四五”时期，新增地热能供暖（制冷）面积 10 亿 m^2，其中，新增浅层地热能供暖（制冷）面积 7 亿 m^2，新增水热型地热能供暖面积 3 亿 m^2；新增地热发电装机容量 500MW。到 2025 年，地热能供暖（制冷）面积累计达到 25 亿 m^2，地热发电装机容量约 570MW。2025 年地热能年利用量折合 1 亿 tce，预计年产值及节约环境治理费用将达到 2780 亿元。其中，地热能供暖（制冷）年利用量 5000 万 tce，京津冀地区地热能年利用量达到约 2000 万 tce。

形成完善的地热能开发利用技术体系和管理体系，掌握干热岩勘查开发、中低温地热发电等关键核心技术，形成较为完备的地热行业标准体系和地热能开发利用装备制造产业体系。

开展干热岩型地热资源试采工作，建设干热岩开发研究示范基地。通过示范项目的建设，突破干热岩资源潜力评价与钻探靶区优选、干热岩开发钻井工程关键技术、干热岩储层压裂、热储建造及高效取热等关键技术，突破干热岩开发与利用的技术瓶颈，建立兆瓦级 EGS（enhanced geothermal systems，增强型地热系统）场地，推动干热岩勘查开发产业化，支撑服务国家能源结构调整。

预计到 2035 年，地热能年利用量折合 2 亿 tce，在一次能源消费总量中占比将达到 3.5%左右，干热岩实现商业化利用，地热发电装机容量 2000MW。

2. “十四五”发展方向

（1）优先开展地热资源潜力勘查与选区评价。地热资源勘探开发存在高风险，如果区域资源论证不清楚，就不能正确地引导地热资源开发利用市场的形成，政府管理部门也不可能做到科学管理。目前存在地方对地热资源勘查评价工作重视不够，勘查评价滞后于开发利用的问题，“十四五”时期，在全国地热资源开发利用现状普查的基础上，开展省级地热资源勘查，查明主要水热型地热区（田）及浅层地热能、干热岩开发区地质条件、热储特征、地热资源的质量和数量，并对其开发利用的经济技术可行性做出评价，为合理开发利用提供依据。支持有能力的企业积极参与地热勘探评价，支持参与勘探评价的企业优先获得地热资源特许经营资格，建立全国性的地热资源数据库和管理信息系统，将勘探评价数据统一纳入国家数据管理平台，为科学规划与指导我国地热资源勘查开发提供支撑平台，利用大数据管理手段建立地热田开发利用动态监测系统，监测热储压力、温度、流体化学场和地热田地球物理场等，促进地热田高效开发。

（2）积极推进地热能供热（制冷），改善供热结构，满足清洁用能需求。地热能供暖成本低廉易于推广，是促进北方地区清洁取暖工程的首选能源。“十四五”期间，提升浅层地热能在供热（制冷）领域应用水平，降低成本，使浅层地热能在替代民用散煤供热（制冷）方面发挥积极作用，改善环境质量。优化区域供热（制冷）用能结构，加强我国南方供暖（制冷）需求强烈地区的浅层地热能开发利用。重视新型城镇地区市场对浅层地热能供暖（制冷）的需求，进一步健全浅层地热能利用技术开发、咨询评价、关键设备制造、工程建设、运营服务等产业体系，积极推进地热能供热（制冷）。对于中深层水热型地热资源，采用梯级利用技术将地热水的热量提取出来用于供暖，并将取热后的尾水回灌至同一热储层，取热不取水，整个过程封闭运行，水质不会发生变化和污染，是一种安全舒适、持续稳定、清洁环保的采暖方式。为满足人民群众清洁用能的需求，可将水热型地热能供暖纳入城镇基础设施建设中，集中规划，统一开发，大力推广。

（3）针对不同热储类型加强技术攻关，突破共性关键技术。针对碳酸盐岩热储层，重点开展深部热储增产改造技术攻关，突破深部高温岩溶热储清洁压裂、酸压技术及防腐防垢技术；针对砂岩储层，重点开展经济回灌技术、高效采灌技术攻关，降低利用成本；针对干热岩，重点开展高温地热选址技术、高温钻井技术、热储建造与换热技术攻关，突破干热岩靶区优选、高温钻井、致密岩体压裂、高效换热技术。

（4）加强地热发电技术攻关，推动地热高效利用。利用我国中低温地热资源储量巨大的优势，深入开展水热型中低温地热发电技术研究和设备攻关；充分利用高温地热资源优势，积极推进西南地区高温地热发电；推进干热岩资源勘查和开发示范工程建设进度，在前期勘探、热储建造工作的基础上开展干热岩资源发电试验，建立兆瓦级 EGS 场地；建立、完善扶持地热发电的机制，建立地热发电并网、调峰、上网电价等方面的政策体系，加快地热发电产业发展步伐，推动地热资源高效利用。

（5）大力发展梯级利用和“地热+”，增强地热能的市场竞争力。地热能储量大，但能量密度低。建立地热能梯级利用、集约利用示范基地，开展梯级利用，将地热“吃干榨净”，提高综合利用效率水平，充分挖掘地热资源经济、环境和社会效益。在当前技术条件下，地热与其他可再生能源优势互补、综合利用，实现较高的能源使用效率，这称为“地热+”，“天”（太阳能）“地”（地热能）合一、“动”（风能）“静”（地热能）结合，促进我国新能源产业协同发展。建设多能互补的可再生能源供应体系是未来能源供给的方向，“地热+”应以水热型地热能开发利用为主，以浅层地热能和太阳能等其他新能源利用为辅，集成水热型地热资源开发技术、浅层地热能高效获取技术、光伏发电技术，引进和吸收供暖制冷、发电、工业热加工等成熟行业的先进技术，形成适用于地热资源利用的新的技术集成体系，提高地热能在能源家族中的占比和综合竞争力。

二、“十四五”节能环保产业发展目标及重点方向

（一）“十四五”节能产业

1. “十四五”目标

“十四五”时期，我国能耗强度总体呈下降趋势，缩小与能效较高的国家的差距。单位产值能耗（以2005年为基准的不变价美元计）预计从“十二五”末期的5.6tce/万美元降低到3.8tce/万美元；主要耗能行业如电力、钢铁、有色、石化、建材、化工、轻工、纺织等主要产品单位能耗接近国际先进水平。

2. “十四五”发展方向

（1）加快提高建筑节能标准，严格控制建筑节能标准执行质量。修订城镇新建建筑相关节能设计标准，推动严寒及寒冷地区城镇新建居住建筑，加快实施更高水平节能强制性标准，提高建筑门窗等关键部位节能性能要求，在重点区域城市实施高要求的地方标准，在不同气候区树立引领标杆。积极开展超低能耗建筑、近零能耗建筑建设示范，提炼规划、设计、施工、运行维护等环节共性关键技术，引领节能标准提升进程，在具备条件的园区、街区推动超低能耗建筑集中连片建设。建立以企业为主体、金融保险机构参与的建筑节能工程施工质量保险制度。对超高、超限公共建筑项目，实行节能专项论证制度。加强建筑节能材料、部品、产品的质量管理。

（2）实施绿色建筑全过程质量提升和全产业链绿色供给。完善绿色建筑发展要求，引导各开发地块落实绿色控制指标，建筑工程按绿色建筑标准进行规划设计。提高政府投资公益性建筑、大型公共建筑、绿色生态城区及重点功能区内新建建筑中高性能绿色建筑建设比例。完善绿色建材评价体系建设，推进绿色建材评价标识工作，建立绿色建材产品质量追溯系统，发布绿色建材产品目录。开展绿色建材产业化示范，在政府投资建设的项目中优先使用绿色建材。大力发展装配式建筑，加快建设装配式建筑生产基地，培育设计、生产、施工一体化龙头企业；完善装配式建筑相关政策、标准及技术体系。以建筑垃圾处理和再利用为重点，加强再生建材生产技术、工艺和装备的研发及推广应用，提高建筑垃圾资源化利用比例。

（3）推进既有居住建筑节能改造，强化公共建筑节能管理。推进既有居住建筑节能改造、供热管网智能调控改造，完善适合夏热冬冷和夏热冬暖地区既有居住建筑节能改造的技术路线。推进以老旧小区建筑节能改造为重点，多层建筑加

装电梯等适老设施改造、环境综合整治等同步实施的综合改造模式。推进公共建筑能耗统计、能源审计工作，建立健全能耗信息公示机制。加强公共建筑能耗动态监测平台建设管理，加大城市级平台建设力度。强化监测数据的分析与应用，发挥数据对用能限额标准制定、电力需求侧管理等方面的支撑作用。开展公共建筑节能重点城市建设，推广合同能源管理、政府和社会资本合作模式等市场化改造模式。推动建立公共建筑运行调适制度。会同有关部门持续推动节约型学校、医院、科研院所建设，积极开展绿色校园、绿色医院评价及建设试点。

（4）加大工业锅炉和电机系统的开发和推广使用。加快研发高效低氮燃烧器、智能配风系统等高效清洁燃烧设备和波纹板式换热器、螺纹管式换热器等高效换热设备。支持开发锅炉系统能效在线诊断与专家咨询系统、主辅机匹配优化技术等，不断提高锅炉自动调节和智能燃烧控制水平。推进高效环保的循环流化床、工业煤粉锅炉及生物质成型燃料锅炉等产业化。鼓励锅炉制造企业提供锅炉及配套环保设施设计、生产、安装、运行等一体化服务。加强绝缘栅极型功率管、特种非晶电机和非晶电抗器等核心元器件的研发，加快特大功率高压变频、无功补偿控制系统等核心技术，以及冷轧硅钢片、新型绝缘材料等关键材料的应用，推动高效风机水泵等机电装备整体化设计，促进电机及拖动系统与电力电子技术、现代信息控制技术、计量测试技术相融合。加快稀土永磁无铁芯电机等新型高效电机的研发示范。

（5）开发余能回收利用，优化能量系统。加强有机朗肯循环发电、吸收式换热集中供热、低浓度瓦斯发电等技术攻关，推动中低品位余热余压资源回收利用。加快炉渣、钢坯和钢材等余热回收利用技术开发，推进固态余热资源回收利用。探索余热余压利用新方式，鼓励余热温差发电、新型相变储热材料、液态金属余热利用换热器技术等研发。推动余热余压跨行业协同利用和余热供暖应用。加大系统优化技术研发和推广力度，鼓励先进节能技术、信息控制技术与传统生产工艺的集成优化运用，加强流程工业系统节能。针对新增产能和具备条件的既有产能，以整合设计为突破口，形成贯通整个工业企业生产流程的综合性节能工艺技术路线。

（二）“十四五”环保产业

1. “十四五”目标

“十四五”时期将形成服务我国环境质量明显改善的科技创新体系，2025 年环保产业的产值将达 12 万亿元。典型产污过程清洁生产关键技术取得重大进展，基本实现污染的源头削减、过程减量、循环利用，清洁生产技术削污贡献占比达到 70%；突破大气、水、土壤修复，农业面源污染治理关键和难点技术，为大气、水和土壤环境质量总体改善提供一批先进适用技术，尤其是雾霾和黑臭水体综合控制技术；综合性环境监测、风险管控技术体系基本建成；形成 2～3 个典型区域和流域重大环境问题系统性解决技术体系；构建环境健康技术体系，促进主动型防治系统和智慧环境体系基本构架形成。

2. “十四五”发展方向

（1）大气污染防治。加快烟气多污染物协同处理技术及其集成工艺、成套装备与催化剂开发，攻克低氮燃烧和脱硝工艺氨逃逸控制、$PM_{2.5}$和臭氧主要前体物联合脱除、窑炉多污染物协同控制技术，研发脱硫、脱硝、除尘、除汞副产物的回收利用技术。探索挥发性有机物（volatile organic compounds，VOCs）源头控制方法，研发推广吸附浓缩、低温等离子体净化、生物法脱臭、光氧化和光催化等末端治理及组合治理技术，在石油石化、汽车喷涂、印刷等行业开展 VOCs 治理，推进吸附材料再生平台示范建设。促进发动机、汽轮机等机内净化、尾气治理、蒸发排放控制等移动源环保升级，以及柴油机（车）排放净化。加强大气污染来源识别及区域联防联控技术集成研究。推进钢铁、水泥等行业以特别排放限值或更高标准为目标的技术研发示范和应用。

（2）水污染防治。加强高浓度难降解工业废水处理、水体富营养化控制、总磷达标排放等关键技术研发力度，着力突破藻毒素处理、饮用水消毒副产物去除等水安全保障技术。开展地下水污染溯源技术、修复材料及技术研究，开展工业废水生物毒性、急性毒性等前瞻性技术研究，开发新型高效水处理材料及高效水处理生物菌剂。加快反渗透膜、纳滤膜的推广，提高膜生物反应器性能，降低成本。开展高效低耗生活污水处理与回用工艺研发和示范，示范推广污泥无害化、资源化处理技术。大力推行低成本、微动力的小型水处理技术和畜禽养殖面源污染控制技术，推动小城镇和农村生活污水及施工营地生产生活污水分散处理。

（3）土壤污染防治。增强土壤污染诊断水平，增强风险识别、污染物快速检测、土壤及地下水污染阻隔等风险管控能力。突破功能材料（药剂）、土壤调理剂和修复药剂的技术和成本瓶颈。加快实现原位修复专用工程设备国产化。加强生命科学技术在土壤修复领域的技术储备。提升农田土壤重金属和持久性有机污染物快速检测修复技术水平，以及污染场地风险评价数值模拟技术水平。开展污染场地和矿山修复，推动土壤污染治理试点示范。

（4）城镇生活垃圾和危险废物处理处置。提高生活垃圾焚烧飞灰、浓缩渗滤液、填埋气利用技术水平，加快村镇低成本小型垃圾处理成套设备开发示范。着力突破重金属废物、抗生素菌渣、高毒持久性废物综合整治工作，推动与我国危险废物基本特征相适应的利用处置技术研发，提升危险废物利用处置过程的风险控制水平，促进危险废物高效焚烧装备产业化，提升危险废物环境管理的精细化、信息化水平。

（5）环境大数据。推动在线监测技术与信息化技术的深度融合，加强环境物联网与大数据建设，实现环境监测数据模型化、精细化、准确化。以突出环境问题为重点，加强 VOCs、重金属、火电厂 ppb 级 $PM_{2.5}$ 在线监测和现场快速检测技术，以及相关标准物质的研发和应用。开展大气新型污染物、空气环境颗粒物、工业排放气体在线监测计量、水质生物毒性监测、土壤和地下水监测等技术研究。研究适用范围广、监测数据准确的多参数水质自动检测仪器和连续监测装备，推进水质自动化监测。提高在线监测仪器的测量精度和性能稳定性，提升仪器仪表智能化水平。

（三）“十四五”资源循环利用产业

1. “十四五”目标

“十四五”时期形成较为完善的资源循环利用制度体系，互联网与废弃物回收利用充分结合，循环发展对污染防控的作用明显增强，资源循环利用基础设施不断完善，循环发展政策保障水平不断提高，资源循环利用产业不断发展壮大。力争 2025 年替代原生资源 30 亿 t，资源循环利用产业产值规模达到 6 万亿元。主要资源产出率比 2020 年提高 15%，主要废弃物循环利用率达到 80%左右，一般工业固体废物综合利用率达到 85%，农作物秸秆综合利用率达到 90%，85%的国家级园区和 75%的省级园区实现资源循环利用。

2. “十四五”发展方向

（1）大力推进工业固体废物综合利用。以高值化、规模化、集约化利用为重点，围绕尾矿、废石、煤矸石、粉煤灰、冶炼渣、冶金尘泥、赤泥、工业副产石膏、化工废渣等工业固体废物，推广一批先进适用技术装备，推进深度资源化利用。深入推进承德、朔州、贵阳等资源综合利用基地建设，选择有基础、有潜力、产业集聚和示范效应明显的地区，合理布局，突出特色，加强体制机制和运行管理模式创新，打造完整的工业固体废物综合利用产业链。探索资源综合利用产业区域协同发展新模式，发挥各地优势，推动区域资源综合利用协同发展，实施京津冀地区资源综合利用产业协同发展行动计划，建立若干工业固体废物综合利用跨省界协同发展示范区。

（2）快速推动再生资源高效利用及产业规范发展。围绕废钢铁、废有色金属、废纸、废橡胶、废塑料、废油、废弃电器电子产品、报废汽车、废旧纺织品、废旧动力电池、建筑废弃物等主要再生资源，加快先进适用回收利用技术和装备推广应用。建设一批再生资源产业集聚区，推进再生资源跨区域协同利用，构建区域再生资源回收利用体系。落实生产者责任延伸制度，在电器电子产品、汽车领域等行业开展生产者责任延伸试点示范。

（3）全面推行循环生产方式。推进钢铁、有色、石化、化工、建材等行业拓展产品制造、能源转换、废弃物处理-消纳及再资源化等行业功能，强化行业间横向耦合、生态连接、原料互供、资源共享。因地制宜地推进水泥窑协同处置固体废物，鼓励造纸行业利用林业废物及农作物秸秆等制浆。推进各类园区进行循环化改造，实现生产过程耦合和多联产，提高园区资源产出率和综合竞争力。

三、“十四五”新能源汽车产业发展目标及重点方向

（一）“十四五”目标

到2025年，新能源汽车技术取得重大突破，自主品牌新能源汽车技术水平与国际同步；形成自主且具有较强国际竞争力的新能源汽车产业链，动力电池、驱动电机等关键系统实现批量出口；自主品牌各类新能源汽车产销量和保有量国际第一，新能源汽车年销量700万辆，保有量超过2000万辆，年销量占汽车总销量达到20%以上；突破智能网联关键技术并实现规模应用，智能网联汽车销量占比达30%，高度自动驾驶智能网联汽车实现限定区域内的商业化应用；建成完善的基础设施体系，累计建成超过3.6万个充换电站、2000万个充电桩；新能源汽车与智慧能源、智能交通、信息通信等产业深度融合，构建产业协同发展新格局。

（二）“十四五”发展方向

“十四五”新能源汽车产业从以下三个方面提升技术创新能力：强化整车集成技术创新，构建关键零部件技术供给体系，突破基础材料、元器件、工艺、软件等瓶颈问题。

1. 整车集成技术

加快纯电动乘用车全新平台正向设计技术开发，提升乘用车品牌国际影响力。国际知名汽车企业均已按照正向设计方式开发全新平台并在此基础上形成了系列产品，中国大部分企业不具备正向设计高端纯电动乘用车全新平台的能力，整车开发多采用逆向开发或燃油平台改型方式，乘用车品牌影响力与国际知名品牌存在较大差距。形成纯电动乘用车全新平台正向开发能力，提高自主开发能力。突

破纯电动乘用车电池与底盘一体化设计技术、底盘电控技术、全新电子电气架构、高集成度驱动技术、智能驾驶技术、轻量化车身结构等核心技术，建立从关键零部件、系统到整车的完整自主开发体系架构、技术研究能力和软硬件研究平台，形成纯电动乘用车全新平台正向开发能力，提高纯电动乘用车动力性、经济性、安全性、可靠耐久性、噪声振动与声振粗糙度（noise,vibration,harshness，NVH）、电磁兼容性及热管理等整车综合性能，提升纯电动乘用车品牌国际影响力。到2025年，纯电动乘用车新车平均电耗降至12kW·h/100km，质量品牌具有一定国际影响力；到2035年纯电动乘用车整车综合性能达到国际领先水平，质量品牌具备较强国际竞争力。

2. 动力电池技术

发展高能量密度、高安全性、低成本动力电池注定是未来研发和产业化的重点。从动力电池材料的角度分析，影响动力电池性能的主要因素有正极材料、负极材料、隔膜、电解质等。正极和负极的成本占比分别为35%～50%和8%～12%，在未来的发展中，应该从现有的材料体系入手，逐渐向新型材料体系过渡，优化电极的设计与结构，实现电池的高比能与安全性能，提升制造水平，控制生产成本。电解质和隔膜方面，应该从新型电解液逐渐过渡到固态电解质，使电池使用寿命得到进一步提升。综上所述，未来技术路线的发展趋势为：半固态→准固态→全固态。电池体系的发展趋势为：高镍三元锂离子电池→富锂锰基锂离子电池→锂硫电池/锂空气电池。

3. 燃料电池技术

到2035年，我国燃料电池产品总体达到国际先进水平，关键性能指标达到国际领先，部分指标引领全球；在材料、关键部件等方面形成突破，产业链完善、自主、可控，设计、制造、检测设备和软件实现国产化全覆盖，满足技术研发、产品生产和批量制造的需求；形成2～3家具有国际竞争力的燃料电池核心部件企业。①燃料电池电堆及关键部件：膜电极、双极板、膜、碳纸、催化剂等核心部件及材料实现国产可用，技术指标达到车用要求，掌握核心技术，形成比较完善的电堆及核心材料产业链。②燃料电池系统：向大功率、高功率密度、长寿命方向发展，同时进一步提高可靠性、NVH、抗震动、高低温、防水防尘、电磁兼容及安全性等品质指标，系统总体性能满足车规级要求。③关键装备：实现研发、制造、检测设备的国产化，关键装备的自主化，特别是膜电极、双极板、电堆、催化剂的生产装备国产化。

4. 驱动电机技术

到2035年，我国新能源汽车电驱动系统产品总体达到国际先进水平，关键性能指标达到国际领先；在新原理、新结构、新材料电机和控制系统方向形成突破，驱动电机产品产业链完整、自主、可控；设计、制造、检测设备和软件实现国产化全覆盖，满足技术研发、产品生产和批量制造的需求；形成2～3家具有国际竞争力的大型驱动电机系统企业。①驱动电机及其控制系统：向高速、油冷方向发展，在进一步提高效率和功率密度等性能指标的同时，降低振动噪声，提高可靠性和安全性等品质指标，系统总体性能达到国际领先水平。②电驱动总成：实现平台化、集成化、轻量化、高效和智能化，技术指标达到国际先进水平；掌握关键技术，核心部件自主可控。

5. 智能网联技术

构建智能网联汽车产品化实现的工业体系和产业化应用的社会发展环境；推动感知、决策、控制相关的核心技术研发突破与关键零部件产业化；培育并完善智能网联汽车产业链；推动智能网联汽车测试与示范；完成围绕智能网联汽车的新兴产业重构，共享经济模式得到充分发展。到2025年，智能网联汽车新车销量占比达到30%，高度自动驾驶智能网联汽车实现限定区域和特定场景商业化应用；到2030年，实现完全自动化智能网联汽车商业试运行；到2035年，实现完全自动化智能网联汽车大规模应用，智能网联汽车发展进入世界先进行列。

第七节 “十四五”数字创意产业发展目标及重点方向

一、数字创意技术装备

（一）超高清产业

1. “十四五”目标

到2025年，精密光学镜头、大规模CMOS（complementary metal oxide semiconductor，互补金属氧化物半导体）图像传感器、4K/8K高速处理芯片、编解码芯片等核心元器件形成产业化能力，国产4K电影摄像机、专业视频监视器等前端设备形成产业化规模，丰富超高清智能电视、机顶盒、摄像设备、投影设备等终端设备的供给；全面普及符合HDR（high-dynamic range，高动态范围图像）、宽色域、三维声、高帧率、高色深要求的4K电视终端，5G+8K电视终端销量占电视总销量的比例超过 30%；全国超过一半省区市的有线电视网络和 IPTV（Internet protocol television，交互式网络电视）平台开展4K直播频道传输业务和点播业务，丰富优质超高清节目供给，实现超高清节目制作能力超过10万h/年；4K超高清视频用户数达6亿；加大超高清视频在广播电视、文教娱乐、医疗健康、安防监控、智能交通和工业制造行业的应用规模，超高清视频产业产值达到8万亿元。

2. "十四五"发展方向

面向4K和8K的应用从摄像机工业的整个产业链上给予整体评估和规划，在关键的器件精密光学镜头、大规模CMOS图像传感器、4K/8K高速处理芯片、编解码芯片，以及高密度、高精度集成制造技术设立专项，并给予政策和资金方面的支持；引导已有研发和制造基础的企业，通过国家专项和融资整合联合攻关，从而形成以企业为主导面向高端产品可持续发展的产业格局，为"中国制造2025"弥补高端摄像机工业的短板；通过高端摄像机的开发和制造，培养出一批跨行业的专业人才和可拓展的制造基础，从而在多个横向领域中扩大应用和提高水平；鼓励国内应用部门在产业初级阶段给予积极的支持和推广，使产品初次进入市场时尽量减少障碍和准入门槛。

（二）VR/AR产业

1. "十四五"目标

到2025年我国虚拟现实产业整体实力进入全球前列，掌握虚拟现实关键核心专利和标准，形成若干具有较强国际竞争力的虚拟现实骨干企业，创新能力显著增强，应用服务供给水平大幅提升，产业综合发展实力实现飞跃，虚拟现实应用能力显著增强，推动经济社会各领域发展质量和效益提高。2025年我国VR消费者达到4000万人，虚拟现实产业产值超1500亿元，消费级VR内容市场达500亿元。注重软件内容服务质量提升，软件创收增速，实现2025年前软件创收超硬件创收。企业级VR内容应用到科、教、文、卫、娱乐、办公等方面，"VR+"行业蓬勃发展。VR+教育实现覆盖K-12和教学软件领域，超过3000所学校使用VR技术开设虚拟课堂、创办虚拟实验室等；VR+医疗应用到条件允许的三甲医院的临床医学、远程医疗、教学培养等领域；VR+商贸覆盖网络购物平台，形成"VR+O2O+社交"的新型商业模式；VR+文化达到国际领先水平，创造出更多具有中国影响力的VR影视作品；VR+制造用于提升工作效率，60%的中国大中型企业为员工部署 AR/VR 硬件。

2. “十四五”发展方向

1）突破核心技术

加强产学研用协同合作，推动虚拟现实相关基础理论、共性技术和应用技术研究。坚持整机带动、系统牵引，围绕虚拟现实建模、显示、传感、交互等重点环节，加强动态环境建模、实时三维图形生成、多元数据处理、实时动作捕捉、实时定位跟踪、快速渲染处理等关键技术攻关，加快虚拟现实视觉图形处理器（graphics processing unit，GPU）、物理运算处理器（physics processing unit，PPU）、高性能传感处理器、新型近眼显示器件等的研发和产业化。

2）建立标准规范体系

我国应抓住先机，研究确定虚拟现实综合标准化顶层设计，构建虚拟现实领域标准化体系，提出标准化路径和时间表。鼓励发展具有引领促进作用的团体标准，完善团体标准转化机制，形成政府主导制定的标准与市场自主制定的标准协同发展、协调配套的新型标准体系机制。积极引导和支持国内企业、科研机构、高等院校参与国际标准制定。加快重点标准研制，开展检测认证工作。

3）降低硬件成本，提升软件服务质量，实现设备普及

面向信息消费升级需求和行业领域应用需求，加快虚拟现实核心器件、整机设备、感知交互设备、内容采集制作设备、开发工具软件、行业解决方案、分发平台的研发及产业化，丰富虚拟现实产品的有效供给。

4）推进重点行业应用

引导和支持“VR+”发展，推动虚拟现实技术产品在制造、教育、文化、健康、商贸等行业领域的应用，创新融合发展路径，培育新模式、新业态，拓展虚拟现实应用空间。

（三）数字内容生产和创新设计软件

1. “十四五”目标

在工业设计的各个领域、各个阶段，开发出具有自主知识产权、通用性、开放性强、稳定可靠、界面友好的工业设计软件；各类工业设计软件使用手册完备，开发社区成熟，培养 20 万名专业开发和使用人员，形成成熟的生态体系；自主研发的工业设计软件基本功能成熟，能够实现对客户进行定制化开发，打破国外相关软件的垄断地位，在航空航天、轨道交通、电子、汽车机械、能源等领域广泛

应用国产工业设计软件；在工业设计软件的 CAD/CAM/CAE[①]领域，国产软件使用率占国内市场的 50%。

研发适用于制作具有中国文化特色的动漫游戏产品的引擎软件，支持跨平台开发，兼容主流游戏设备，建立成熟的开发社区；能够制作照片级动态环境，实时呈现逼真的光影效果；引擎架构高效灵活，不仅能够快速完成信息交互，还能够适应多种类型游戏的开发任务；实现自动生成或补全画面内容的功能，动漫游戏制作效率提升 30%。

建立规范、统一的文化资源数字化采集标准；成立跨部门、跨区域、跨行业的数字内容资源大数据平台和共享平台，涵盖全国范围内的文化艺术品，并实现对数字化内容进行高效智能的检索功能；增强数字化质量，提高文化资源数字化效率，降低数字化成本，高清文物影像超过 100 万件，超高清文物影像超过 50 万件；立体视觉技术取得突破，将数字化展示由单一图片形式转变为满足沉浸式体验的媒体形式，提升观赏性与趣味性，线上游客人数达到 1 亿人次/年。

数字内容智能生成技术形成工程化和产业化能力，形成各具特色的智能设计平台；语言学习、强化学习、迁移学习、深度学习、博弈算法等人工智能技术取得突破，能够生成满足多视角、沉浸式、超高清、强互动的新型数字内容；生成的数字内容质量高，具有艺术价值；满足多媒体内容知识化加工处理的要求，具有商业价值；自动生成的艺术作品占发行量的 30%，至少开通一个内容自动生成的频道；广泛应用于文教娱乐领域。

建立更为完整有效的数字内容版权保护体系，实现对多视角、沉浸式、超高清、强互动等新型数字内容的有效版权保护；区块链、数字存储、网络通信等关键技术取得突破，能够自动识别侵权行为的全新数字内容交易平台大范围普及，数字内容侵权行为减少 90%；实现对草根创作艺术品的有效保护，维权成本降低 80%，激发全民创作的积极性，提高全民版权意识。

2. “十四五”发展方向

加快推进广播电视 5G 网络融合创新。“十四五”期间，我国应加快建设广播电视 5G 网络，加快实现全国“一张网”，打造集融合媒体传播、智慧广电承载、智能万物互联、移动通信运营、国家公共服务、绿色安全监管于一体的新型国家信息化基础网络。全面推进 IP 技术（特别是 IPv6）在广播电视网络中的部署应用，与 5G 移动通信网融合演进。加快有线电视网络与融合媒体、5G 移动网等新兴业态和传播渠道的相互融通与协同服务，推动广播通信协同、有线无线融合、大屏小屏互动，为媒体融合向纵深发展提供有力支撑。满足用户对跨屏、跨域、跨网、

① 其中，CAM 为计算机辅助制造（computer aided manufacturing）。

跨终端的收视和信息需求，实现广播电视人人通、移动通、终端通。加强无线、卫星、有线网络的融合发展，培育智慧广电生态，打造网络强国、数字经济、智慧城市、智慧乡村建设的核心承载网络。

二、数字内容创新

（一）数字文化内容创作

1. “十四五”目标

到 2025 年，我国数字文化内容创新能力和质量不断提升，数字文化内容供给结构不断优化、供给效率不断提高，数字文化消费更加活跃，成为扩大文化消费的主力军。培育若干社会效益和经济效益突出、具有较强创新能力和核心竞争力的数字文化领军企业，以及一批各具特色的创新型中小微数字文化企业。动漫、游戏、短视频、网络文学、数字艺术展示等重点领域实力明显增强，数字内容海外输出和影响力明显增强。数字文化产业生态体系更加完善，产业支撑平台更加成熟，市场秩序更加有序，政策保障体系更加完备。形成导向正确、技术先进、消费活跃、效益良好的数字文化产业发展格局，数字文化内容创作总体水平处于国际领先地位。

2. “十四五”发展方向

创作生产优质动漫产品，运用信息技术手段和各种新兴媒体，创新表现形式、拓展传播渠道，发展基于互联网和移动智能终端的动漫传播运营，积极开拓动漫表情等动漫新业态。推动动漫产业提质升级。改善游戏产品同质化、低俗化现象，培育国产原创游戏品牌产品、团队和企业。推动游戏产业健康发展。促进电竞赛事、电竞直播等新模式健康有序发展。

持续加强 4K 超高清电视节目制作能力建设，提高网络音乐、网络文学、网络表演、网络剧（节）目等网络文化产品的原创能力和文化品位。推进 4K、8K 超高清电视内容建设，支持体育赛事、纪录片、影视剧、文化科技等超高清电视节目制作，创新内容生产，丰富超高清电视节目有效供给。

推动虚拟现实视频点播、演唱会、体育赛事、新闻事件直播等服务，打造虚拟电影院、虚拟音乐厅，提供多感官体验模式，提升用户体验。建设虚拟现实主题乐园、虚拟现实行业体验馆等，创新文化传播方式，满足人民群众文化消费升级需求。推动虚拟现实在文物古迹复原、文物和艺术品展示、雕塑和立体绘画等文化艺术领域的应用，创新艺术创作和表现形式。

（二）智能内容生产平台

1. “十四五”目标

到 2025 年，基本形成覆盖重点领域和关键环节的智能内容创新体系，实现新一代人工智能技术、5G 技术、云计算技术和大数据技术与数字文化内容的深度融合。面向新闻媒体、创意设计、网络广告、动漫游戏、网络视频、数字教育等领域建成若干目标明确、重点突出、协同攻关的智能内容生产创新基地，建成 50 家左右特色鲜明、示范性强、管理规范、配套完善的智能内容生产示范基地，100 家左右拥有知名品牌、引领行业发展、竞争力强的智能内容生产型领军企业，使智能内容生产成为数字文化内容高质量发展的重要引擎。

2. “十四五”发展方向

综合运用新一代人工智能技术、5G 技术、云计算技术和大数据技术，加快建设面向新闻传播、平面设计、短视频、多媒体等领域的智能内容生产平台。加快探索将人工智能运用于内容采集、生产、分发、接收和反馈环节，形成高度化定制、精准化生产、智能化推送的全方位服务，同时全面提高舆论引导能力，服务于正面宣传。

（三）文化资源转换

1. “十四五”目标

到 2025 年，中华优秀传统文化传承发展体系基本形成，实现优秀传统文化资源的创造性转化和创新性发展。形成较好的授权经营、知识产权保护等规则规范；树立一批具有示范性、带动性和影响力的融合型文化产品和品牌；培养一批高素质人才，培育一批具有核心竞争力的文博单位和骨干企业。具有中国特色、中国风格、中国气派的文化产品更加丰富，文化自觉和文化自信显著增强，国家文化软实力的根基更为坚实，中华文化的国际影响力明显提升。

2. “十四五”发展方向

鼓励对艺术品、文物、非物质文化遗产等文化资源进行数字化转化和开发，实现优秀传统文化资源的创造性转化和创新性发展。依托地方特色文化，开发具有鲜明区域特点和民族特色的数字文化产品。加强现代设计与传统工艺的对接，促进融合创新。依托文化文物单位馆藏文化资源开发数字文化产品，提高博物馆、图书馆、美术馆、文化馆等文化场馆的数字化、智能化水平，创新交互体验应用，带动公共文化资源和数字技术融合发展。

构建文化大数据应用生态体系，加强文化大数据公共服务支撑。面向社会开放文化大数据，鼓励公民、法人和其他组织依法开发利用，将中华文化元素和标识融入内容创作生产、创意设计及国土空间规划、生态文明建设、制造强国建设、网络强国建设和数字中国建设，让文化遗产“活起来”。

三、创新设计

（一）制造业创新设计

1. “十四五”目标

到 2025 年，实现制造业短板领域设计问题有效改善，工业设计基础研究体系逐步完备，公共服务能力大幅提升，人才培养模式创新发展。在高档数控机床、工业机器人、汽车、电力装备、石化装备、重型机械等行业，以及节能环保、人工智能等领域实现原创设计突破。在系统设计、人工智能设计、生态设计等方面形成一批行业、国家标准，开发出一批面向重点领域的设计工具。高水平建设国家工业设计研究院，提高工业设计基础研究能力和公共服务水平。创建 10 个左右以设计服务为特色的服务型制造示范城市，发展壮大 200 家以上国家级工业设计中心，打造设计创新骨干力量，引领工业设计发展趋势。推广工业设计“新工科”教育模式，创新设计人才培养方式，创建 100 个左右制造业设计培训基地。

2. “十四五”发展方向

（1）补齐装备制造设计短板。聚焦装备制造业开放设计平台建设、特种用途或特殊环境装备设计、高端装备关键零部件设计等重点，拟订并发布制造业短板领域设计问题清单，引导相关地区和机构联合攻关，加快突破关键核心技术，促进设计成果创新应用。提升传统优势行业设计水平。运用新材料、新技术、新工艺，在轻工纺织、汽车、工程动力机械、电力装备、石化装备、重型机械和电子信息等具有一定比较优势的产业，实现设计优化和提升，推动传统产业转型升级。

（2）大力推进系统设计和生态设计。积极推进系统设计与系统仿真技术研发，有效带动原始创新。支持节能清洁能源产品设备的设计，提升余热回收装备、终端用能设备、太阳能利用装置的设计水平。发展循环经济，鼓励开展废弃物回收利用，通过设计创新提升废弃物加工转化设备的效能。推进绿色包装材料、包装回收利用体系设计。

（二）服务业创新设计

1. “十四五”目标

到 2025 年，服务业创新设计取得重大进展，支撑经济发展、民生改善、社会进步、竞争力提升的功能显著增强，人民满意度明显提高，由服务业大国向服务业创新设计强国迈进的基础更加坚实。服务业研发投入和创新成果持续较快增长，科技进步对服务业发展的支撑作用明显增强。产业融合持续深化，新服务模式和业态蓬勃发展。服务业信息化水平大幅提高，数字服务、数字贸易快速发展。逐步形成若干具有全球影响力的服务经济中心城市，形成一批具有较强国际竞争力的跨国企业和知名品牌，培育一批细分市场领军企业，服务贸易竞争力明显提高，高附加值服务出口占比持续提升、国际收支状况明显改善。

2. “十四五”发展方向

实施高技术服务业、知识密集型服务业创新发展工程，提升信息、生物、检验检测等重点领域基础和核心技术创新能力，大力促进科技研发成果转化应用。

鼓励发展信息资讯、商品交易、物流运输等领域的平台经济，交通出行、房屋住宿、专业技能、生活服务等领域的分享经济，生产制造、休闲娱乐、旅游购物、医疗保健等领域的体验经济，以及其他各类服务新形态。促进区块链技术应用和分布式服务模式发展。

推进服务业与互联网、物联网协同发展、融合发展，培育协同制造、个性化定制、工业云、农业信息化等服务，发展基于互联网的教育、健康、养老、旅游、文化、物流等服务，积极依托物联网拓展服务领域、丰富服务内容。

鼓励开发富有文化内涵的服务，打造富有诚信和社会责任感的企业，倡导做爱岗敬业、富有爱心和人文关怀的从业人员，建设富有文化价值的品牌。

（三）人居环境创新设计

1. “十四五”目标

到 2025 年，稳步推进行业自主创新，较好建立包括创新投入、知识产权保护、创新成果转移转化和人才激励机制等在内的具有行业特色的自主创新体系。按照“适用、经济、绿色、美观”的建筑方针，突出建筑使用功能，以及节能、节水、节地、节材和环保要求，提供功能适用、经济合理、安全可靠、技术先进、环境协调的建筑设计产品。推进行业与新一代信息技术深度融合，大力提升人居环境设计的数字化、网络化和智能化水平，实现提质增效和业态创新。拓展业务范围，提升综合服务能力，创作出一批水平高、质量优、效益好的优秀工程项目，培育一批具有国际竞争力的人居环境工程顾问咨询公司和工程公司。

2. “十四五”发展方向

（1）智能化成为人居环境创新设计的重要切入点。工程勘察设计企业，尤其是勘察类、交通设计类企业，掌握了丰富的工程基础数据，成为设计企业向智慧城市领域探索的重要筹码。设计企业通过建立基础设施大数据库实现数据集成，并以此为基础建立智能化的工程设计及优化工程咨询服务。

（2）加强跨界资源整合。新兴市场更加关注一体化、集成化的服务能力，所需的资源能力仅依靠设计企业自主培养难以获取或短期内难有突破，在产业融合加剧的背景下，跨界资源整合成为顺理成章的事情。一方面，设计企业基于自身禀赋，通过并购重组或战略联盟与行业外企业深度联合，补充资源能力短板；另一方面，引进专业技术、人才或资质等关键要素，在此基础上打造自身新业务团队力量。

（3）由工程建设转向后端运营管理。按照中央城市工作会议，城市发展要求统筹规划、建设、管理三大环节，尤其是面对城市更新带来的既有市场需求，设计企业想要深度融入，更加需要关注工程建设产业链外的运营管理需求。设计企业借助信息化技术，引入场景搭建信息管理平台，通过场景之间的关联构建商业大生态系统，成为企业新的价值创造切入点。中国的城市建设经过了多年的大拆大建模式之后，设计行业面临着从增量市场到存量市场的创新探索之路。工程建设组织模式的创新推进，市场的集成化、一体化的需求进一步加强，也促使设计企业开始探索利用前端的咨询能力介入后端的运营管理，打通产业链服务链条，提升服务价值。

第四章　面向2035的新兴产业技术预见及产业发展路径研究

第一节　新一代信息技术产业发展重点及路径（2035）

到2035年，新一代信息技术产业发展将成为推动我国经济持续健康发展的重要力量，我国成为世界信息技术产业重要的制造中心和创新中心，信息基础设施高速泛在互联，形成一批具有全球影响力和主导地位的创新型领军企业，部分领域形成全球领先的产业集群。

一、新一代移动通信

5G是新一代移动通信技术发展的主要方向，是未来新一代信息基础设施的重要组成部分。第六代移动通信系统（6th generation mobile networks或6th generation wireless systems，6G），是5G系统的延伸。6G的传输能力可能比5G提升100倍，网络延迟也可能从毫秒降到微秒级。预计将在2030年左右上市。2018年芬兰开始研究6G相关技术，2019年3月24日至26日在芬兰拉普兰举行关于6G的国际会议。国内，6G概念研究在2018年启动。按照过去通信发展的规律推测，6G的理论下载速度可以达到每秒1TB，预计2020年将正式开始6G研发，2030年投入商用。

（一）发展目标

2025年：我国移动通信系统设备、移动终端、移动终端芯片产业均进入国际第一阵营。国产移动通信系统设备、移动终端、移动终端芯片分别具有满足国内市场80%、80%和40%的供给能力，具有满足国际市场40%、45%和20%的供给能力，移动通信测试仪表实现国内领先和国际市场突破。

2035 年：5G 价值链将在中国创造 9840 亿美元经济产出，同时创造 950 万个工作岗位。

（二）重点产品与关键技术

（1）重点产品。包括 5G 关键技术综合验证平台、5G 移动通信系统设备（含基站、核心网设备、行业专网等）、5G 移动通信仪器仪表（含终端综测仪、协议一致性测试仪等）、5G 移动终端［含消费终端、行业终端、M2M（machine-to-machine，机器对机器）终端等］、5G 关键芯片［含基带芯片、射频芯片、SoC（system on chip，系统级芯片）等］和 5G 关键器件（如高频通信器件）等。

（2）关键技术。包括大规模天线阵列技术（支持峰值速率达数十 Gbps）、超密集组网技术（连接密度大于 $10^6/km^2$，流量密度大于数十 $Tbps/km^2$）、新型多址接入技术、高频段通信技术（6GHz 以上）、信道编码、终端间通信技术（含车联网等）、新型核心网架构技术（支持 SDN、NFV 等）、5G 增强型技术（100Gbps、以用户为中心和具有高感知的接入网与核心网）等关键技术。

（三）保障措施

（1）加快商用部署，培育壮大产业链。及时启动 5G 网络建设，着力构建高速率、广普及、全覆盖、智能化的新型基础设施，努力打造 5G 精品网络。加强自主创新，加快 5G 的终端网络平台、系统集成等领域的研发和产业化，带动 5G 产业全面成熟，培育壮大完整的 5G 产业链。

（2）推动融合应用，服务经济社会发展。以先导性应用为引领，开展重点行业、重点企业试点示范，重点支持 5G 在工业互联网、智慧交通、智能制造、智慧医疗、数字农业等领域的应用。推动 5G 和实体经济深度融合，加快 5G 在教育、医疗等公共服务领域的融合应用，增强人民群众的获得感。

（3）加强能力建设，构建安全保障体系。加强顶层设计和前瞻布局，统筹推进 5G 网络基础设施安全保障能力建设，积极应对 5G 带来的网络安全挑战。健全网络安全治理体系，探索多方协同共治的模式，形成政府、行业、企业、社会协同共治的新格局。

（4）强化政策协同，优化市场发展环境。研究制定 5G 商用的配套政策，推进站址保障和共建共享，加强标准制定、安全保障、资源配置等方面的政策协同，完善法规体系，促进 5G 融合应用。创新发展，努力营造包容、审慎、鼓励创新、公平有序的发展环境，形成广覆盖、强互动、有活力的融合应用生态系统。

（5）深化国际合作，打造开放产业生态。5G 技术是经济全球化浪潮下的创新成果，开放发展是必由之路。推动政府部门、行业组织和企业层面构建多层次的 5G 国际合作体系，深化技术、标准、频率、产业应用等多层面的国际合作，共同打造开放共赢的 5G 产业生态。

二、下一代通信网络

下一代通信网络指以软交换为代表，以 IP 多媒体子系统（IP multimedia subsystem，IMS）为核心框架，以分组交换为业务统一承载平台，传输层适应数据业务特征及带宽需求，能够为公众灵活提供大规模视讯话音数据等多种通信业务，可运营、维护、管理的通信网络。下一代通信网络中光网络的建设、软交换的建设尤为关键。

（一）发展目标

2025 年：本土国产光通信设备具有满足国际市场 60%的供给能力，光通信设备关键元器件实现国产化突破。本土国产路由器与交换机产业进入国际第一阵营，具有满足国际市场 25%的供给能力。

2035 年：全数字化社会带来更多的新业务，触觉互联网、五觉通信、全息通信等极致体验要求卓越的网络能力，时延、带宽、灵活性、可靠性等问题得到妥善解决。

（二）重点产品与关键技术

1. 重点产品

重点产品包括高速大容量光传输设备（400Gbps/1Tbps）、高速光接入设备（10Gbps/100Gbps）、光交换设备（100Tbps 光电混合）、核心路由器（单接口 400Gbps，交换容量 100Tbps）、支持 SDN 的大容量交换机（1Tbps）、全光交换设备，以及硅基光收发芯片（100Gbps/400Gbps/1Tbps）、模数数模转换（analog-digital converter/digital-analog converter，ADC/DAC）（64Gbps 以上）、数字信号处理器（digital signal processor，DSP）芯片、光传送网（optical transport network，OTN）芯片（N×100Gbps、N×400Gbps）、光线路终端（optical line terminal，OLT）芯片（100Gbps/400Gbps/1Tbps）、波分复用–无源光网络（wavelength division multiplexing-passive optical network，WDM-PON）芯片、波长选择开关（wavelength-selective switch，WSS）、网络处理器（400Gbps/1Tbps 及以上）等关键零部件。

2. 关键技术

包括大容量光交换技术（100Tbps 光电混合）、大容量全光交换技术、高速高频谱效率长距离光传输技术（单端口 400Gbps/1Tbps）、海底通信技术、高速路由交换技术（100Tbps）、网络管控技术（NFV、SDN 等）、网络测量感知技术、网络设备的关键元器件技术（光收发器件、高速交换芯片、支持 NFV 的大容量分组交换芯片、硅光子和光电集成芯片、WSS 光交叉、超低损光纤生产、超大容量长距离光通信和海底通信、WDM-PON 器件、智能光分配网络、云网一体化等）等关键技术。

（三）保障措施

（1）知识产权。对接国家知识产权战略，建议积极宣传我国下一代通信网络领域知识产权取得的成果，继续优化知识产权商业和法律环境，强化知识产权保护和运营，推动自主知识产权国际运用。

（2）政府与行业市场资源。继续培育和优化我国新一代网络发展空间，需要有重大专项继续支持，同时建议鼓励加强产业链上下游企业间、企业与政府间，以及行业市场之间的协同合作。

（3）“走出去”。落实“一带一路”倡议，探索“资本+产业”“建设+运营服务”的“走出去”新模式，建议建立部际协调机制并设立“走出去”专项基金，推动我国网络设备产业“走出去”，打造信息丝绸之路。

三、信息安全

随着大数据、云计算、移动互联网、物联网的不断发展，网络的边界越来越模糊，安全形势也越来越复杂化，虚拟空间和实体空间结合越来越紧密，网络安全的范畴发生了很大的变化。从广义上讲，网络安全可以称为网络空间安全，主要是指包括涉及互联网、电信网、广电网、物联网、计算机系统、通信系统、工业控制系统等在内的所有系统相关的设备安全、数据安全、行为安全及内容安全。本书涉及的网络信息安全产业不包含安全芯片产业链、安全元器件的制造环节、军队及涉密产业等特殊领域。

（一）发展目标

2025 年：构建安全可控的信息技术体系。整合资源，形成核心技术发展合力；

前瞻布局，抢占下一代信息技术发展制高点；创新驱动，突破产业链关键环节；应用牵引，培育核心技术产业生态。2025 年我国网络信息安全市场规模达到 2082 亿元，2020～2025 年年均复合增长率约为 22.68%。

2035 年：2035 年我国网络信息安全市场规模达到 11 446 亿元，2025～2035 年年均复合增长率约为 18.58%。

（二）关键领域与技术

1. 关键领域

（1）云安全。纵深防御体系将成为应对公有云安全威胁的重要手段。

（2）物联网安全。物联网安全热点领域主要在车联网安全、智能家居安全、智能终端安全等。

（3）移动安全。移动安全要以数据为核心，减少设备相关性。

（4）大数据安全。大数据安全涉及数据全生命周期的防护，需要从“以系统为中心的安全”转换到“以数据为中心”的安全思路上来。

（5）工业互联网安全。企业级工业安全运营与监测将成为工业互联网安全建设的重点。

（6）量子保密通信、商用密码。在量子通信领域，我国量子保密通信应用建设进程加快，已初步形成量子保密通信产业生态体系。我国商用密码在密码算法、密码芯片和技术标准的研制上取得了突出成果，已经形成了从密码算法到芯片到产品再到应用的完整产业链。

（7）态势感知、威胁情报。态势感知平台可以为客户提供从底层的企业资产探查、监测发现到管理层的安全运营、分析及响应处置能力。建设威胁情报共享平台，提升威胁情报能力，形成威胁情报生态体系，构建主动防御体系。

（8）区块链、人工智能。区块链作为记录并验证数字行为的一种技术，无论是保护数据完整性，还是利用数字化识别技术来防止设备免受 DDoS（distributed denial of service，分布式拒绝服务）攻击，都可以发挥关键作用。区块链技术其实可以为我们的数字服务构造更加值得信任的基础设施。人工智能要与其他算法相融合，要有持续进化的能力，与人要形成互补。

2. 技术展望

1）自动化：安全数据实现自动化智能分析及响应

对海量安全数据进行攻击画像、威胁建模、情报匹配等自动化分析，形成完整威胁杀伤链可视化溯源，从而提升威胁发现与处置效率。从传统安全问题的人工处理分析到利用智能化技术自动从海量信息中寻找可疑数据，进行人工智能分析评判，分析人员快速判断结果是否正常，最后将新威胁迅速并入情报体系，并进行自动化响应处置。

2）平台化：多层面打造能力平台，多维协作构建完备安全体系

通过将威胁情报、态势感知、云安全、统一认证、安全大数据分析等安全能力平台化，从不同维度对安全数据进行深加工，并以接口方式对外提供能力，从而对业务系统、安全工具及外部系统进行支撑，加深安全对业务的深度融合与互补，最终形成平台经济效益。

3）服务化：创新商业模式，开拓安全服务新阶段

由于网络形态的转变、用户需求方式的转变，网络安全领域开始寻求商业模式的创新，网络安全产品加速向包括云安全在内的服务形态转型。安全云服务化、安全驻场运维服务、第三方安全独立运营、情报订阅及高级安全分析服务、仿真模拟市场等都成为服务化转型的新模式。

4）融合化：加速新技术融合，创新安全防护方法

传统的网络安全技术开始与新技术进行融合，加速技术创新，寻求安全防护新方法。利用区块链的去中心化和不可篡改性创新安全业务场景，利用数字化识别技术来防止设备免受 DDoS 攻击。量子技术作为保密通信的创新模式，我国已初步形成量子保密通信产业生态体系，已经从基础研究开始向产业化大步迈进。

（三）保障措施

1. 开展信息技术产品的审查工作，提升新兴领域的安全防范能力

开展信息技术产品，尤其是新兴领域信息技术产品的审查工作。一是加紧出台大数据、人工智能、云计算、物联网等新兴技术领域的政策法规，强化信息技术产品审查工作的重要性。二是积极制定新兴领域信息技术产品的安全保护标准，界定相关产品的核心功能和技术，构建评估产品安全性的指标和实施方案。三是构建信息技术产品的安全审查机制，定期开展安全审查，加强新兴领域信息技术产品的安全监督工作，对发现的问题及时进行整改，同时加大安全事件的执法力度，依法依规对涉事企业进行严厉处罚。四是提升安全审查的技术手段，推动网络安全态势感知平台的建立，实现业务监控、溯源取证、安全事件响应等功能。

2. 提升自主研发实力，构建核心技术生态圈

一是统一信息领域核心技术发展思路。摒弃自主创新和引进、消化、吸收之间的路线之争，改变以出身论安全的思路，形成信息技术产品安全可控评价标准，

组织开展评价工作，引导厂商提升自主创新能力和产业生态掌控能力。二是优化核心技术自主创新环境。强化企业的创新主体地位，着力构建以企业为主体、市场为导向、产学研相结合的技术创新体系。提高企业创新积极性，继续以基金等形式支持企业通过技术合作、资本运作等手段争取国际先进技术和人才等，为企业充分利用国际资源提升自主创新能力提供支撑。三是构建核心技术生态圈。依托政府、军队等安全要求较高的应用领域，结合应用单位基本需求，制定自主生态技术标准，统一相关技术产品的关键功能模块、技术接口等，依托自主可控评价等手段，引导企业协同创新，推动产业上下游企业团结协作，打造自主可控生态圈。

3. 借助"一带一路"积极与其他国家合作，增强我国网络空间话语权

借助"一带一路"积极与其他国家开展一系列信息技术领域的合作，一方面有效带动我国基础信息设施发展相对滞后的中西部地区，增强其抵御外部网络侵略的意识与力量，筑就我国的"网络长城"；另一方面形成信息技术研发和信息技术产品推广的跨境联盟，更大程度地释放互联网所集聚的能量，推动网络强国建设，在通信、交通、金融等领域积极参与国际行业标准的制定，增强我国在世界范围内网络空间的话语权与影响力。

4. 推进网络可信身份建设，构建可信网络空间

一是做好网络可信身份体系的顶层设计。借鉴国外做法，结合我国国情，明确我国网络可信身份体系框架、各参与方在其中的角色和职责，并细化网络可信身份体系建设的路径，明确组织、资金等各方面保障，从法律法规、标准规范、技术研发、试点示范、产业发展等多方面推进体系建设。二是建设并推广可信身份服务平台，推动可信身份资源共享。通过建设集成公安、工商、CA（certificate authority，证书颁发机构）、电信运营商等多种网络身份认证资源的可信身份服务平台，提供"多维身份属性综合服务"，包括网络身份真实性、有效性和完整性认证服务，最终完成对网上行为主体的多途径、多角度、多级别的身份属性信息的收集、确认、评价及应用，实现多模式网络身份管理和验证。三是推动多种网络可信身份认证技术和服务发展，充分利用现有技术和基础设施，加快开发安全和方便的网络身份技术，跟踪大数据、生物识别和区块链等新兴技术的发展，不断提高技术的先进性。

5. 加强安全制度建设，全面保护关键信息基础设施

一是建立健全关键信息基础设施保护制度。明确保障关键信息基础设施安全的基本要求和主要目标，提出工作任务和措施。二是研究制定关键信息基础设施

网络安全标准规范。研制关键信息基础设施的基础性标准，推动关键信息基础设施分类分级、安全评估等标准的研制和发布。三是建立健全关键信息基础设施安全监管机制。一方面，健全关键信息基础设施安全检查评估机制，面向重点行业开展网络安全检查和风险评估，指导并监督地方开展安全自查，组织专业队伍对重点系统开展安全抽查，形成自查与重点抽查相结合的长效机制；另一方面，完善关键信息基础设施安全风险信息共享机制，理顺信息报送渠道，完善监测技术手段和监测网络，加快形成关键信息基础设施网络安全风险信息共享的长效机制。

四、半导体

半导体（semiconductor）通常指常温下导电性能介于导体与绝缘体之间的一类材料。半导体不但自身拥有导电能力，其导电能力还具有很强的可控性。当半导体受到外界光、热等因素的激发时，其导电能力会发生较大改变，可变范围可从绝缘体到导体。尤其是在纯净的半导体中掺入微量杂质元素后，其导电性能还会得到大幅提升。半导体所具有的种种特性均表现出了与其他物质不同的导电原理，使得半导体在人类文明的发展历程中一直发挥着举足轻重的作用。

（一）发展目标

面向国家战略和产业发展两个需求，着力发展集成电路设计业，加速发展集成电路制造业，提升先进封装测试业发展水平，突破集成电路关键装备和材料。

2025 年：中国集成电路市场规模达 2400 亿美元，在全球市场占比为 60%，具有满足国内市场 58%的供给能力；各类集成电路龙头企业进入世界前列，通过市场配置资源，实现可持续发展。2025 年我国半导体产业销售额达到 20 200 亿元，2020～2025 年年均复合增长率约为 13.13%。

2035 年：半导体产业链主要环节达到国际先进水平，一批企业进入国际第一梯队，实现跨越式发展。2035 年我国半导体产业销售额达到 54 235 亿元，2025～2035 年年均复合增长率约为 10.38%。

（二）发展重点

1. 集成电路设计

（1）服务器/桌面计算机 CPU（central processing unit，中央处理器）：单核/双核服务器/桌面计算机 CPU、多核服务器/桌面计算机 CPU、众核服务器/桌面计算机 CPU。

（2）嵌入式 CPU：低功耗性能嵌入式 CPU、低功耗多核嵌入式 CPU、超低功耗近阈值物联网 SoC。

（3）存储器：动态随机存储器（dynamic random access memory，DRAM）及嵌入式动态随机存储器（embed dynamic random access memory，eDRAM）、闪存存储器（flash memory）、三维闪存存储器（V-NAND flash）、新型存储器［RRAM（resistive random access memory，阻变式存储器）、MRAM］。

（4）FPGA 及动态重构芯片。

（5）智能计算芯片：智能手机/平板电脑 SoC、AI 芯片。

2. 集成电路制造

新器件：HK 金属栅及 SiGe/SiC 应力、FinFET（fin field-effect transistor，鳍式场效应晶体管）、量子器件。光刻技术：两次曝光、多次曝光、EUV（extreme ultraviolet，极端紫外）光刻、EUV 光刻胶。材料及成套技术：光掩膜材料及成套技术。

3. 集成电路封装

倒装封装技术：大面积倒装芯片球阵列封装。多芯片封装：双芯片封装、三维系统级封装（3 dimension system in package，3D SIP）、多元件集成电路（multi-component integrated circuits，MCOs）。

（三）重大装备及关键材料

（1）制造装备：5～14nm 工艺设备、18in 工艺设备。

（2）光刻机：EUV 光刻机。

（3）制造材料：5～14nm 工艺材料、12/18in 硅片。

（4）封装设备及材料：高密度封装高端设备及配套材料、TSV（through silicon via，硅通孔技术）制造部分关键设备及材料。

（四）保障措施

（1）进一步强化顶层设计，建立中央与地方定期互动的有效机制。

建议中央政府及相关部委能够集中资源、统一认识，在充分考虑中国国情和半导体产业发展规律的基础上，针对目前存在的问题，进一步加强产业发展的顶层设计，整体布局，统筹规划。建立中央与地方联动的长效机制，出台相关措施，将地方产业发展纳入国家整体战略。广泛调动中央与地方优势资源，坚持主体集中、多点布局，共同推动我国半导体产业整体有序发展。

（2）我国半导体企业作为国家战略的承担者、战略性产业的实施者，需要中央与地方政府的大力支持。

半导体产业是国家战略，战略实施必须依靠中国企业。作为国家发展半导体产业的主体，中国企业的成败决定着国家半导体产业发展的成败。中国半导体企业在奋起直追的发展过程中，离不开地方政府长期、稳定的持续支持。只有地方政府和国内企业步调一致、互相支持才能真正实现中国的“芯片梦”。

建议在发展半导体的过程中，尤其是重资产的制造业，以及先进工艺和存储器等国家战略性产业，国家能够规范地方政府与国家战略同向，支持中国产业发展。同时中央出台相关政策，监督地方政府平衡地方利益与国家产业整体布局，兼顾短期利益和中长期利益，找准各地方政府在半导体产业链中的定位，因地制宜实现良性发展，避免一哄而上造成的恶性竞争。

（3）地方政府是发展我国半导体产业的重要载体，建议地方政府给国际国内企业同等待遇，为中国企业的竞争搭建公平的舞台，为中国产业的发展创造良好的氛围。

建议中央相关部委能够主动协调地方政府，统一招商引资底线，引导地方政府加强对产业发展规律的认识，强化地方政府对国家发展半导体战略的认同。同时地方政府应当对中外企业一视同仁，平等对待国内企业，避免给予外企“超国民”待遇，避免在资金、税收和土地优惠上给予外企超额支持，尤其是避免将资本金给到境外企业去境外发展，应为国家半导体产业的发展创造公平、健康、良性的竞争环境

（4）加强对国内资本国际并购的监管，对国际重大并购项目、重大国际企业落地我国整体布局、统筹规划。

为避免国际并购及招商引资中引发的无序、恶性竞争，我们建议中央相关部委在不违简政放权、市场化为主体的前提下，针对半导体等战略性产业制定相关政策，规范国际并购流程，在国际并购或会对中国产业造成严重影响的国际企业布局中，通过预备案、预协商等措施，统筹规划，统一布局，避免恶性竞争。

（5）制定国内重点企业、重点工程名录，扶持龙头企业，进行国际竞争。

为体现出以企业为主体参与国际竞争、吸取国际资源的产业原则，我们建议相关部委建立国内企业重点目录，并重点支持。同时在产业发展和国际并购中，以企业为主体，尊重企业意愿，引导国内资本由虚向实，由资本运作变为助力企业发展。同时支持企业的国际化，积极参与国际竞争，以此避免国际先进技术和先进设备对中国的禁运，并降低国际上对中国发展半导体的疑虑，争取到更多国际人才的加盟，最终确保产业主体的“自主可控，为我所用”。

五、新型显示

根据显示原理的不同，新型显示器件可以分为主动发光显示（像素发光，短程成像）、被动发光显示（像素不发光，依靠外部光源）、激光投影显示（像素发光，长程成像）三种类型。其中，主动发光显示主要包括电致发光（electroluminescent，EL）显示、等离子体显示（plasma display，PD）、半导体发光二极管（semiconductor light emitting diode，LED）显示、激光荧光体显示（laser phosphor display，LPD）等。被动发光显示主要包括液晶显示（liquid crystal display，LCD）、电子纸显示（electro-phoretic display，EPD）等。主动发光显示中的主动矩阵有机发光二极管显示（active matrix organic light-emitting diode，AMOLED）和被动发光显示中的TFT-LCD是最主流的显示技术。

（一）发展目标

2025年：支持重点行业应用示范，培育新业态和新商业模式，形成可复制、可推广经验，为平板显示与各行业、各领域融合发展提供借鉴；支持地方先行发展示范，建设平板显示产业创新及应用基地，推动产业集聚发展，发挥示范引领和辐射作用。2025年我国新型显示产业营收规模达17 360亿元，2020～2025年年均复合增长率约为25.48%。

2035年：构建产业创新体系，重点聚焦产业链薄弱环节，支持关键技术产品研发和产业化，兼顾高端引领与短板补齐，全面提升产业发展实力；构建产业生态体系，重点发挥联盟等行业组织的作用，制定标准规范，建设公共服务平台，推动全产业链协同发展，营造良好的发展环境。

（二）关键技术

加快新型背板、超高清、柔性面板等量产技术研发，通过技术创新带动产品创新，实现产品结构调整。在超高清领域我国差距依然明显，2018年我国4K超高清面板市场占有率仅为25.8%，低于37.5%的中国电视面板市场占有率。

加快研究布局AMOLED、量子点、印刷OLED、Micro LED等前瞻性显示技术，加强技术储备，完成产业新技术路线的探索和布局。我国AMOLED市场占比低，2018年，AMOLED领域由韩国企业垄断，我国已出货面板企业京东方、天马、维信诺、和辉光电四家企业全球占比不足5%。尽管Micro LED得到产业界的广泛关注，然而技术上的诸多瓶颈阻碍了其量产化进程。首先，芯片缺陷影响显示品质。目前成熟的 LED 芯片在使用前依然需要剔除坏点，Micro LED 显示器件包含数百万颗微米级 LED 芯片，良率较低的问题更加突出，较难保证产品质量。其次，规模化转移过程中，微米级 LED 芯片的转移、搬运、贴附等技术仍然有待提升，尤其是一次转移需要移动数万乃至数十万颗 LED 芯片，数量极其巨大，对设备和技术的要求极高，需要更加精细化的设备来满足这一制程。

鼓励骨干企业间加强横向合作，开展关键工艺技术联合研发和成果共享。与传统液晶技术相比，AMOLED 技术需要更精细的薄膜晶体管结构、柔性基板及高密封的薄膜封装技术等，面板制备工艺更加复杂。与日韩相比，我国 AMOLED 产业起步较晚，基础共性技术储备缺乏，量产经验不足，面板制备工艺尚未完全掌握，造成生产线良品率爬坡难度大、周期长。另外，日韩企业利用其先发优势，设置了大量的专利壁垒，我国企业在生产经营过程中需向其支付高额专利费，导致生产成本提高，企业竞争力减弱。

进一步完善上游材料配套体系建设，引导材料企业加大研发投入，加快基板材料、液晶材料、光学膜、掩膜版、靶材等核心材料开发。

（三）保障措施

1. 强化顶层设计，引导产业超越发展

一是进一步加强顶层设计，推动资源统筹，解决产业发展中的重大问题，适时调整产业发展路径与重点。二是充分发挥财政资金的引导作用，吸引多渠道、多元化的资金投资，继续鼓励多元化投资模式，采用技术授权、战略入股、合资建厂等方式，持续推进多层次、多类型、多渠道的合作。三是鼓励具有核心技术、创新体系完善、产品结构丰富、品牌知名度高、全球竞争力强的面板制造企业做大做强。支持具有自主知识产权和较好产业基础的企业投资建设高质量新型显示面板项目，或通过投资、兼并等方式整合已有的产业资源，通过人才、技术、资金等资源要素集聚，提升企业实力。四是建立中央政府和地方政府的合作和信息共享机制，全面掌握产业发展过程中出现的最新动向，及时解决重大问题。将产业发展重心从加快生产线建设转移到提升发展质量和效益，正确处理质量、速度和规模的关系，立足高端，着眼一流。

2. 突破技术瓶颈，加快产业结构调整

一是鼓励和推动现有 TFT-LCD 生产线的新品研发和技术提升，从研发促进、配套合作等方面加大支持力度，集中支持关键技术、共性技术、前瞻性技术的研发和自主创新成果的产业化。二是建立以企业为主导，产学研用相结合的自主创

新体系，确立企业技术创新主体地位，加快科研成果产业化进程，突破核心技术，提升产业核心竞争力。三是支持骨干企业创新能力建设，积极开展关键核心技术联合研发、专利运营、标准制定等工作，建立重点企业专利成果共享机制。四是针对产业重大创新需求，集中优势资源，建立产学研用相结合、面向全行业开放的共性技术创新平台。

3. 强化需求牵引，推进上下游共同参与的生态体系建设

一是充分发挥面板制造核心企业的规模效益，建立生产配套体系，形成与下游企业的战略供应关系或产业集团，形成互相依存、互相促进的合作关系。二是支持有条件的显示企业开展产业链垂直整合，结合企业、地方政府的资源，鼓励优势企业兼并中小企业，增强企业核心竞争力。三是组织实施材料、设备、工艺、应用、服务等重点领域“一揽子”突破计划，吸取发展经验，加快提高本土新型显示装备、材料和工艺技术可靠性和有效性，内容、服务先进性和多样性。组织开展首台（套）、首批次示范应用，加快产业链环节的市场化应用和推广进程。

4. 深化国际合作，营造良好外部环境

一是加强境外先进企业和技术引进。进一步优化环境，鼓励引进境外高质量资本和先进技术，鼓励国际领先企业以合资、合作等形式在国内建设研发、生产和运营中心。二是鼓励境内企业国际合作和对外开放。鼓励境内新型显示企业通过参股、并购等多种方式整合国际资源，拓展国际市场。以资本为纽带，支持骨干企业加强战略合作。三是营造良好的国际合作环境。通过行业协会、国际论坛、展会等渠道，加强沟通对话，维护我国产业利益，针对韩国企业发起的人才、专利等方面的诉讼，及时做好应对，营造良好的国际环境。

六、电子元器件

电子元器件指电子元件和电小型的机器、仪器的组成部分，本身由若干个零件组成，是电子产业常用的原料之一，其对电子产品具有极大的意义，提高了电子产品的性能与质量，有着对电子产品功能的巨大影响力。电子元器件行业位于产业链的中游，介于电子整机行业和电子原材料行业之间，其发展的快慢，所达到的技术水平和生产规模，不仅直接影响整个电子信息产业的发展，而且对发展信息技术，改造传统产业，提高现代化装备水平，促进科技进步都具有重要意义。

（一）发展目标

2025年：加快转型升级，实现电子元器件产业由大到强转变；加快完善产学研用相结合的产业生态体系，优先发展基于重要整机需求和夯实自身根基等目标的相关领域，加快面向4G/5G通信、新型智能终端等关键电子元器件特别是光电子器件及技术发展。2025年我国电子元器件市场规模达到3290亿元，2020～2025年年均复合增长率约为3.69%。

2035年：2035年我国电子元器件市场规模达到4413亿美元，2025～2035年年均复合增长率约为2.98%。

（二）关键技术

1. 电子元器件关键技术分析

（1）高性能CPU设计技术。高性能CPU设计是云计算设施、边缘计算设备和信息系统的核心处理模块，关键技术主要包括：高性能CPU体系结构设计技术；高性能CPU微体系结构设计技术；处理器实现技术；高可用设计技术；安全可信设计技术。

（2）高性能DSP设计技术。高性能DSP为各类需要信息采集、制导、控制系统中的信号处理模块提供高可靠器件，关键技术主要包括：需求驱动的DSP指令集设计技术；高性能多核DSP微体系结构设计技术；DSP逻辑、物理设计与优化及验证等技术；DSP低功耗、高可靠设计技术；开发系统及应用技术。

（3）高性能低功耗SoC设计技术。高性能低功耗SoC重点支撑智能终端、卫星导航装备等对高性能系统芯片的需求，关键技术主要包括：SOPC（system on programmable chip，可编程片上系统）设计技术；低功耗设计技术；多核设计技术。

（4）大规模可编程器件设计技术。大规模可编程器件作为通用平台化芯片，广泛应用于国防军工、航空航天、工业系统中，用于实现高精度的逻辑控制、信号处理算法、通信协议等，关键技术主要包括：硬件架构技术；功能模块系统集成技术；时钟架构及管理技术；先进的查找表技术；软件开发环境技术。

（5）大容量存储器设计技术。大容量存储器支撑智能终端、云计算、大数据及信息系统对容量更大、速度更快、可靠性更高的存储器需求，关键技术主要包括：大容量SRAM（static random access memory，静态随机存储器）器件体系架构设计技术；存储单元及阵列设计技术；Flash自主设计技术；DRAM研制技术；新型MRAM研制技术。

（6）高密度、高精度集成电路测试技术。集成电路测试重点支撑高端芯片多通道、高速、在线测试技术发展，满足高密度、高频、高速、高精度集成电路的测试需求，关键技术主要包括：高密度测试接口板信号完整性设计技术；内建自测试技术和扫描链测试技术；高速、高精度数模混合信号测试技术；12in 晶圆测试技术。

（7）工艺加工制造技术。IC 工艺加工制造是电子元器件自主可控的保证，是我国自主加工制造关键核心芯片，满足国防军工、工业制造和装备研制生产需求的重要支撑，关键技术主要包括：工艺线宽和器件速度控制技术；工艺的兼容性技术；工艺制造平台的稳定性技术；抗辐射加固工艺技术。

（8）高密度管壳与封装技术。高密度管壳与封装重点支撑高端集成电路、微系统产品的封装集成需求，满足电子设备小型化、轻量化和多功能化发展需要，关键技术主要包括：高密度管壳制造关键技术；3D 封装技术；异质异构封装技术。

2. 电子元器件质量控制的关键技术

电子元器件的质量控制是提升电子产品性能的有效保障。所以，必须加强对电子元器件质量控制中关键技术的不断研究和优化，确保电子元器件系统的可靠性。进行电子元器件质量控制的关键技术如下。

（1）刻槽技术。刻槽在电子元器件的电阻流程中属于首道工序，直接影响到电子元器件的固有质量可靠性。在进行刻槽技术的控制上，需要从以下几点加以把控：首先要做好对电子元器件所用电阻材料的严格质量选择；对槽的各项尺寸控制要按照国家的相关标准要求，并做好尺寸确定之后的验证工作，避免产品的外观不合格导致的元器件失效；对刻槽所用到的各类设备要进行定期的检查，确保刻槽工作不会受到外部因素的影响；从事刻槽工作的人员必须经过专业的训练，能够本着严谨认真的态度实施刻槽工作。

（2）点焊技术。元器件的点焊以双面点焊和单面点焊为主。双面点焊较为常用，它是通过电子产品的两端电极向焊接处进行通电。单面点焊以大面积或大直径的焊点接触来降低电流密度。在进行元器件的大批量生产时，单面点焊的应用较为广泛。电焊工作中要确保同一批次的不同引线质量相同性。在电焊技术控制中，还要注重对焊点强度、拉力及外观等的详细检查。要对半成品的合格率进行详细的记录。

（三）保障措施

1. 加强政府引导，完善产业政策

积极修订完善产业结构调整指导目录、外商投资产业指导目录等产业政策，

通过国家政策引导投资方向与重点；对国家鼓励项目的重要进口设备、材料，在国内没有替代产品的情况下，继续保持现有税收优惠政策。积极支持本土电子材料和元器件企业实施“走出去”战略。

2. 发挥财政资金作用，创造良好的投融资环境

充分发挥技术改造专项资金、电子发展基金等各类财政资金的引导和带动作用，促进产业发展；推动建立政府导向的产业投资基金，发挥财政资金带动作用，引导社会资源支持产业发展；积极促进企业与资本市场的结合，创造有利于产业发展的投融资环境。

3. 提升产业创新能力，推动产业升级

完善电子材料和元器件行业的创新体系，推动建立国家层面的公共服务平台，为企业创新提供支持；继续推进技术改造，鼓励企业增加技术投入，强化企业的创新基础。进一步促进行业基础研究成果与工程化、产业化的衔接，提升产业核心竞争力。通过组建产业联盟或技术协作联盟等形式，推进产业链上下游合作，开展联合攻关，提高产品技术水平，促进推广应用。积极引导企业转型升级，向精细化、节能环保型发展。

4. 优化产业布局，统筹规划区域发展

针对产业内迁趋势，适时地推动在内陆省份建设新的我国电子材料和元器件产业集中区域，为内陆省份在政策方面争取相关优惠政策。引导行业有序转移，杜绝污染分散，并利用产业转移的机会进行结构调整和产业布局，为行业持续长久的发展创造条件。

5. 加强行业管理，促进产业健康发展

完善市场、环保等优胜劣汰机制，通过行业准入，对涉及环境保护和应用安全的产业，如锂离子电池、印制电路板等行业加强管理，督导企业进一步向规模化和规范化发展，加快推进节能环保和产品质量安全长效机制的建立，确保产业有序健康发展。

6. 重视人才培养，积极参与国际交流合作

围绕电子材料和元器件产业转型升级对专业技术人才的需求，充分发挥行业协会、高等院校、科研院所及各类相关社会机构的作用，为行业的持续发展培养各级、各类专业人才。加强国际交往与合作，积极参与国际标准工作，提升我国在国际标准领域的话语权。

七、云计算

我国云计算处于快速发展期，市场空间广阔。全球云计算需求仍有很大空间，如 2018 年第二季度，SaaS（software as a service，软件即服务）市场规模达到 200 亿美元，比上一年增长 32%，企业 SaaS 市场虽然在一些领域已经相对成熟，然而，SaaS 占企业软件总支出仍不到 15%，因此与内部软件相比仍有较大潜力。海外云计算“一超多强”格局已经形成，国内云服务市场步入放量增长期，空间广阔，云计算多个领域的公司都有望充分受益。从国内市场规模来看，2017 年中国公有云市场为 246 亿元，仅为美国的 1/5；渗透率为 3.3%，仅为美国的 1/3 左右，具备极大发展潜力。从市场格局来看，IaaS（infrastructure as a service，基础设施即服务）领域阿里云已跻身全球第三，但其收入规模与 AWS、Azure 相差甚远，成长空间巨大。因此，从发展阶段来看，美国企业 IT 设施大规模云化领先中国数年时间，目前仍呈现快速增长，中国在接下来数年快速增长仍将持续。

（一）发展目标

2025 年：提高企业上云意识和操作能力，支持云服务商在各地建设企业上云体验中心；重视工业行业的复杂性、个性化和用户企业的实际需求，结合具体场景实现跨界融合，解决企业发展实际问题，从而务实推动工业互联网应用普遍落地。鼓励云服务商加强云计算解决方案和应用产品研发，持续丰富云计算产品和服务，不断提高服务能力。2025 年我国公有云市场规模达到 2700 亿元，2020～2025 年年均复合增长率约为 31.37%；私有云市场规模达到 1980 亿元，2020～2025 年年均复合增长率约为 20.33%。

2035 年：鼓励云服务商与各行业龙头企业合作，促进行业知识和云计算技术融合，研发细分行业的工业互联网解决方案；形成较为完整的云计算标准体系和第三方测评服务体系；进一步优化云计算测试评价指标体系，深入开展云服务能力测评，促进云服务商提升服务水平和质量；着力突破核心安全技术，提升风险预警、监测和应对能力，切实保障用户信息安全、保护用户商业秘密。云计算成为信息化建设的主要形态和建设网络强国、制造强国的重要支撑，推动经济社会各领域信息化水平大幅提升。

（二）发展重点

1. 技术增强行动

（1）持续提升关键核心技术能力。支持大型专业云计算企业牵头，联合科研院所、高等院校建立云计算领域制造业创新中心，组织实施一批重点产业化创新工程，掌握云计算发展制高点。积极发展容器、微内核、超融合等新型虚拟化技术，提升虚拟机热迁移的处理能力、处理效率和用户资源隔离水平。面向大规模数据处理、内存计算、科学计算等应用需求，持续提升超大规模分布式存储、计算资源的管理效率和能效管理水平。支持企业、研究机构、产业组织参与主流开源社区，利用开源社区技术和开发者资源，提升云计算软件技术水平和系统服务能力。引导企业加强云计算领域的核心专利布局，开展云计算知识产权分析和风险评估，发布分析预警研究成果，引导企业加强知识产权布局。开展知识产权相关法律法规宣传和培训，提高企业知识产权意识和管理水平。

（2）加快完善云计算标准体系。落实《云计算综合标准化体系建设指南》，推进完善标准体系框架。指导标准化机构加快制定云计算资源监控、服务计量计费、应用和数据迁移、工业云服务能力总体要求及云计算服务器技术要求等关键急需技术、服务和应用标准。积极开展标准的宣贯实施和应用示范工作，在应用中检验和完善标准。探索创新标准化工作形式，积极培育和发展团体标准，指导和支持标准组织、产业联盟、核心企业等主体制定发布高质量的云计算标准成果。支持骨干企业及行业协会实质性参与云计算技术、管理、服务等方面国际标准的制定。

（3）深入开展云服务能力测评。依托第三方测试机构和骨干企业力量，以相关国家、行业、团体标准为依托，以用户需求为导向，围绕人员、技术、过程、资源等云计算服务关键环节，建立健全测评指标体系和工作流程，开展云计算服务能力、可信度测评工作，引导云计算企业提升服务水平、保障服务质量，提高安全保障能力。积极推动与国际主流测评体系的结果互认。

2. 产业发展行动

（1）支持软件企业向云计算转型。支持地方主管部门联合云计算骨干企业建立面向云计算开发测试的公共服务平台，提供咨询、培训、研发、商务等公共服务。支持软件和信息技术服务企业基于开发测试平台发展产品、服务和解决方案，加速向云计算转型，丰富完善办公、生产管理、财务管理、营销管理、人力资源管理等企业级 SaaS 服务，发展面向个人信息存储、家居生活、学习娱乐的云服务，培育信息消费新热点。

（2）加快培育骨干龙头企业。面向重点行业领域创新发展需求，加大资金、信贷、人才等方面的支持力度，加快培育一批有一定技术实力和业务规模、创新能力突出、市场前景好、影响力强的云计算企业及云计算平台。支持骨干龙头企业丰富服务种类，提高服务能力，创新商业模式，打造生态体系，推动形成云计算领域的产业梯队，不断增强我国在云计算领域的体系化发展实力。

（3）推动产业生态体系建设。建设一批云计算领域的新型工业化产业示范基地，完善产业载体建设。依托产业联盟等行业组织，充分发挥骨干云计算企业的带动作用和技术溢出效应，加快云计算关键设备研发和产业化，引导芯片、基础软件、服务器、存储、网络等领域的企业，在软件定义网络、新型架构计算设备、超融合设备、绿色数据中心、模块化数据中心、存储设备、信息安全产品等方面实现技术与产品突破，带动信息技术产业发展，强化产业支撑能力。大力发展面向云计算的信息系统规划咨询、方案设计、系统集成和测试评估等服务。

3. *应用促进行动*

（1）积极发展工业云服务。贯彻落实《国务院关于深化制造业与互联网融合发展的指导意见》，深入推进工业云应用试点示范工作。支持骨干制造业企业、云计算企业联合牵头搭建面向制造业特色领域的工业云平台，汇集工具库、模型库、知识库等资源，提供工业专用软件、工业数据分析、在线虚拟仿真、协同研发设计等类型的云服务，促进制造业企业加快基于云计算的业务模式和商业模式创新，发展协同创新、个性化定制等业务形态，培育“云制造”模式，提升制造业快捷化、服务化、智能化水平，推动制造业转型升级和提质增效。支持钢铁、汽车、轻工等制造业重点领域行业协会与专业机构、骨干云计算企业合作建设行业云平台，促进各类信息系统向云平台迁移，丰富专业云服务内容，推进云计算在制造业细分行业的应用，提高行业发展水平和管理水平。

（2）协同推进政务云应用。推进基于云计算的政务信息化建设模式，鼓励地方主管部门加大利用云计算服务的力度，应用云计算整合改造现有电子政务信息系统，提高政府运行效率。积极发展安全可靠的云计算解决方案，在重要信息系统和关键基础设施建设过程中，探索利用云计算系统架构和模式弥补软硬件单品性能的不足，推动实现安全可靠软硬件产品的规模化应用。

（3）支持基于云计算的创新创业。深入推进大企业“双创”，鼓励和支持利用云计算发展创业创新平台，通过建立开放平台、设立创投基金、提供创业指导等形式，推动线上线下资源聚集，带动中小企业协同创新。通过举办创客大赛等形式，支持中小企业、个人开发者基于云计算平台开展大数据、物联网、人工智能、区块链等新技术、新业务的研发和产业化，培育一批基于云计算的平台经济、分享经济等新兴业态，进一步拓宽云计算应用范畴。

4. 安全保障行动

（1）完善云计算网络安全保障制度。贯彻落实《中华人民共和国网络安全法》相关规定，推动建立健全云计算相关法律法规和管理制度。加强云计算网络安全防护管理，落实公有云服务安全防护和信息安全管理系统建设要求，完善云计算服务网络安全防护标准。加大公有云服务定级备案、安全评估等工作力度，开展公有云服务网络安全防护检查工作，督促指导云服务企业切实落实网络与信息安全责任，促进安全防护手段落实和能力提升。逐步建立云安全评估认证体系。

（2）推动云计算网络安全技术发展。针对虚拟机逃逸、多租户数据保护等云计算环境下产生的新型安全问题，着力突破云计算平台的关键核心安全技术，强化云计算环境下的安全风险应对。引导企业加大投入，推动云计算环境下网络与边界类、终端与数字内容类、管理类等安全产品和服务的研发及产业应用，加快云计算专业化安全服务队伍建设。

（3）推动云计算安全服务产业发展。支持企业和第三方机构创新云安全服务模式，推动建设基于云计算和大数据的网络安全态势感知预警平台，实现对各类安全事件的及时发现和有效处置。持续面向电信企业、互联网企业、信息安全企业开展云计算安全领域的网络安全试点示范工作，推动企业加大新兴领域的研发，促进先进技术和经验的推广应用。

5. 环境优化行动

（1）推进网络基础设施升级。落实《"宽带中国"战略及实施方案》，引导基础电信企业和互联网企业加快网络升级改造，引导建成一批全光网省、市，推动宽带接入光纤化进程，实施共建共享，进一步提升光纤宽带网络承载能力。推动互联网骨干网络建设，扩容骨干直联点带宽，持续优化网络结构。

（2）完善云计算市场监管措施。进一步明确云计算相关业务的监管要求，依法做好互联网数据中心（Internet Data Center，IDC）、互联网资源协作服务等相关业务经营许可审批和事中事后监管工作。加快出台规范云服务市场经营行为的管理要求，规范市场秩序，促进云服务市场健康有序发展。

（3）落实数据中心布局指导意见。进一步推动落实《关于数据中心建设布局的指导意见》，在供给侧提升能力，通过开展示范等方式，树立高水平标杆，引导对标差距，提升数据中心利用率和建设应用水平；在需求侧引导对接，通过编制发展指引，对国内数据中心按照容量能力、服务覆盖地区、适宜业务类型等要素进行分类，指导用户按照需求合理选择使用数据中心资源，推动跨区域资源共享。

（三）关键技术

1. 开源技术成为云计算厂商共识

（1）容器方面。2017 年，微软、AWS 等云计算巨头厂商先后以白金会员身份加入 Linux 基金会旗下的云原生计算基金会（Cloud Native Computing Foundation，CNCF），以加强对 Kubernetes 开源技术的支持。阿里云更是在 2017 年两度晋级，从黄金会员到白金会员。截至 2018 年 3 月，CNCF 白金会员的数量达到 18 家，黄金会员数量 8 家，银牌会员的数量为 148 家。

（2）虚拟化管理方面。以全球最大的云计算开源社区 OpenStack 为例，截止到 2018 年 7 月，共有白金会员 8 家，黄金会员 20 家，合作伙伴 104 家。其中，我国企业占据了一半的黄金会员席位。同时，华为、九州云、烽火通信、EasyStack、中兴通讯等厂商在 OpenStack 各版本贡献中持续处于全球前列。此外，OpenStack 基金会的会员还包括 Intel、Red Hat、Rackspace、爱立信等国际巨头厂商。

2. 云计算中的虚拟化关键技术

虚拟化技术作为云计算的核心部分之一，是云计算高可用性与高性能的核心保证，它正改变着云计算三大服务模式集合［IaaS、SaaS、PaaS（platform as a service，平台即服务）］的架构与实现。

1）服务器虚拟化

服务器虚拟化是利用虚拟化技术在物理服务器上划分出 N 台（N>10）虚拟逻辑服务器，这些虚拟出的逻辑服务器以独立个体形式运行，逻辑服务器彼此间互不干扰。虚拟出来的逻辑服务器能让原先资源只有 5%～20% 的使用率提高至 80%～95%，让使用率得到充分提升。

2）存储虚拟化

存储虚拟化技术旨在提高设备存储效率，整合不同类型存储资源，为用户提供统一访问接口，从而解决异构存储系统的扩展性、兼容性、容错性等问题。

3）桌面虚拟化

随着云计算的高速发展，在传统企业终端和资源整合管理领域中产生了新型的典型应用——桌面云。桌面云采用虚拟化技术将个人计算机终端与用户的桌面工作环境分离开来进而迁移，每个用户的操作系统、应用和用户配置文件等数据以整体打包的方式存储在云服务器上，以镜像方式配置专属的虚拟桌面。以浏览器或专业程序为介质平台，访问存储在云服务器上的虚拟桌面及各种应用程序，所有操作的数据结果将最终保留在云计算中心，用户无须额外再配置应用程序和文件，可随时更换地点和客户端，使用所产生的体验仿佛就像用户使用自己的个人电脑一样，并无差异。

4）应用虚拟化

传统的应用程序运行还是依赖自身所在的操作系统，由操作系统统一分配CPU、内存、存储空间等资源。随着软件数量的递增，势必会由动态链接库等系统信息相同而导致运行冲突，运行程序无法正常运行，程序“灾难”接踵而来。

应用虚拟化技术可以有效解决这个问题。应用虚拟化技术即搭建一个虚拟运行平台，应用软件的安装、运行、更新等操作都是在一个隔离的环境中进行，不依赖于操作系统，不影响注册表信息、配置文件等，有效保证了本地操作系统与其他应用软件的完整性。将操作系统与程序应用的解耦合，是应用虚拟化技术的核心关键。SaaS的基础是应用虚拟化，应用软件在云端以服务的形式进行封装部署，客户端通过IE（Internet Explorer，微软浏览器）、远程桌面或应用程序技术流方式调用远程的应用程序服务。

应用虚拟化有着自身的优势：①可在不同平台上运行，增强了软件的可移植性与兼容性；②避免软件之间的配置冲突，确保底层操作系统的安全性；③降低软件管理等方面的费用。

（四）保障措施

1. 优化投资融资环境

推动政策性银行、产业投资机构和担保机构加大对云计算企业的支持力度，推出针对性的产品和服务，加大授信支持力度，简化办理流程和手续，支持云计算企业发展。借鉴首台（套）保险模式，探索利用保险加快重要信息系统向云计算平台迁移。支持云计算企业进入资本市场融资，开展并购、拓展市场，加快做大做强步伐。

2. 创新人才培养模式

依托国家重大人才工程，加快培养引进一批高端、复合型云计算人才。鼓励部属高校加强云计算相关学科建设，结合产业发展，与企业共同制定人才培养目标，推广在校生实训制度，促进人才培养与企业需求相匹配。支持企业与高校联合开展在职人员培训，建立一批人才实训基地，加快培育成熟的云计算人才队伍。

3. 加强产业品牌打造

支持云计算领域产业联盟等行业组织创新发展，组织开展云计算相关技术创新活动、展示体验活动、应用促进活动，打造国内外知名的产业发展平台。加大对优秀云计算企业、产品、服务、平台、应用案例的总结宣传力度，提高我国云计算品牌的知名度。加强对优秀云计算产业示范基地、行业组织的推广，激发各界推动云计算发展的积极性。

4. 推进国际交流合作

利用中德、中欧、中日韩等国际合作机制，加快建立和完善云计算领域的国际合作与交流平台。结合“一带一路”倡议等，逐步建立以专业化、市场化为导向的海外市场服务体系，支持骨干云计算企业在海外进行布局，设立海外研发中心、销售网络，拓宽海外市场渠道，开展跨国并购等业务，提高国际市场拓展能力。

八、边缘计算

边缘计算以云计算为核心，以现代通信网络为途径，以海量智能终端为前沿，通过优化资源配置，使计算、存储、传输、应用等服务更智能，具备优势互补、深度协同的资源调度能力，是云、网、端、智四位一体的新型计算模型。

（一）发展目标

2025 年：边缘计算弥补部分应用场景下中心云计算所面临的短板，对中心云与边缘侧的协同框架进行标准化设计，制定相关协同技术、服务和应用标准，引导企业提升云边协同服务水平，推动云边协同健康发展；伴随着 5G 商业化的应用，边缘计算成为 5G 网络的重要组成部分，运营商主导边缘计算的发展，同时运营商通过边缘计算能够进入流量之外的增值服务领域。

2035 年：边缘计算横跨 CT（communication technology，通信技术）、OT（operation technology，运营技术）、IT（information technology，信息技术）多个领域，涉及网络连接、数据聚合、芯片、传感、行业应用等多个产业链，在工业互联网、智慧交通、智慧城市、智能医疗等下游领域得到广泛应用。

（二）关键技术

边缘计算正在将 ICT（information communication technology，信息通信技术）基础设施的“云—管—端”三层模型延伸为“云—管—边—端”四层模型，其所涉及的核心关键技术主要包括边缘终端、边缘网络、边缘云，以及云边协同下的边缘智能等，各种技术能否协作互通决定了整个边缘计算技术体系的发展速度。

1. 边缘终端技术

边缘终端主要包括传统的感知类终端和新型边缘网关等边缘计算专用节点两类对象。感知类终端是具有信息处理功能的传感器，所用芯片具有数据采集、处理和传输能力。对于采集和处理诸如温度、湿度、压力或重力等小数据的感知类终端，处理器的性能需求通常是 50-100DMIPS（dhrystone million instructions executed per second，每秒百万次整数计算），连接技术通常支持低功耗 WiFi、蓝牙、ZigBee 等协议。

2. 边缘网络技术

以 TCP/IP（transmission control protocol/Internet protocol）为代表的传统网络技术主要面向大规模数据传输设计，天然缺少实时性和可靠性方面的保障，随着网络负载的增加，端到端的时延和丢包会显著提高，难以满足边缘计算的需求。同时，工业机器视觉等应用需要边缘网络提供更高带宽的数据传输服务。因此，边缘计算的网络技术必须在传统 TCP/IP 架构下有所突破。目前备受瞩目的边缘网络技术包括时间敏感网络和软件定义网络等。

3. 边缘云技术

边缘云技术可以在网络边缘或靠近用户接入点侧部署云数据中心，实现高带宽、低时延、大连接的高效服务分发。未来将提供更加开放、开源的边缘业务平台，从而为应用开发者提供丰富的平台服务能力及统一接口，加速边缘应用创新业务孵化和商用推进。

4. 边缘智能技术

目前，人工智能技术在推动数字经济和实体经济融合的多个领域都在发挥巨大作用，也正在被越来越多地应用到边缘计算中。由于人工智能处理的计算量巨大，需要 GPU、FPGA、ASIC（application specific integrated circuit，专用集成电路）等硬件加速引擎来辅助，边缘计算系统的异构化在带有人工智能功能的边缘计算系统中被越来越多地采用。高通公司在骁龙 845 芯片中加入第三代移动人工智能平台，为开发者提供深度学习神经网络所需要的工具。

（三）保障措施

1. 加速政策顶层设计，用统一架构牵引产业全面布局

美国政府最早开始布局边缘计算，积极打造核心技术，力图在未来的边缘计算产业发展中能够立于领先地位。我国政府也高度重视边缘计算发展，并在工业互联网领域超前布局前沿阵地，积极探索边缘计算在工业互联网场景下的应用。广东、上海等地方政府贯彻党和国家的指导方针，制订实施方案，提前谋划边缘计算的布局发展。目前尽管互联网、物联网、工业互联网等不同场景下的边缘计算在技术实现上存在一定差异，但整体来看，边缘计算的技术理念趋于一致，因此亟须构建统一的体系架构，加强顶层设计，充分调动边缘计算产业链各环节、各要素的积极性，开展全面布局。

2. 完善理论技术基础，加强云边协同等核心技术研发

建议重点加强以下六个方面的工作：一是加强研究软件定义机器、虚拟化、容器、分布式计算等一批边缘计算所必需的关键技术；二是重点突破可跨越不同环境进行移植的统一轻量级操作系统，实现服务的动态加载；三是研发设计适合边缘计算节点的、占用少量计算资源和存储资源的轻量级算法、程序库、并行编程模型、开发框架和工具包；四是研究制定边缘侧计算的架构模型、部署方式、南北向数据接口（用于云端协同）、东西向数据接口（用于节点间协同）等相关技术标准；五是建设部署工业控制器、智能网关、移动基站、边缘数据中心、边缘云等不同环境下的边缘计算节点，加强边缘侧计算、网络、存储、应用、智能的水平化融合；六是加强探索边缘计算技术与机器学习、深度学习等人工智能技术的有机结合，试验验证基于边缘计算的故障侦测、碰撞规避、预测维护、机器视觉等新应用、新模式。

3. 标准与开源同步走，技术规范与应用示范同等重要

边缘计算的概念和范畴尚未完全清晰明确，不同角色从自身利益和视角出发推出的所谓边缘计算产品存在很大的差异，亟须建立统一的标准规范来引导边缘计算产业健康有序发展。目前，ITU（International Telecommunication Union，国际电信联盟）、ISO/IEC（International Organization for Standardization/International Electrotechnical Commission，国际标准化组织/国际电工委员会）、IEEE（Institute of Electrical and Electronics Engineers，电气与电子工程师协会）、CCSA（China Communications Standards Association，中国通信标准化协会）等各种主要标准化

组织也都意识到边缘计算产业对标准化的迫切需求，先后开展了相关标准研究工作。ITU-T SG20（物联网和智慧城市研究组）批准中国信息通信研究院与中国联通联合主导的“IOT Requirements for Edge Computing”国际标准项目成功立项。ISO/IEC JTC 1/SC 41（物联网及相关技术分技术委员会）成立了边缘计算研究组。IEEE 也成立了 P1934 项目，开展雾计算的网络架构研究。CCSA 联合 AII（Alliance of Industrial Internet，工业互联网产业联盟）启动“工业互联网边缘计算需求”“工业互联网边缘计算体系架构”等首批六项标准立项研究。

尽管边缘计算技术仍不够成熟，理论和产品都在不断创新变化，对技术过早标准化，可能会限制技术的创新或者将技术限制在错误的边界内。但一方面是产业界对边缘计算的需求日趋旺盛，大量的工业企业和信息化企业迫切希望了解“边缘计算的产品形态是什么”“我能否加入边缘计算社群”“我如何为使用边缘计算而调整好企业自身状态”；另一方面是边缘计算产业链包括边缘终端与芯片、边缘网络、边缘云、边缘智能等多个不同的环节，不可能每个企业都完整地研发和部署这些系统和节点，如果存在一个公共的平台，就可以更大程度地促进创新。目前，开源化社区正是推进这一方向的主要实践者。2017 年 4 月，Linux 基金会发布了第一个正式的边缘计算项目“EdgeX Foundry”。在亚德诺半导体、戴尔、三星等企业的主导下，近 70 多家企业参与了该开源项目，致力于围绕可互操作的即插即用部件打造一个边缘计算的生态系统。特别是该开源项目还和工业互联网联盟（Industrial Internet Consortium，IIC）达成合作协议，通过提供统一的边缘计算平台来简化和加速工业互联网。

2018 年 3 月，Linux 基金会又发布了第二个规模更大的边缘计算项目“Akraino Edge Stack”。除 AT&T、英特尔外，中兴通讯、华为、中国移动、中国电信、中国联通、腾讯、科大讯飞、新华三等大量中国 ICT 企业参与了该项目，支持针对边缘计算系统和应用进行优化的高可用性云服务。“Akraino Edge Stack”项目立足于 AT&T 在边缘计算系统和应用程序中完成的基础工作，支持针对边缘计算系统和应用进行优化的高可用性云服务。

2019 年 2 月底，Linux 基金会开源研讨会在北京成功召开，此次 Linux 基金会开源研讨会立足 Linux 基金会开源技术探索，会聚了来自世界各地的 Linux 基金会会员，包括阿里云、百度、京东、华为、IBM、联想、北京大学、腾讯云等的项目负责人，对基金会项目引入、基金会技术发展、AI、云计算、大数据、区块链技术未来发展趋势、落地实践、创新研究等热门议题进行深入探讨。关于数字文化资产交易平台方面，参会人提到数字文化资产交易平台是目前区块链的热点，探索以文化创意产品交易及其产业为主体，综合应用区块链、人工智能、大数据等新兴技术。通过打造文化艺术产品交易和流通的平台，能极大推动文化艺术品产业的创新与升级。

九、操作系统与软件

（一）发展目标

2025 年：绝大部分核心技术取得突破，形成安全可靠的操作系统与工业软件及其标准体系，自主工业软件市场占有率超过 45%。形成 3～5 个达到国际水准的工业互联网平台。形成基于智能化互联网产品的自主工业软件的工业互联网。

2035 年：部分核心技术达到国际领先水平，自主工业软件市场占有率超过 50%。

（二）发展重点

1. 工业操作系统及其应用软件

衔接“核高基”等重大专项形成的成果，构建可裁剪的工业基础软件平台。面向数字化产品与智能成套装备需求，重点研制高安全、高可信的实时工业操作系统，实现与主流控制设备、CPU 与总线协议的适配，并在此基础上研发出一套嵌入式软件接口、组态语言与集成开发环境，形成嵌入式操作系统的安全性、可信性及性能的测评标准和规范。研制高端制造业嵌入式系统，并在先进轨道交通装备、电力装备、农业装备等关键领域推广应用。

2. “云端”+“终端”工业大数据平台

面向终端与云端数据的交换融合与智能协同，研制设备端的嵌入式数据管理平台与实时数据智能处理系统，开发云端具有海量处理能力的工业数据采集、存储、查询、分析、挖掘与应用的工业数据处理软件栈。构建覆盖产品全生命周期和制造全业务活动的工业大数据平台，支持企业内部与外部、结构化与非结构化、同步与异步、动态与静态、设备与业务、实时与历史数据的整合集成与统一访问，实现“数据驱动”。

3. 智慧工业云与制造业核心软件

研发“互联网+”智慧工业云体系架构与标准体系，构建工业资源库（包括知识库、模型库、零件库、工艺库和标准库等）。面向“互联网+”制造生态，重构产品生命周期管理（CAD/CAE/CAPP/CAM/PLM）[①]、企业资源规划（enterprise

① 其中，CAPP 为计算机辅助工艺过程设计（computer aided process planning），PLM 为产品生命周期管理（product lifecycle management）。

resource planning，ERP）、供应链管理（supply chain management，SCM）和客户关系管理（customer relationship management，CRM）等制造业核心软件，形成新型工业云构件库。研制数据驱动的构件组合引擎，研制工业能源管理智能化软件与协同管控平台，构建“互联网+”智慧工业云平台，推动工业企业互联网化，形成全行业与跨行业的工业应用生态系统。

4. 重点领域工业应用软件

面向先进轨道交通装备、电力装备、农业装备、高档数控机床与机器人、航空航天装备、海工装备与高技术船舶等重点工业领域，研制涵盖从设计研发、生产制造到产品服务的全生命周期行业应用软件，重点突破产品创新开发、智能控制与分析优化、装备智能服务等关键技术，发展自主工业应用软件体系。

（三）关键技术

（1）“端到端”的工业软件安全技术。研究从设备端到云端的控制系统安全、硬件安全、网络通信安全、系统安全、数据安全、信息与系统安全、本质安全等技术。研究开发安全、高可信工业软件系统的安全标准、验证技术与认证体系。

（2）工业基础资源库与标准化技术。重点构建与自主工业软件相配套的工业基础资源库接口标准化体系。研究工业基础资源库的分类标准，布局适应中国制造环境特点的工业基础资源库架构与生态体系。研究工业基础资源库的标准化评估与认证体系。

（3）工业操作系统技术。面向不同的底层硬件和上层应用，研究可实现统一软件包格式、硬件设备免驱动应用、可信计算应用、高可用集群应用、抽象内核驱动框架。研究硬件驱动的智能安装维护、操作系统的模块化、大规模安全可靠终端智能化管控、安全可靠终端的信息收集技术。研究操作系统对底层异构、复杂装备及其现场总线协议的适配技术。研究模型驱动的控制程序统一设计、开发、测试与发布技术。

（4）设备端智能化技术。研究小容量的嵌入式数据库系统，以及数据缓存与数据同步、交换技术。加快研究终端的环境语义建模技术，以及实时数据动态采集、变频传输、视觉理解、单机智能分析与控制、区域协同等终端智能化新技术。

（5）工业大数据管理与分析技术。研发工业数据的实时采集、高吞吐量存储、数据压缩、数据索引、查询优化、数据缓存等关键技术。研究时空关联与机理模型下的数据质量检查与修复关键技术。研究前端装备实时数据与后台信息系统关系型数据的集成技术。突破工业大数据并行分析处理技术、机理模型建模技术、知识推理技术与仿真模型。

（6）数据驱动的构建组合技术。研究行业垂直应用软件构件集开发和构件信息整合平台关键技术。研究通过制造资源数据、企业数据、行业数据和互联网数据等信息要素分析驱动的行业内、企业间快速反应，动态融合、优化资源利用效率。

（7）工业互联网平台关键技术。研究工业互联网平台资源调度、多租户管理、工业大数据处理、图形化编程、工业微服务架构、API（application programming interface，应用程序接口）、平台安全等技术，实现数据集成、分析与应用开发相支撑。围绕平台功能、兼容性、可靠性、安全性、负载压力等方面开展测试验证关键技术研究，构建一批测试验证工具，建立工业互联网平台测试验证环境。

（四）保障措施

（1）支持跨界产业联盟。以制造业企业为主体，鼓励相关企业等加入工业应用云平台生态系统，开展跨领域资源和价值链整合，构建具有全球竞争力的工业生态系统。

（2）构建标准体系。建立重点领域工业软件体系与标准，加强操作系统与工业软件标准的制修订工作，鼓励有实力的单位牵头制定国际标准。鼓励中国企业参与到国际主流开源社区，成为具有投票权的理事单位。建立操作系统与工业软件的国家评测与认证标准体系。

十、人工智能

人工智能是一种引发诸多领域产生颠覆性变革的前沿技术，当今的人工智能技术以机器学习，特别是深度学习为核心，在视觉、语音、自然语言等应用领域迅速发展，已经开始像水电煤一样赋能于各个行业。世界各国高度重视人工智能的发展，美国白宫接连发布数个人工智能政府报告，是第一个将人工智能发展上升到国家战略层面的国家，除此以外，英国、欧盟、日本等纷纷发布与人工智能相关的战略、行动计划，着力构筑人工智能先发优势。我国高度重视人工智能产业的发展，习近平同志在十九大报告中指出，要“推动互联网、大数据、人工智能和实体经济深度融合”[30]，从2016年起已有《“互联网+”人工智能三年行动实施方案》《新一代人工智能发展规划》《促进新一代人工智能产业发展三年行动计划（2018—2020年）》等多个国家层面的政策出台，也取得了积极的效果，我国逐渐形成了涵盖计算芯片、开源平台、基础应用、行业应用及产品等环节较完善的人工智能产业链。

（一）发展目标

2025 年：人工智能基础理论实现重大突破，部分技术与应用达到世界领先水平，人工智能成为带动我国产业升级和经济转型的主要动力，智能社会建设取得积极进展。2025 年我国人工智能市场规模达到 4500 亿元，2020～2025 年年均复合增长率约为 40.91%。

2035 年：人工智能基础理论实现重大突破，部分技术与应用达到世界领先水平，人工智能成为带动我国产业升级和经济转型的主要动力，智能社会建设取得积极进展。

（二）关键技术

（1）智能硬件。智能传感器与智能芯片是智能硬件的重要组成部分。目前，智能传感器主要包括触觉、视觉、超声波、温度、距离传感器等；智能芯片主要包括 GPU、FPGA、ASIC 及类脑芯片等。

（2）机器视觉技术。相对于传统视觉技术，人工智能赋能机器视觉技术初步具备了类似人类对图像特征分级识别的视觉感知与认知机理，具有速度快、精度高、准确性高等一系列优点。从技术能力上看，其主要实现产业应用中对图像或视频内物体/场景识别、分类、定位、检测、图像分割等功能的需求，因此被广泛应用于实现视频监控、自动驾驶、车辆/人脸识别、医疗影像分析、机器人自主导航、工业自动化系统、航空及遥感测量等领域。

（3）智能语音技术。智能语音技术是一种可以实现将文本或命令与语音信号相互智能转化的技术，其主要包含语音识别与语音合成。智能语音技术因其可以实现人机语音交互、语音控制、声纹识别等功能，被广泛应用于智能音箱、语音助手等领域。

（4）自然语言处理。自然语言处理包含了多种多样的研究方向，其主要包括自然语言理解和自然语言生成。

（三）保障措施

1. 以推动核心技术攻关为目标，加大对重点技术产品研发的资金支持

（1）推动人工智能核心技术攻关。一是加强人工智能芯片、传感器、算法、平台等核心技术研发，推动 CPU、GPU、FPGA 等高端通用芯片现有成果向人工智能领域拓展，围绕图像和语音识别、自动驾驶等场景加大算法改进、芯片结构

优化研发力度。二是以关键技术为基础，以支撑解决方案打造和深化应用为目标，瞄准人工智能算法、智能芯片、智能传感器等基础领域和情绪感知、认知智能等前沿领域，制定技术创新路线图，系统推进关键核心领域攻关。三是顺应产业平台化、开源化发展趋势，总结借鉴谷歌 TensorFlow、百度 PaddlePaddle 等平台的经验做法，引导和集中行业资源，打造自主架构的深度学习平台及面向智能网联汽车等领域的人工智能开发平台、开发系统，并尽快开源。

（2）建立针对重点技术产品的资金支持体系。一是设立人工智能产业发展与应用专项资金或专项基金，重点支持人工智能基础理论及关键核心技术研发与产业化，支持重点行业典型应用示范及解决方案研发，提高全产业链发展水平和竞争能力，发挥政府引导基金布局引领作用，带动引领地方产业投资基金及社会资本的投资布局。二是针对人工智能产品研发和应用推广，部署研究制订减税降费方案。三是加强对深度学习开源平台和项目政策资金支持力度，研究制定我国人工智能深度学习开源平台发展指导意见，确定发展方向和重点任务，培育能够跻身国际主流的深度学习开源平台和项目。

2. 以深化与实体经济融合发展为目标，加强场景化应用推广和辐射引导

（1）开展示范应用揭榜评选和案例推广工作。一是支持人工智能企业、系统集成解决方案提供商和行业重点用户联合打造面向特定场景的解决方案。二是组织梳理总结制造、教育、旅游、交通、商贸、健康医疗等领域的典型应用场景，支持龙头企业与用户单位结合，开展人工智能应用示范。

（2）分析总结应用路径与经验。一是面向典型应用场景，分析其特色应用需求，结合应用示范工作，支持人工智能企业、系统集成企业和重点用户联合打造面向特定场景的解决方案，适时编制形成针对不同行业、不同业务的应用指南。二是加强对人工智能和实体经济深度融合创新项目成功经验的总结提炼，促进人工智能产业加速发展。

（3）重视人工智能在制造业领域的推广应用。一是结合智能制造试点示范，培育智能工业检测系统、智能工业设计软件等关键产品，促进人工智能技术在研发设计、生产制造、物流配送、营销及服务等制造业各环节的深度应用。二是加大重点领域生产线智能化改造力度，培育推广智能制造新模式、新业态，系统提升制造装备、制造过程、细分行业应用的智能化水平。

3. 以构建有机协同的产业生态为目标，提升服务支撑能力

（1）提升人工智能产业数据互联互通和开放共享水平。一是面向人工智能产品在制造、交通、电子商务、金融、医疗等领域的创新应用，推动建设并开放多种类型的人工智能海量训练资源库、标准测试数据集和云服务平台等。二是加速

建立人工智能标准、测评、知识产权等服务体系，形成面向人工智能主要细分领域的测评能力，消除人工智能推广应用时面临的资质、数据接口、评价标准等行业准入壁垒。

（2）布局面向人工智能的产业基础设施。一是面向人工智能共性技术建设计算平台和应用支撑平台，推进原始创新和技术应用创新。二是搭建自动驾驶汽车试验场、智能家居综合体验场等应用场景基础设施，支持相关产品的商业化尝试。三是加强移动互联网、大数据、云计算、物联网、航空系统、智能交通基础设施、储能设施、新能源汽车充电桩、智能电网等针对人工智能应用落地的基础设施建设。推动智能化信息基础设施建设，提升传统基础设施智能化水平，形成适应智能经济、智能社会需要的基础设施体系。

（3）重视发挥第三方机构在产业发展中的服务引导作用。一是支持一批服务于人工智能产业发展的行业协会、联盟、基金会等非营利机构，通过论坛、研讨、培训、授课、宣讲等多种渠道，加深企业交流合作深度，提升产业人才培养培训水平，帮助用户企业领导和技术人员拓宽视野、提升能力。二是打造技术竞合平台，为人工智能新产品、新服务的快速迭代与共同试错提供规范化的良性竞合机制，确保参与企业与行业最新前沿技术的同步，形成技术创新的良性互动格局。

4. 以营造发展环境为目标，培育多元化发展格局

（1）统筹区域产业布局。一是强化部省合作，加快打造一批特色突出、辐射带动作用明显的人工智能产业集群，推动各地区差异化发展，打造具有地方特色的“小而美”产业园区。二是培育具有重大引领带动作用的人工智能企业和产业。建立人工智能网络安全保障体系。

（2）强化人才队伍建设。一是重点针对人工智能产业发展所需要的急需紧缺人才和面向制造等重点行业的应用型人才，广泛调动社会资源，以院校、培训机构和重点企业为依托，开展职业技能培训，打造多层次人才队伍。二是加强高端专业化人才储备，加强学科建设，大力推动人工智能相关学科资源集中，形成研发和教学合力，培养人工智能领域内跨学科人才。三是鼓励高校、科研院所加大与人工智能企业及相关机构合作，打造复合化人才培养平台，注重培养兼顾人工智能基础理论、软硬件技术、市场产品及垂直领域应用的纵向跨界人才，以及兼顾人工智能与经济、社会、法律等的横向跨界人才。四是加大对国际顶级科学家和高层次人才的吸引力，充分利用现有各类人才计划，鼓励高校、科研院所和企业采用项目合作、技术咨询、交流访问等多种形式引进人工智能人才，将海外引进人才、民营企业高端人才纳入国家高端智库，在评价体系、社会荣誉等方面给予政策支持。

（3）提前研判安全风险和前沿问题。一是重视人工智能技术风险管控，加强人工智能同社会治理的结合，加强人工智能发展的潜在风险研判和防范，组织力量开展针对人工智能产业发展带来的法律、伦理和社会问题研究，推动建立保障人工智能健康发展的法律法规、制度体系、伦理道德。二是围绕群体智能、人机混合等未来发展方向，推动我国智库、学者与全球各国科学家及智库开展合作，推动人工智能技术沿着服务人类的正确方向升级。

（4）实现开放合作与安全保障之间的均衡发展。一是要统筹国内国际两个大局，提高人工智能产业的国际化发展水平，推动我国人工智能产业发展在更高层次、更宽领域和更高水平上融入全球产业分工体系。二是要建立体系化风险防范机制，始终注重维护国家经济社会安全，积极防范和应对开放带来的各种风险挑战。

十一、大数据

当前，全球大数据产业正值活跃发展期，技术演进和应用创新并行加速推进，非关系型数据库、分布式并行计算，以及机器学习、深度挖掘等新型数据存储、计算和分析关键技术应运而生并快速演进，大数据挖掘分析在电信、互联网、金融、交通、医疗等行业创造商业价值和应用价值的同时，开始向传统第一产业、第二产业传导渗透，大数据逐步成为国家基础战略资源和社会基础生产要素。与此同时，大数据安全问题逐渐暴露。大数据因其蕴藏的巨大价值和集中化的存储管理模式成为网络攻击的重点目标，大数据的勒索攻击和数据泄露问题日趋严重，全球大数据安全事件呈频发态势。相应地，大数据安全需求已经催生相关安全技术、解决方案及产品的研发和生产，但与产业发展相比，存在滞后现象。

（一）发展目标

2025 年：建立健全覆盖技术、产品和管理等方面的大数据标准体系。建立一批区域性、行业性大数据产业和应用联盟及行业组织。工业大数据应用全面支撑智能制造和工业转型升级，大数据在创新创业、政府管理和民生服务等方面广泛深入应用，技术融合、业务融合和数据融合能力显著提升，实现跨层级、跨地域、跨系统、跨部门、跨业务的协同管理和服务，形成数据驱动创新发展的新模式。2025 年我国大数据产业规模达到 31 500 亿元，2020～2025 年年均复合增长率约为 25.59%。

2035 年：创建一批大数据产业集聚区，形成若干大数据新型工业化产业示范基地。数据安全技术达到国际先进水平。国家数据安全保护体系基本建成。数据安全技术保障能力和保障体系基本满足国家战略和市场应用需求。数据安全和个人隐私保护的法规制度较为完善。

（二）发展重点

1. 技术任务

以应用为导向，突破大数据关键技术，推动产品和解决方案研发及产业化，创新技术服务模式，形成技术先进、生态完备的技术产品体系。

（1）加快大数据关键技术研发。围绕数据科学理论体系、大数据计算系统与分析、大数据应用模型等领域进行前瞻布局，加强大数据基础研究。发挥企业创新主体作用，整合产学研用资源优势联合攻关，研发大数据采集、传输、存储、管理、处理、分析、应用、可视化和安全等关键技术。突破大规模异构数据融合、集群资源调度、分布式文件系统等大数据基础技术，面向多任务的通用计算框架技术，以及流计算、图计算等计算引擎技术。支持深度学习、类脑计算、认知计算、区块链、虚拟现实等前沿技术创新，提升数据分析处理和知识发现能力。结合行业应用，研发大数据分析、理解、预测及决策支持与知识服务等智能数据应用技术。突破面向大数据的新型计算、存储、传感、通信等芯片及融合架构、内存计算、亿级并发、EB 级存储、绿色计算等技术，推动软硬件协同发展。

（2）培育安全可控的大数据产品体系。以应用为牵引，自主研发和引进吸收并重，加快形成安全可控的大数据产品体系。重点突破面向大数据应用基础设施的核心信息技术设备、信息安全产品，以及面向事务的新型关系数据库、列式数据库、NoSQL 数据库、大规模图数据库和新一代分布式计算平台等基础产品。加快研发新一代商业智能、数据挖掘、数据可视化、语义搜索等软件产品。结合数据生命周期管理需求，培育大数据采集与集成、大数据分析与挖掘、大数据交互感知、基于语义理解的数据资源管理等平台产品。面向重点行业应用需求，研发具有行业特征的大数据检索、分析、展示等技术产品，形成垂直领域成熟的大数据解决方案及服务。

（3）创新大数据技术服务模式。加快大数据服务模式创新，培育数据即服务新模式和新业态，提升大数据服务能力，降低大数据应用门槛和成本。围绕数据全生命周期各阶段需求，发展数据采集、清洗、分析、交易、安全防护等技术服务。推进大数据与云计算服务模式融合，促进海量数据、大规模分布式计算和智能数据分析等公共云计算服务发展，提升第三方大数据技术服务能力。推动大数据技术服务与行业深度结合，培育面向垂直领域的大数据服务模式。

2. 重点工程

1）大数据关键技术及产品研发与产业化工程

（1）突破技术。支持大数据共性关键技术研究，实施云计算和大数据重点专项等重大项目。着力突破服务器新型架构和绿色节能技术、海量多源异构数据的存储和管理技术、可信数据分析技术、面向大数据处理的多种计算模型及其编程框架等关键技术。

（2）打造产品。以应用为导向，支持大数据产品研发，建立完善的大数据工具型、平台型和系统型产品体系，形成面向各行业的成熟大数据解决方案，推动大数据产品和解决方案研发及产业化。

（3）树立品牌。支持我国大数据企业建设自主品牌，提升市场竞争力。引导企业加强产品质量管控，提高创新能力，鼓励企业加强战略合作。加强知识产权保护，推动自主知识产权标准产业化和国际化应用。培育一批国际知名的大数据产品和服务公司。

2）大数据服务能力提升工程

（1）培育数据即服务模式。发展数据资源服务、在线数据服务、大数据平台服务等模式，支持企业充分整合、挖掘、利用自有数据或公共数据资源，面向具体需求和行业领域，开展数据分析、数据咨询等服务，形成按需提供数据服务的新模式。

（2）支持第三方大数据服务。鼓励企业探索数据采集、数据清洗、数据交换等新商业模式，培育一批开展数据服务的新业态。支持弹性分布式计算、数据存储等基础数据处理云服务发展。加快发展面向大数据分析的在线机器学习、自然语言处理、图像理解、语音识别、空间分析、基因分析和大数据可视化等数据分析服务。开展第三方数据交易平台建设试点示范。

（三）关键技术

大数据技术主要分为大数据采集与预处理技术、大数据存储管理技术、大数据处理的核心技术、大数据分析挖掘技术、大数据可视化技术、大数据安全技术六大部分。

1. 大数据采集与预处理技术

数据采集技术指从传感器和其他待测设备等模拟和数字被测单元中自动采集非电量或者电量信号，送到上位机中进行分析、处理的过程。数据采集技术可分为以下三大类。

（1）系统日志采集方法：通过智能硬件、传感器、社交网络等数据载体的日常运维进行数据资源的采集，大部分数据企业都拥有自己的采集工具，如 Hadoop 的 Chukwa、Cloudera 的 Flume、Facebook 的 Scribe 等，这些工具均采用分布式架构，能满足每秒数百 MB 的日志数据采集和传输需求。

（2）网络数据采集方法：通过网络爬虫或网站公开 API 等方式从网站上获取数据信息。该方法可以将非结构化数据从网页中抽取出来，将其存储为统一的本地数据文件，并以结构化的方式存储。它支持图片、音频、视频等文件或附件的采集，并支持文件之间的自动关联。除了网络中包含的内容之外，对于网络流量的采集可以使用 DPI（deep packet inspection，深度包检测技术）或 DFI（deep flow inspection，深度流检测技术）等带宽管理技术进行处理。

（3）其他数据采集方法：其他数据包括企业生产经营数据或学科研究数据等保密性要求较高的数据，可以通过与企业或研究机构合作，使用特定系统接口等相关方式采集数据。

大数据预处理技术，主要完成对已接收数据的辨析、抽取、清洗等操作。数据抽取：因获取的数据可能具有多种结构和类型，数据抽取过程可以将这些复杂的数据转化为单一的或者便于处理的类型，以达到快速分析处理的目的。数据清洗：大数据并不全是有价值的，对于无价值的数据或干扰数据，需要通过过滤“去噪”进而提取出有效数据。

2. 大数据存储管理技术

数据的海量化和快增长特征是大数据对存储技术提出的首要挑战。这要求底层硬件架构和文件系统在性价比上要大大高于传统技术，并能够弹性扩展存储容量。但以往网络附着存储（network attached storage，NAS）系统和存储区域网络（storage area network，SAN）等体系，存储和计算的物理设备分离，它们之间要通过网络接口连接，这导致在进行数据密集型计算（data intensive computing）时 I/O（input/output，输入/输出）容易成为瓶颈。同时，传统的单机文件系统［如 NTFS（new technology file system，新技术文件系统）］和网络文件系统要求一个文件系统的数据必须存储在一台物理机器上，且不提供数据冗余性，可扩展性、容错能力和并发读写能力难以满足大数据需求。

谷歌文件系统（Google file system，GFS）和 Hadoop 的分布式文件系统 HDFS（Hadoop distributed file system）奠定了大数据存储技术的基础。与传统系统相比，GFS/HDFS 将计算和存储节点在物理上结合在一起，从而避免在数据密集计算中易形成 I/O 吞吐量的制约，同时这类分布式存储系统的文件系统也采用了分布式架构，能达到较高的并发访问能力。

3. 大数据处理的核心技术

其实人们一直面临着数据处理中很核心的问题，那就是性能问题。性能不好的技术和产品是没有生命力的。数据处理性能问题不是因为大数据才出现的，也不会因为有了大数据技术而消失。处理性能的提升将促进对数据价值的挖掘和使用，而数据价值挖掘得越多、越深入，对处理技术要求就越高。

目前的数据仓库只能满足一些静态统计需求，而且是 T+1 模式；也是因为性能问题，运营商无法有效构造超过 PB 级别的大数据仓库，无法提供即席查询、自助分析、复杂模型迭代分析的能力，更无法让大量一线人员使用数据分析手段。

今天如果做“大数据”数据仓库，运营商面临的挑战比上个 10 年要大得多。目前没有单一技术和平台能够满足类似运营商的数据分析需求。可选的方案只能是混搭架构，用不同的分布式技术来支撑一个超越 PB 级的数据仓库系统。这个混搭架构的核心是新一代的 MPP（massively parallel processing，大规模并行处理）并行数据库集群+Hadoop 集群，再加上一些内存计算甚至流计算技术等。

大数据需要多元化的技术来支撑。当前数据处理对企业的挑战越来越大，主要是下面几个原因。

第一个原因是数据量已经超越上一代至少一个数量级了，1 个省份级运营商 1 年就可超越 1PB 结构化数据。

第二个原因是“大数据”关注的更多是用户行为、群体趋势、事件之间的相关性等，而不仅仅是过去的 KPI（key performance indicator，关键绩效指标法），这就对数据分析平台对数据的分析能力和性能提出了新的要求和挑战。

4. 大数据分析挖掘技术

在人类全部数字化数据中，仅有非常小的一部分（约占总数据量的 1%）数值型数据得到了深入分析和挖掘（如回归、分类、聚类），大型互联网企业对网页索引、社交数据等半结构化数据进行了浅层分析（如排序）。占总量近 60%的语音、图片、视频等非结构化数据还难以进行有效的分析。

大数据分析技术的发展需要在两个方面取得突破：一是对体量庞大的结构化和半结构化数据进行高效率的深度分析，挖掘隐性知识，如从自然语言构成的文本网页中理解和识别语义、情感、意图等；二是对非结构化数据进行分析，将海量复杂多源的语音、图像和视频数据转化为机器可识别的、具有明确语义的信息，进而从中提取有用的知识。

5. 大数据可视化技术

大数据可视化是一个处于不断演变之中的概念，其边界在不断扩大。其主要指的是较为高级的技术方法，而这些技术方法允许利用图形、图像处理、计算机视觉及用户界面，通过表达、建模和对立体、表面、属性及动画的显示，对数据加以可视化解释。与立体建模之类的特殊技术方法相比，数据可视化所涵盖的技术方法要广泛得多。

大数据可视化技术主要是利用计算机图形学和图像处理技术，将数据转换成图形或图像在屏幕上显示出来，并进行交互处理的理论、方法和技术等。它涉及计算机图形学、图像处理、计算机视觉、计算机辅助设计等多个领域，成为研究数据表示、数据处理、决策分析等一系列问题的综合技术。

6. 大数据安全技术

大数据安全是个很宽泛的领域，可以包括：大数据系统的安全，数据本身的安全（加密）及隐私保护，大数据应用带来的安全和隐私问题，以及大数据技术应用于安全领域。以 Hadoop 为代表的大数据系统早期主要处理公开领域的 Web 数据，因此并没有在安全上着力，但近年来有了长足的进展，逐步加入了用户和服务鉴权（基于 Kerberos），加入 HDFS 文件权限，对数据块的权限控制，对任务的授权，对网络上流动数据的加密及 DataNode 内静态数据的加密等。Intel 的 Project Rhino 做了很多有益的尝试。

数据安全首先是静态数据的安全，主要是访问权限控制。其次是动态数据的安全，主要是加密和动态审计能力。目前动态审计能力主要还是在企业内，表现为数据泄露防护（data leakage prevention）技术，对重要数据进行分级、标识，实现跨平台（端点、移动设备、网络和存储系统）的统一管理。

现在的主流大数据使用安全技术包括：基于同态加密、支持 SQL（structured query language，结构化查询语言）的加密数据库，基于加密协议的多方安全计算，基于可信计算环境的多方安全计算，基于隐私保护的机器学习算法等。

（四）保障措施

1. 分层次推进大数据治理体系建设

建立健全数据相关制度体系，组织开展数据共享、开放、交易、安全等方面的细则研究工作及相关的专项检查和治理，推动制定数据资源确权、开放、流通、交易相关制度。建立标准规范体系，包括政府数据标准体系、大数据市场交易标准体系等，明确交易规则，制定定价标准，规范数据利用和交易。完善大数据第三方监管平台建设，建立数据交易机构资质审核和准入机制，加强事前准入、事中监测和事后处置等监管机制和手段，大力发展数据评估、数据估值和数据交易审计等第三方服务。建立数据流通负面清单制度，规范数据流通行业，禁止危害国家安全、泄漏个人信息及企业商业秘密的数据的流通。

2. 全方位提升工业大数据服务能力

建立工业大数据标准体系，围绕大数据在工业产品研发设计、生产制造、物流、销售、维保服务等全生命周期的应用进行相关标准及技术框架研制。支持骨干企业及行业协会组织积极参与标准制定，并率先探索工业大数据标准应用。推进高端设备读写自由研究，实现工业软件、物联设备的自主可控，促进设备数据融合流通。建设工业大数据平台，联合国内领先工业系统及解决方案企业、信息技术企业和工业生产企业，共同开放能够实现底层设备数据集成、计算处理和分析的新型工业大数据平台，支持第三方开发工业大数据分析应用。支持企业探索工业大数据应用和服务模式，建立试点间企业互联互通的数据融合系统网络，逐步扩大影响范围，为广泛培育数据驱动型企业提供实践经验。

3. 打造监管防三位一体安全综合体系

强化数据法律的建设，明确数据采集、传输、存储、使用、开放等各环节的范围边界、责任主体和具体要求，在法律法规层面强调数据的资产地位。对企业的个人信息开发利用、数据外包服务的使用、数据共享合作等行为加强安全监管。制定大数据共享交换和开放目录，为数据融合、交易安全、共享开放提供技术依据。加强安全技术防护机制，在真实性基础上，通过一体化管控约束、规范、监控用户行为，利用多级别容侵技术实现对网络攻击的高抵抗能力，建立集监、管、防为一体的纵深防御体系。鼓励在涉及国家安全和稳定的应用场景下采用安全可控产品，提升基础设施关键设备自主可控水平。建立网络安全监测机制，对网络攻击、网络病毒、网络中断事故等重大安全事件进行全方位监测、精准化分析和智能化预警。

4. 加速推进大数据技术产品创新

推进产学研用协同攻关，加强大数据分析关键算法和共性基础技术研发，重点加强大规模数据仓库、非关系型数据库、数据存储、数据清洗、数据分析挖掘、数据可视化、自主可控信息安全与大数据条件下隐私保护等核心技术研发创新。鼓励企业以开源模式和开放社区资源为基础开展技术产品研发，重点突破同态加密、差分隐私、多方安全计算、零知识证明技术等关键技术和产品。围绕重点领域大数据应用，突破基于纵向行业数据的价值挖掘理论和算法，开展大数据应用模型、深度学习、类脑计算、认知计算、区块链、虚拟现实等技术和产品创新。加速推进科研成果转化，大力发展以应用需求为牵引的跨学科、跨领域交叉融合技术研究，汇聚多方资源共同加快大数据前沿技术产业化进程。

5. 构建大数据人才培养体系

鼓励大数据企业、研究机构和高等院校合作开展数据科学和大数据专业学历教育，针对大数据产业发展需求，培养大数据系统架构师、分析师及数据分析师、数据挖掘工程师等专业人才和大数据领域高层次创新人才。加大大数据尖端人才引进力度，鼓励海外跨行业、复合型高端人才回国就业创业。共建实习实训基地，发展订单式、现代学徒制等专业化人才培养模式，有针对性地培养实用型、技能型人才，提升技术人员的综合数据处理能力。积极拓展企业家培训平台，依托国际国内知名学府、知名跨国公司和其他培训机构，进一步加强对本土科技型企业家的培育和培训，培育一批高素质的大数据人才和跨界复合型领导人才。

第二节　生物产业发展重点及路径（2035）

一、生物医药产业技术预见及产业发展路径

（一）发展新型疫苗和改造传统疫苗

我国为世界上疫苗使用量最大的国家，目前我国仍然大量使用 50 年前甚至更早研发的疫苗，因此发展新型疫苗和改造传统疫苗是必然的趋势。中国疫苗国家监管体系通过 WHO（World Health Organization，世界卫生组织）评估是中国疫苗走向世界的前提，与 WHO 等国际监管部门的合作十分重要。与生物技术质量评价和标准制修订有关的 WHO 生物制品评价和标准化合作中心开展合作，将助力中国疫苗走向国际。

（二）抗体药物和蛋白质药物等生物技术药物的产业化

在恶性肿瘤、心脑血管疾病、神经退行性疾病、糖尿病、自身免疫性疾病等发病率居高不下的大背景下，生物技术药物已经成为全世界药品增长最快的药物，全球范围生物医药高速发展的驱动力主要来自生物制药技术的快速发展，以抗体、细胞治疗、基因治疗为代表的生物技术药物的安全性、有效性逐步得到病患广泛认可。

（三）重大疾病诊断和检测技术的研究与产品开发

SARS（severe acute respiratory syndrome，严重急性呼吸综合征）、禽流感、结核病、艾滋病及甲型 H1N1 流感等疾病的暴发流行，将会促进诊断技术及相关产业的发展。

（四）基因治疗、细胞治疗等生物治疗技术

基因治疗和细胞治疗技术的研发是近几年全球范围内最火热的领域，目前我国有 6 项干细胞治疗产品在开展不同阶段的临床试验，核酸药物研发与世界保持同步。

（五）再生医学技术的研究与应用

我国因创伤、疾病、遗传、衰老等因素造成器官缺失的人员很多，再生治疗和康复存在巨大的市场空间，预计可培育 500 亿元规模的市场。

（六）脑机接口

脑机接口是神经工程技术生物医学工程学科的重要研究方向和医疗器械产品的关键核心技术，它涉及脑科学与行为学、电生理学和神经生理学、信号与信息处理、混合人工智能、仿生学机器人与自动化等理论和技术，可以广泛地在医疗器械、康复器械、能力增强、穿戴机器人等领域进行产业化应用。

二、生物制造产业技术预见及产业发展路径

（一）先进生物燃料

1. 下一代生物燃料

丁醇为代表的 C3-C8 长度的短链醇，可作为生物燃料替代乙醇，具有更好的燃烧性能。生物途径可生产法尼醇等支链醇及法尼烯等支链烯类作为航空燃料的前体。设计用于生产碳氢化合物的新酶和新途径，开发从代谢中间体生产液体运输燃料的有效途径，构建在不同底盘细胞中进行植物源长链烃类的合成途径，脂肪酸酯的合成，脂肪醇、脂肪烃的合成及光合微生物生产油类燃料、氢气等生物

制造技术。

2. 一碳原料生产运输燃料

碳一化合物是重要的化工原料，来源广泛、价格低廉，将其转化为运输燃料已成为当前国际研究热点并受到各国政府广泛重视。开发 CO_2、CO、CH_4 有机一碳原料的利用途径，突破其生物转化的物质与能量利用瓶颈；设计能够将 CO_2 和电子源转化为液体燃料的微生物；开发新型工具，实现 CO_2 固定器中碳浓度/固定途径的工程设计，实现由一碳原料出发，生产各种燃料化学品的生物制造。

3. 电能微生物构建与利用技术

以电能细胞为主导的微生物电催化系统（微生物产电、微生物电合成、微生物非平衡电发酵等），作为一种新型的绿色新能源生产方式正崭露头角。研究电能细胞还原力、代谢调控和电子定向传递的系统作用机制，提出和验证高效电能利用细胞的设计和构建原理；实现一体化电能高效固碳，突破电能转换成生物还原力的科技瓶颈问题，创造高效生物能量利用形式。实现电能细胞的构建与生物电的高效转化。

（二）可再生材料与高价值化学品的生物合成

利用丰富的生物质原料，发展模块化系统（如酶、群落和无细胞系统），通过定制酶和途径的快速设计，利用不同生物质原料生产可再生材料及高价值化学品，对现有宿主和微生物群落进行工程学改造，使之能够快速适应并高产率、高浓度地生产目标产品，并建立以可再生材料与高价值生物基化学品生物制造为核心的工业生物技术体系和产品体系。设计能够生产新型产品和材料的非天然途径；建立更迅速、更彻底地降解生物质原料和工艺副产品关键酶的工程改造技术；开发丰富的基因组数据库并设计能够在极端条件下具有活性的生物合成途径，实现可再生材料与高价值化学品的高效生物合成。

（三）蛋白类产品人工合成

蛋白质是人体与动物的必要营养组成成分，类丝蛋白作为新型材料单体，可用于制造特种材料。目前材料蛋白和未来食品蛋白等特种蛋白人工合成研究是全球热点和新兴战略产业。实现蛋白类产品人工合成需突破细胞来源、细胞高效增殖分化、低成本细胞高密度悬浮培养等动物细胞培养肉大规模制备中的关键瓶颈；构建适合类丝蛋白和牛奶蛋白等特定蛋白表达生产系统，建立类丝蛋白等特性材料的加工工艺。

（四）低劣生物质利用

我国有着丰富的低劣生物质资源，如秸秆、粪便、城市生活垃圾、生活废水等，大部分均未得到有效处理而直接排放，严重污染环境，造成病菌和病毒蔓延。实现低劣生物质的高效利用，需建立针对生物难以直接转化的低劣生物质的预处理技术体系；开发用于编辑可利用低劣生物质微生物染色体的工具、方法；提高改造微生物对噬菌体、毒素的耐受能力；设计能够将低劣生物质中的有机物转化为碳氢或其他高值化合物的酶。

（五）废弃塑料生物降解

针对严重困扰我国的塑料污染问题，通过利用微生物作用，解聚高分子塑料，并进入循环利用或降解体系。开展塑料解聚微生物资源挖掘、塑料解聚动力学及机理、绿色解决工艺应用研究，建立高分子塑料的生物解聚技术和工业应用工艺，推进建立工业应用示范。

目前 PET（polyethylene terephthalate，聚对苯二甲酸乙二酯）类塑料的生物降解技术已经相对成熟，然而对于废塑料中其他类型的难降解塑料［如 PE/PS（polyethylene/polystyrene，聚乙烯/聚苯乙烯）、PUR（polyurethane，聚氨酯）等］仍需开展新型微生物筛选、关键元件挖掘、降解机制解析及高值化利用等原创性工作。通过对不同塑料的生物降解研究进展分析发现，目前废塑料降解及高值化利用仍然存在诸多亟待解决的技术瓶颈。因此，主要任务如下。

（1）解析塑料降解机制，构建塑料降解元件。塑料降解元件匮乏、降解机制不明晰。尽管针对不同塑料开展了相关降解性微生物资源和酶元件的挖掘工作，但目前仅获得了 PET 的高效降解元件。针对 PUR 类塑料，已报道的降解微生物和降解酶多数仅对聚酯型 PUR 具有催化活性，但聚醚型 PUR 的生物降解尚无报道。由于聚酯型和聚醚型 PUR 化学结构中都存在酰胺键，若能挖掘新型的酰胺酶降解元件，则有望实现聚酯型与聚醚型 PUR 类塑料的同步生物降解。尤其是针对废塑料中占最大比例的聚烯烃类塑料，虽然获得了具有较微弱降解能力的菌株，但其降解机制与关键元件尚不明晰。PE/PS 类塑料主链化学构成为烷基碳，碳碳键惰性强、反应能垒高，导致其难以断裂；亟须解析惰性碳碳键的活化机理及降解机制，开发降解元件库。

（2）提高塑料降解体系效率、稳定性。塑料降解体系效率低、稳定性差。由于废塑料种类复杂、性质稳定，单一微生物/酶对其降解能力较差，需要菌群协作或多酶体系来实现塑料的有效降解。因而，亟须在获得各种塑料降解微生物或降解元件的基础上，基于合成生物学技术，设计构建稳定的混菌体系、多酶复合体；针对不同类型的塑料，定向调控混菌、多酶体系的构成，提高废塑料的降解效率。

（3）建立塑料降解产物高效分离体系。塑料降解产物复杂、难以高效利用。由于混合塑料的生物降解物结构复杂、单体种类多，很难直接进行高值化利用；另外，降解产物中的有毒物质对降解体系也有不利影响。因此，亟须建立塑料降解物高效分离纯化技术体系，完善塑料降解产物中小分子醇、酸类物质高选择性分离回收方法，选择性在线移除体系中二胺类有害物质，获得满足不同生产需求的化学品，最终实现塑料降解产物的低成本高效利用。

（六）以 CO_2 为原料的生物合成

针对我国经济、社会和环境协调发展的重大需求，我国应当大力发展气态碳氧化物资源的生物转化技术，打通从气态碳氧化物到精细化学品、基础化工产品、材料和燃料的生产路线，实现对气态碳氧化物中碳资源的高效捕获和利用。

重点任务包括：①开展碳固定和转化中的分子机器、固碳生化途径的原子和能量转换效率、光驱动生物转化、电驱动生物转化、氢驱动生物转化、生物-化学耦联转化等基础研究，开发能够高效进行碳固定和转化的生物催化剂；②突破气液双相生物发酵技术、高密度催化剂技术、生物催化重整技术、纳米生物催化技术、高压生物反应器技术、连续生物转化-分离耦合技术等关键技术，提高气体生物转化效率；③建立气态碳氧化物生物合成高值精细化学品、PBS（poly(butylene succinate)，聚丁二酸丁二醇酯）和 PLA（poly(lactic acid)，聚乳酸）等生物材料，以及乙醇和航空燃油等生物燃料的示范线或商业化装置，从源头创建碳足迹显著降低的新型产业链。

第三节　高端装备制造产业发展重点及路径（2035）

一、空天海装备产业

（一）航空装备

1. 发展思路

学科融合推动的技术集成将是主要发展方向；信息化将是航空装备先进程度

的标志，并将逐步向智能化发展，信息化与智能化发展是航空装备的重要发展方向；无人机将成为未来航空装备发展的重点和热点。

应立足国内航空型号密集立项、批产型号加速状态下对航空装备的迫切需求，突破航空装备中航空机载系统、飞行控制、结构/材料/制造、性能测试与验证装备、元器件、CAE/CAD 软件、通信导航、燃油/液压、电源系统等系列关键技术，以重点装备发展为主线，重点发展军用战斗机、大型运输机、大型客机、军用无人机等主流装备，兼顾小型低成本航空装备。支持一批有基础的行业创新企业、鼓励自主创新、培育行业领头羊企业。以航空高端装备的高附加值，吸引上游配套企业研发高端精密零部件，打通航空装备上游产业。建立航空主机厂和航空装备厂商的联动机制。在新型号立项和原有型号批产上加大装备投入支持，鼓励原有生产线的技术升级，培育航空装备的市场需求。攻克一批能够起到示范带动作用的重大“卡脖子”技术与装备，全面满足我国航空装备自主可控发展的需求。

2. 战略目标

航空装备产业是知识密集型产业，需要多个领域协同攻关，只有这样才能产生较好的效果。同时航空产业的发展也会对其相关产业形成强有力的牵引和带动作用，进而促进国民经济的快速健康发展。

应围绕我国航空型号的发展需求，“抓重点、补短板、强基础”，通过自主创新，突破系列航空装备关键技术，实现满足我国航空型号发展需求的系列产品，形成自主可控能力。着力攻克一批能够起到示范带动作用的重大“卡脖子”技术与装备，完成航空装备技术由“跟跑”、“并跑”到“领跑”的跨越，不仅满足我国航空型号的需求，同时也成为世界航空装备市场中的重要竞争力量。

建议国家层面统筹技术领域，资源倾斜，补齐短板，构建我国自主可控的 CAE/CAD 等仿真软件体系，加快人才培养，助力我国航空装备产业均衡、快速发展。

3. 发展路线图

图 4-1 为航空装备发展路线图。

（二）航天装备

1. 发展思路

遥感应用直接面向大众，空间信息服务开始步入千家万户，促进空间信息产业链的形成与发展；通信卫星朝宽带大容量、功能综合、天地融合等方向发展；商业航天成为构建空间基础设施的新兴力量。

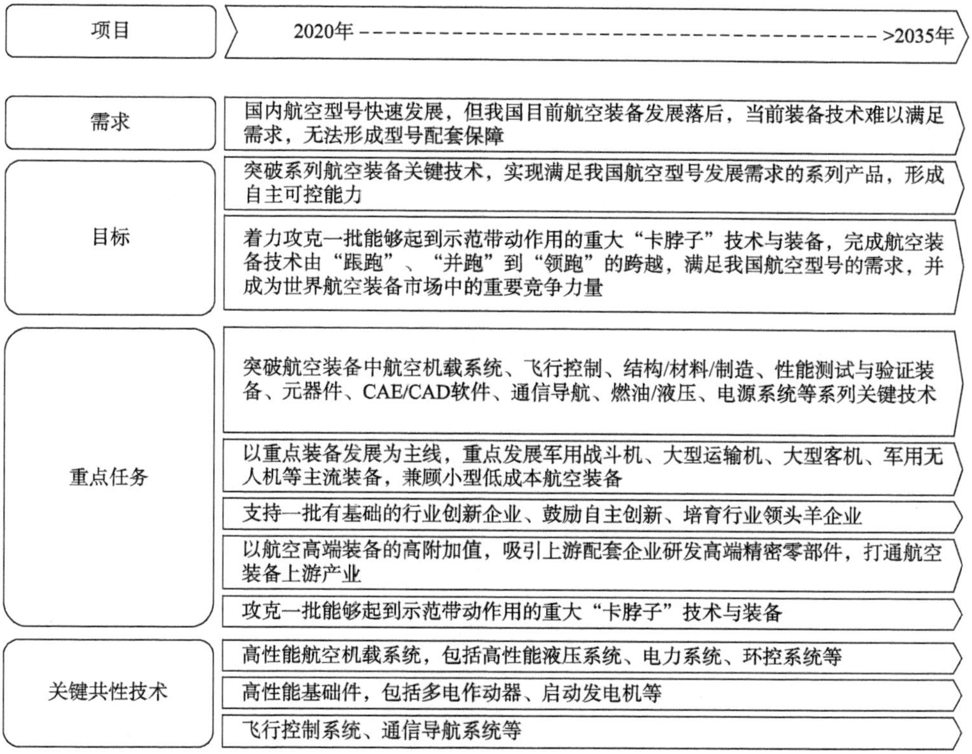

图 4-1　航空装备发展路线图

航天装备应立足国内登月、火星探测、卫星导航通信等航天任务的需要，解决核心航天装备的关键原材料、元器件、制造技术、制造装备等方面的“卡脖子”问题；强化技术与装备创新，注重前沿创新、原始创新；加强基础工艺研究及批产制造能力；推动内部产业结构和组织模式变革，鼓励民用航天技术的发展。全面满足我国航天任务快速发展的需求。

2. 战略目标

围绕航天战略发展需要，实现航天发射、卫星、空间探测等多方面技术的发展，建设全域感知、全球覆盖的卫星遥感系统，建设陆地、海洋、大气系列卫星，逐步形成高中低空间分辨率合理配置、多种观测手段优化组合的综合高效全球观测能力，建设随遇接入、高速互联的卫星通信系统，面向市场与行业应用，积极开发利用轨位和频率资源，服务宽带中国和全球化战略，推进国际传播能力建设。建设全球连接、按需服务的卫星导航授时系统，完成北斗全球卫星导航系统组网建设，实现区域向全球系统平稳过渡，我国卫星导航系统整体性能达到世界一流水平；促进空间科学取得原创性成果，研究发生在地球、日地空间、太阳系乃至整个宇宙的物理、化学和生命等自然现象及其规律的科学。着力发展卫星应用产业，建立民商衔接的空间信息服务体系。提高我国航天强国的地位，确保未来我国太空领域的安全。

3. 发展路线图

图 4-2 为航天装备发展路线图。

项目	2020年 -- >2035年
需求	目前航天进入一个蓬勃发展的时期，新一代的卫星通信、遥感定位，火星等深空探测，对航天装备提出了迫切的需求
目标	建设全域感知、全球覆盖的卫星遥感系统，逐步形成高中低空间分辨率合理配置、多种观测手段优化组合的综合高效全球观测能力，建设随遇接入、高速互联的卫星通信系统，面向市场与行业应用，积极开发利用轨位和频率资源，服务宽带中国和全球化战略
	建设全球连接、按需服务的卫星导航授时系统，完成北斗全球卫星导航系统组网建设，实现区域向全球系统平稳过渡，我国卫星导航系统整体性能达到世界一流水平
	促进空间科学取得原创性成果，研究发生在地球、日地空间、太阳系乃至整个宇宙的物理、化学和生命等自然现象及其规律的科学
重点任务	全域感知、全球覆盖的卫星遥感系统
	北斗全球卫星导航系统组网建设
	火星探测等太空探测项目
	登月等载人航天任务
	地球、日地空间、太阳系乃至整个宇宙的空间科学探索任务
关键共性技术	大负载火箭推进技术
	高精度卫星定位导航技术
	载人航天技术

图 4-2　航天装备发展路线图

（三）海工装备

1. 发展思路

海洋工程装备制造业是我国战略性新兴产业的重要组成部分和高端装备制造业的重点方向，是国家实施海洋强国战略的重要基础和支撑。当前，海洋工程装备市场需求持续低迷，全球海洋工程装备制造业遭受严重冲击。“十三五”期间，我国海洋工程装备技术积累仍不够，在原创性设计、大功率发电机组、大功率变频电机、舵桨装置、大型锚机、深水起重装备、动力定位控制、传感器、液压元器件、通信导航仪器设备、Z 向高强度钢等方面仍依赖进口。

我国面向 2035 的海洋工程装备发展思路为：以支撑海洋强国建设作为战略目标，针对发展海洋经济、开发深远海资源及维护国家海洋权益的战略需求，重点发展海洋环境立体观测技术与装备、海底资源勘查与开发、海洋生物资源勘查与开发、海水和海洋能资源综合利用、海洋环境安全保障、海洋开发装备六个子领域的重大关键技术。

2. 战略目标

基于目前海洋领域工程科技发展仍然不成熟的现状及 2035 年世界海洋经济基本达到成熟的预见，提出“具备自主海洋装备研发能力、增强海洋资源开发能力、建立海洋安全和战略利益的技术保障体系”三位一体的工程科技任务，实现我国走进海洋的工程跨越。

战略发展构架为：①大力发展具有自主知识产权的海洋装备，提高海洋技术自主创新能力；②建立以“信息化、服务化、智能化”为主要特征，面向服务的海洋综合管理服务保障系统（智慧海洋），为海洋经济发展、国家海洋安全和海洋生态环境保护提供服务，同时逐步实现海洋信息服务的产业化；③发展海洋经济，在海底资源、海洋生物资源，以及海水和海洋能资源等方面形成全方位的勘查和开发能力，形成蓝色经济的支柱产业；④充分发挥国家战略牵引、集中力量办大事的优势，同时发挥市场力量和企业创新主体作用、统筹规划，开展海洋工程科技攻关，实现海洋探索利用技术的弯道超车和新跨越，使海洋新经济发展成为未来经济的重要支柱。

总体目标为：海洋装备技术基本自主化，初步建成具有全球海洋环境智能监测能力和经略海洋能力的全球海洋环境安全保障网络体系；获得合理的海洋空间资源，海底矿产能源和海洋生物资源的勘查与开发能力覆盖深海及远洋，海水和海洋能资源综合利用初步形成产业化规模，海洋经济和产业规模大幅提升。

3. 发展路线图

图 4-3 为海工装备发展路线图。

二、智能制造装备产业

（一）发展思路

面对国际发展局势变化及国内产业发展要求，保障国家重大工程需要的制造装备产业发展的安全、自主、可控。以国家目标和产业发展需求为导向，通过全面深化改革不断加长体制机制短板，在高档数控机床等面临市场化机制失灵的竞

项目	2020年 -- >2035年
需求	中共十八大报告明确指出，应“提高海洋资源开发能力，发展海洋经济”“建设海洋强国”①。我国经济面临转型挑战、结构调整的时候，仍未充分开发的海洋资源将成为未来我国经济发展的新增长点
目标	海洋装备技术基本自主化，初步建成全球海洋环境智能监测能力和全球海洋环境安全保障网络体系。提高高端产品国际竞争力，掌握深海油气资源开发装备的先进技术；步入海洋工程装备制造先进国家行列
重点任务	建立海洋立体观测系统和全球海洋保障快速响应体系
	构建深海资源产业化发展体系
	研发海洋资源开发及保障装备系统，构建海工装备自主研发、生产、装备体系
关键共性技术	海洋数值建模科学与技术
	深海空间探测与作业技术
	可规模化应用的海水淡化技术与装备

图 4-3　海工装备发展路线图

争方面，发挥市场带动作用和政府牵引作用，充分保护和利用我国巨大的需求，高效率配置资源，解决重大技术装备“卡脖子”问题，以市场需求支持和带动智能制造装备产业链安全和健康发展。围绕智能制造装备产业，实施产业基础再造工程，做好顶层设计，明确工程重点、分类组织实施，增强自主能力。完善国家创新体系建设，加大高端装备制造产业前沿技术领域布局，重视新兴交叉前沿领域的国家战略空白，解决未来“卡脖子”问题。推动企业成为技术创新的主体，打造龙头牵引上下游密切协同的产业集群，推动相关技术的国际标准体系建设，提升产业国际竞争力，增强产业引领能力。全面提升国际合作水平和人才配套体系建设，解决长期发展的人才和国际环境问题。

（二）发展重点

（1）彻底解决数控机床所需的国产高档数控系统与国产关键功能部件的批量化配套问题，确保我国重大技术装备产业链安全。

（2）在宇航及深空探测制造装备方面，重点突破航天、飞航武器大型构件和复杂构件大批量精密制造装备的国产化问题，支撑我国航天产业发展。

（3）在大型飞机及航空发动制造装备方面，重点突破大尺寸机翼、机身，以及发动机短舱、机匣、叶片、涡轮轴、叶盘等典型部件的国产化制造装备产业化

① 参见 2012 年 11 月 18 日《人民日报》第 1 版文章：《坚定不移沿着中国特色社会主义道路前进 为全面建成小康社会而奋斗》。

成熟配套问题，解决进口依赖问题，支撑我国大飞机与航空发动机产业发展。

（4）在新型舰船及深海探测等海工关键装备制造方面，重点突破大型船用螺旋桨推进器整体加工装备、深海工作站极端制造装备等的国产化问题，支撑国家海工装备产业发展。

（5）在新能源汽车与轨道交通等国民经济优势产业领域，重点突破变速箱、轮对等关键零组件生产线的国产成套加工装备批量配套及智能化水平。

（6）面向国防、信息技术等领域急需，重点解决我国超精密机床所需的功能部件国产化问题，形成我国超精密机床制造能力。

（三）发展路径

一是研发一批我国“空天海”及国防军工领域急需的重要制造装备，开发一批国产新一代信息电子制造装备，包括用于芯片制造的光刻机等设备，解决高档数控系统、关键功能部件及高档数控机床的“卡脖子”问题。

二是围绕“空天海”装备如重型运载火箭、卫星、大飞机、海工等产业领域提升制造装备能力的需求，开展国产数控系统、国产功能部件及国产数控机床配套的规模化验证，在关键核心技术装备及数控系统上坚持以自主创新为主。到2025年，核心功能部件和中低端数控系统基本国内供应，国产高档数控机床基本满足航空航天海工、国防军工及新能源汽车领域的主要需求。

三是开展各工业领域的工作母机、生产线的数字化、网络化与智能化改造，提升工作母机的智能化水平。同时构建由国产高档数控机床为主的成套成组装备组成的数字化、网络化、智能化生产线和工厂行业级解决方案，形成完善的产业配套能力。

三、民生装备产业发展重点与发展路径

（一）农业装备产业

1. 发展重点

围绕创新驱动发展、乡村振兴、制造强国、科技强国和农业强国等国家战略，瞄准保障农业三大安全（农业产业安全、粮食安全和农产品质量安全）、农业农村现代化重大需求，以农业装备高效化、智能化、网联化、绿色化发展为导向，以提升自主创新能力和产业核心竞争力为总目标，构建以企业为主体、以市场为导向、产学研用深度融合的产业技术创新体系，构建信息感知、智能决策、智能控

制、精细作业、智能管理、智慧服务的全链条智能技术、装备与服务体系，走出一条中国特色农业机械化、智能化发展道路，掌握关键核心技术主导权，发展自主可控农业装备产业。

一是产业基础技术创新。针对土壤、动植物、环境和机器互作机理、路径、工艺，以及机械化、智能化、绿色化实现的方法、技术、模式等科学技术问题，研究不同农业生产特点、不同规模、种植制度条件下的大田及设施种养加高效作业高效化、绿色化、标准化、机械化生产工艺技术、作业装备、系统模式；研究新型底盘平台、高效驱动传动，以及耕种收作业等关键零部件高性能材料、智能设计制造、试验验证等技术，构建高效农业生产技术和装备系统。

二是战略前沿技术创新。围绕新一代人工智能、生物智造、物联网、基因组学、合成生物学等技术发展及引发的未来生产方式、生产模式和动植物品种重大变革，研究智能传感、机器决策、人机物交互、边缘协同、环境建构、靶向定位、跨媒体数据融合、智慧管理等技术，开发动植物生命、对象与环境传感、工况及作业质量传感控制系统，以及协同、集群自主作业系统，研发机器人作业装备、生物智造设备及面向新型作物品种、空天及深海农业新业态的新型作业装备等，发展未来农业生产技术。

三是高效智能生产技术装备创新。针对人口规模持续增长、结构变动对食物供给的挑战，要持续不断提高农业产出能力和水平，推进种养加更加高效化、智能化生产，研发种苗高效繁育、多功能耕整地、高速精准栽植、精密施肥播种、精量变量施药、高效节水灌溉，以及籽实和秸秆高效智能收获等智能作业装备，研发高效节能设施、环境调控、个体精量饲喂、畜产品采集等智能养殖设备，研发农产品绿色杀菌、高效干燥、智能分选分级、精量包装、品质监测、生产溯源等智能加工装备，构建信息感知、智能决策、智能控制、精细作业、智能管理、智慧服务的全链条智能技术及装备体系与生产整体解决方案。

四是农业生产绿色技术装备创新。绿色技术是降低消耗、减少污染、改善生态，促进生态文明建设、实现人与自然和谐共生的新兴技术，已成为现代农业的重要新兴领域。面对资源、环境约束、气候变化等重大挑战，以及山水林田湖草一体化、农业农村绿色发展需求，推进保护性耕作、水肥药减量施用、电动及氢能等清洁能源农机、农业废弃物综合利用等技术装备创新及提升，以及农田绿色保护、农林生态修复、农村环境治理、农业防灾减灾与应急生产装备等研发与应用，提升农业生产突发性重大旱涝、冰冻等气象灾害，病虫害、生物入侵等生物灾害防控能力和安全生产水平，构建可持续发展的种养绿色生态系统。

2. 发展路径

一是战略引领，走中国特色农业机械化、智能化发展道路。围绕保障粮食安全，实现乡村振兴，以加快推进农业机械化和农机装备产业转型升级为主线，坚持机械化、自动化、智能化并联发展，全程、全面机械化同步推进。要立足国情，站在全球视野的高度，在共性基础技术方面争取国内外合作研发，同时以自主创新与引进、消化、吸收、再创新相结合，紧跟技术前沿；关键核心技术及系统上坚持以自主创新为主的研发，掌握技术发展主动权；重大装备创制对标世界一流，坚持中国特色、中国标准、中国制造，构建关键核心部件与整机协同发展能力，提升产业链现代化水平，掌握全球产业竞争主动权。

二是创新驱动，系统部署新一代智能农业装备科技创新。集聚行业优势科技资源，打造成为具备国际一流研究条件、创新人才、创新水平、治理能力的农业装备国家重大创新基地，培育战略科技力量，形成基础前沿、关键共性及重大战略装备自主创新能力。统筹从应用基础到应用示范的创新链，研发、设计、制造到服务的产业链，以及粮经饲、种养加、生产生态生活等农业农村全链条，以农机与农艺融合、装备与信息融合、制造与服务融合、生产与生态融合为路径，突破战略前沿、关键核心和“卡脖子”技术及装备，推进关键核心技术自主化、主导装备产品智能化、全程全面农业机械化，提升产业自主创新能力和核心竞争力。

三是构建体系，打造自主可控的农业装备产业。以市场为导向，构建形成产学研深度融合的技术创新体系，培育企业成为技术创新主体。优化形成以创新为导向的中央预算内投资、农机购置补贴等支持政策体系，完善财政、金融和税收等政策，支持大型农机企业由单机制造为主向成套装备集成为主的转变，鼓励中小企业向“专、精、特、新”方向发展。引导设立国家级或区域级的农业装备产业发展基金，推动现代农业装备产业链和创新型产业集群建设。

（二）食品装备

1. 发展重点

1）开展装备基础研究和原创设计技术平台建设

截至2020年初，尚未有国内高等院校成功设立食品装备专业学科体系。食品装备设计与研发缺失基础理论研究，缺乏专用设计技术平台，不能够采用国际流行的建模/仿真技术开发高效可靠、系统化、智能化大型高速装备。具体体现在，液态食品高速灌装生产线整线工艺设计因原始设计创新缺失、知识产权储备严重不足而与发达国家差距明显。啤酒行业高速易拉罐生产线 70 000 罐/时以上大型啤酒装备基本采用进口设备，国内少数厂家只能供应整线中单机设备。饮料行业易拉罐灌装线国内厂家只能提供 40 000 罐/时以下产线设备，关键性检测设备仍需进口。高速易拉罐生产线核心设备——灌装封口机（又称封盖机）被瑞士、美国、意大利等国外企业垄断。高速封罐机的关键配件凸轮，国产配件主要依据进口配件参数设计，缺失设计原理和数学模型，使产品设计缺乏理论支撑。因原创设计不足和关键元器件依赖进口，国内液态食品包装装备市场份额基本被欧洲供应商垄断。重点液态食品生产企业主要装备均进口自欧洲，且为同期全球产能最大、速度最快、技术最先进的包装装备，并享受国家关税减免、技改投资等各类政府奖补政策，对国内食品装备企业造成较大冲击。

2）开展关键原材料、智能传感器、关键零部件、重要密封件、核心单机设备、伺服系统及工业软件等自主研发

（1）关键原材料。涉及食物接触性材料，如食品级高分子材料、食品级不锈钢；装备关键零部件使用原材料，如高速封罐机凸轮、齿轮等零件所用原材料需要具备防锈、耐磨和高强度，对原材料和加工工艺等关键技术要求较高，需达到低噪声、高寿命、稳定性好、无腐蚀的封罐机要求。

（2）智能传感器。为高端食品装备提供数据采集与信息传递的各类传感器，如液位传感器、流量计、压力变送器等。国内尚无成熟稳定的可替代产品，仍需依赖进口。目前，这些高端传感器基本被西门子、E+H（Endress+Hauser）、罗斯蒙特（Rosemount）、罗克韦尔（Rockwell）等几家国外大公司垄断。

（3）关键零部件。食品装备涉及各类轴承件（如高精度凸轮、齿轮、油封、轴承等）、关键检测元件（如高端摄像头）、系列检测设备单元（如液位检测、气密性检测、含气量检测、糖度检测等）都由进口品牌占主导。

（4）重要密封件。饮料装备使用密封件量大且工况严苛，首先不能使用润滑油脂，而且要求食品级材料、密封性能良好，且须耐磨损、耐高温（140℃）、耐酸碱盐、耐过氧乙酸（peroxyacetic acid，PAA）、耐臭氧（O_3）、耐双氧水（H_2O_2）等强氧化剂。重要密封件主要均由德国、奥地利、美国、日本公司垄断。国内替代品寿命短、可靠性差。

（5）核心单机设备。液态食品高速灌装生产线核心设备如杀菌机、灌装机、封盖机和贴标机；食品包装机械，如多功能包装机、机器人码垛机；食品原料处理单机设备，如超声波均质机、食品高压均质粉碎机、超临界流体萃取机等；以及白兰地规模化壶式蒸馏设备、新型热能源设备、蒸馏指标快速监测与传输设备等。

（6）伺服系统及工业软件。食品装备所采用的电气设计、机械设计、分析软件、仿真设计等基础设计软件，以及智能化生产线核心控制器件、可编程控制器

及其软件产品，均需依赖欧洲、美国等国家或地区进口。国内目前市场上尚无此类产品的研发。

2. 发展路径

（1）提升重点装备制造水平。加强应用牵引，突破重点装备制造关键技术，提高重点行业先进装备保障水平。重点开展具有自主知识产权智能化、数字化、规模化、自动化、连续化、工程化和成套化核心装备与集成技术开发研究。重点发展中华传统食品工业化专用装备。开展食品装备机械材料特性与安全性、数字化设计、信息感知、仿真优化等新技术、新方法、新原理和新材料等基础研究；提升中华传统食品专用型关键装备集成与成套装备开发能力，系统开展新型杀菌、节能干燥和高速包装等核心装备创制。

（2）重点推进产业智能制造。促进工业互联网、云计算、大数据在食品产业的综合集成应用。在食品生产和食品装备制造业中推进智能制造，加快智能制造软硬件产品应用与产业化，研发智能制造成套装备，推进数字化车间、智能工厂集成创新与应用示范，加快典型经验交流和推广。强化应用牵引，在食品装备制造领域建立智能制造产业联盟，协同推动智能装备和产品研发、系统集成创新与产业化。加强推进食品装备智能制造标准需求研究，建立健全食品装备智能制造综合标准体系。

到2035年，全面提升我国现代食品装备制造业技术开发与装备创新能力，显著提高食品装备自给率、自动化率、工程化能力和国际竞争力，支撑我国现代食品制造业转型升级和可持续发展。

（三）纺织装备

1. 发展重点

针对当前国际形势下我国面临的纺织产业加速向外转移的挑战，推动智能制造与生态发展，对于促进我国纺织产业结构升级调整，保障重大工程实施，提升纺织核心竞争力具有重要战略意义。

1）纺织新材料及应用技术与装备

纺织新材料及应用技术与装备应重点发展个体防护医卫用、工业用和战略新材料等产业用纺织品装备。通过推动纺织新材料的开发及在相关产业中的应用，提高产业用领域在纺织行业中的占比，优化我国纺织产业结构。到2025年，使我国产业用纺织品纤维加工总量占比达到35%以上。

2）智能纺织技术与装备

智能纺织技术与装备应重点发展纺织智能检测技术与系统、纺织生产专用制造执行系统（manufacturing execution systems，MES）、短流程纺织装备、关键基础零部件和关键工艺机器人等，以此有效推动我国纺织行业转型升级，进一步提质增效，提高产品生产附加值，增强纺织企业竞争力。到 2035 年，使我国生产的纺织消费品生产附加值提高 10%以上。

3）纺织绿色制造技术与装备

纺织绿色制造技术与装备应重点发展生物基纤维、可降解纤维等绿色纤维生产技术与装备，连续化绿色印染技术与装备，加大材料可再生、循环利用、节能减排等方面的投入，推动我国纺织生产对资源环境更加安全友好。到 2025 年，使我国可再生的纤维达到全球的 50%，单位产品工业能耗降低 20%以上，水回用率达到 40%以上。

2. 发展路径

1）纺织新材料及应用技术与装备

纺织新材料及应用技术与装备的发展路径如下：一是加强关键要素材料与装备的自主化开发与国产化，结合生产工艺与应用需求，参与原料设计与装备设计方案制订，提高国产装备精细化、自动化程度；二是强化高性能纤维后道应用对接，推进专业化、规模化定制，加大重点高性能纤维标准制修订力度；三是建立纺织新材料产业创新体系并加快产业化应用，通过产学研用结合，强化总体设计、集聚创新资源，构建纤维、树脂、复合材料及重点应用联合创新，建立复合材料设计及加工体系，并推进产业化应用。

2）智能纺织技术与装备

智能纺织技术与装备的发展路径如下：一是加大智能纺织装备相关基础理论的研究，提高跨领域交叉的研究能力；二是研发量大、面广的纺织专用基础件的高效复合加工专用智能装备和自动化生产线；三是加强对纺织装备专用基础件精度控制、表面强化、新材料的应用等技术的研发。

3）纺织绿色制造技术与装备

纺织绿色制造技术与装备的发展路径如下：一是重点研发绿色制造产业化应用与装备相配套且尚需进口的高效、环保、无毒的纺织化学品、部分高档面料用染料、特殊功能整理助剂、喷墨印花喷头等辅材与关键基础件；二是改进生物基纤维生产应用的单体原料、专用浆粕及溶剂的成本、品质、单线规模；三是研发再生循环纤维相关制备装备。

第四节　新材料产业发展重点及路径（2035）

一、电子信息材料

（一）发展思路

围绕现代通信、计算机、信息网络技术、微机械智能系统、工业自动化和家电等现代高技术产业，重点突破微电子材料、光电子材料、电子元器件材料、碳材料为代表的电子信息材料的核心技术，保障关键材料的有效供给。着力提高电子信息材料工程科技的自主创新能力，以科技与人才为支撑，构建我国电子信息材料工程科技创新体系。推动实施电子信息材料工程化工程，支持量大面广和国家重大工程亟须的电子信息材料领域的工程化建设，重点解决这类电子信息材料规模化生产工艺、装备技术及环保配套设施建设等问题，从而进一步增强我国电子信息材料工程科技创新能力和工程化技术水平，大幅度提高我国电子信息材料产业的国际竞争力。

（二）战略目标

到 2035 年，建成电子信息材料的完整创新体系，电子信息材料全寿命成本将成为材料研发和应用的引导因素；部分基础研究和新工艺、新设备研发能力国际领先；实现由电子信息材料大国向电子信息材料强国的战略性转变，全面满足高新技术、可再生能源、生命与健康、环境保护的需求。

（三）发展路线图

图 4-4 为电子信息材料产业发展路线图。

二、新能源材料

（一）发展思路

新能源材料工程是未来 20～50 年世界各国新能源利用中竞争的关键，紧紧抓住为应对金融危机带来产业结构调整的发展机遇，把新能源材料产业作为新材料

里程碑	子里程碑　2020年　2025年　2030年　2035年
目标	建成电子信息材料的完整创新体系；基础研究和新工艺、新设备研发能力国际领先；实现由电子信息材料大国向电子信息材料强国的战略转变，直径300mm硅材料达到线宽≤7nm/5nm集成电路应用要求，自给率达到40%左右，电子信息材料发展能够全面满足高新技术、可再生能源、生命与健康、环境保护的需求，支撑并引领人类经济社会发展
需求	满足高新技术、可再生能源、生命与健康、环境保护的需求，保障国家安全
	支撑并引领经济社会发展，建成电子信息材料科技强国
重点任务	1.7nm/5nm水平大尺寸硅衬底材料制备技术研究
	大尺寸硅衬底材料的异质材料集成调制及其在新型器件的应用研究
	硅基微电子与光电子集成探索研究
	激光材料在大功率器件的应用研究
	高智能多级集成材料的开发
	量子通信材料的开发
	开发具有实际价值的石墨烯二维半导体应用技术
	类人脑计算材料的开发
关键共性技术	450mm硅材料的晶体生长技术及精密加工技术
	大尺寸硅衬底上的异质材料集成与应用技术
	硅基微电子与光电子的集成技术
	基于高品质、大尺寸新晶体的高功率激光、拓展波长；发展紫外、中远红外非线性晶体、器件及应用
	基于介电体超晶格高功率、宽调谐中红外激光系统
	面向互联网时代发展基于新原理、新材料的新型传感器，实现微型化、集成化、多功能化、智能化和网络化
	量子通信材料的设计及制备
	类人脑计算材料的设计及制备

图 4-4　电子信息材料产业发展路线图

战略性新兴产业的重点，加快建设，大力发展。未来半个世纪我国要大力发展具有自主知识产权的太阳能材料、锂离子电池材料、燃料电池及储氢材料，抢占新能源与节能环保产业发展的战略制高点。

（二）战略目标

新能源材料对新能源的大规模利用及提升节能环保产业竞争力发挥着重要的支撑作用。基本建成新材料产业创新体系，实现绝大部分关键材料的国产化，并达到国际水平，能够满足我国新能源大规模利用和社会低碳环保的可持续发展的需求。

（三）发展路线图

图 4-5 为新能源材料产业发展路线图。

三、先进无机非金属材料

（一）发展思路

目前我国先进陶瓷产品及产业已具有一定的规模，在环渤海、长三角、珠三角等地有一批成规模的企业从事相关的产品生产，并具有较强的研发能力。围绕航空航天、冶金化工、能源、节能环保及产业革新等方面的战略需求，重点发展高纯超细陶瓷粉体和先进结构陶瓷材料、高性能碳/碳复合材料、特种功能玻璃、严酷环境下长寿命混凝土、新型耐火材料等领域的核心制备和产业化技术，着力提高新材料产业的自主创新能力，支持量大面广和国家重大工程急需的无机非金属新材料产业化建设，实现我国无机非金属材料产业由大变强，部分材料领域与国际先进水平“并跑”或“领跑”。

（二）战略目标

攻克大尺寸、复杂形状先进结构陶瓷材料的近净尺寸成型与烧结工艺技术和防热–承载–透波等多功能一体化天线罩制备技术等，为我国先进结构陶瓷产业的发展提供技术设备支持，自主研发生产比率超过 90%。建立碳/碳复合材料多元化制备技术体系，实施碳/碳复合材料应用同步推进的技术路线，全面实现高性能碳/碳复合材料产业化及推广应用，自主保障比例超过 80%。实现废弃耐火材料再利用，其综合利用率超过 40%，实现我国耐火材料产业的技术水平和能力达到世界领先水平。着力发展严酷环境下长寿命混凝土、特种功能玻璃等材料，实现重点材料自主保障率≥85%，到 2035 年上述新材料产业及制品的工业增加值达到总量的 60%，大幅提升我国建材产品的国际竞争力。

里程碑	子里程碑	2020年　2025年　2030年　2035年
目标	太阳能电池	多晶硅年产量从22万t提升到50万t，全国多晶硅综合电耗由65kW·h/kg-Si降低到35kW·h/kg-Si。太阳能发电各种高端材料全部自足
	锂离子电池	实现比能量40Wh/kg锂离子电池的大规模产业化。实现能量密度高于40Wh/kg的新型电池与材料（硫系复合材料、金属锂复合材料、固态电解质材料、锂空气电池等）
	燃料电池	实现高性能膜电极规模制备技术，产业技术水平达到国际先进水平；非铂催化剂研究取得突破；固态/高压混合储氢系统作为车载氢源的应用研究
需求	太阳能电池	为实现太阳能热发电技术的大规模应用示范，需要开发新型高效的太阳能热发电材料
	锂离子电池	锂离子电池作为二次电源，可储存水电、风电、光伏发电等清洁电力，绿色环保
	燃料电池	开发轻质、高效的固态储氢材料尤为重要
重点任务	太阳能电池	根据市场需求，开发太阳能发电高转化率、长寿命、低成本新材料
	锂离子电池	掌握高能量密度新体系电池技术，包括锂硫电池、锂空气电池、全固态电池等的关键技术，实现商业化应用
	燃料电池	提高我国质子交换膜性能，进一步降低成本，提高使用寿命，并在车用燃料电池、通信基站用燃料电池、便携式燃料电池等领域得到广泛应用，国产化率达到80%
关键技术	太阳能电池	太阳能热发电新材料研究与产业化
	锂离子电池	新体系电池的产业化工艺与装备技术
	燃料电池	新型催化剂研究与产业化
开展的基础研究	太阳能电池	低成本浆料、纳米打印和高耐候性封装材料、高温光热材料与技术产业化
	锂离子电池	高能量密度新体系电池开发和应用
	燃料电池	非贵金属纳米催化剂的大规模制备技术

图 4-5　新能源材料产业发展路线图

（三）发展路线图

图 4-6 为先进无机非金属材料产业发展路线图。

里程碑	子里程碑	2020年　2025年　2030年　2035年
需求		发展复杂形状先进陶瓷构件批量化生产技术，打破国外技术垄断，形成自主知识产权，突破先进陶瓷材料在航天、国防及高端装备制造业的壁垒
目标		实现先进结构陶瓷构件的新型近净尺寸制备，开发极端环境用先进陶瓷批量制造技术；开发成熟的碳/碳复合材料多元化制备技术体系，建立高标准碳/碳复合材料一体的行业链条
重点任务		重点发展复杂形状陶瓷构件的3D打印制备技术和凝胶注模技术，以及后续的烧结制备，大力发展有特殊应用要求的高端陶瓷材料批量制造技术
		建立碳/碳复合材料多元化制备技术体系，建立贯穿碳/碳复合材料基础研究、材料研制、工程化制备与应用和产业化全过程等于一体的行业链条
关键技术		攻克大尺寸、复杂形状先进结构陶瓷材料的近净尺寸成型与烧结工艺关键技术和高温陶瓷发动机、防热–承载–透波等多功能一体化天线罩制备技术，开发耐腐蚀、高导热、薄壁碳化硅热交换管的批量制造技术等；突破长时间抗氧化、耐烧蚀碳/碳复合材料及高温耐腐蚀碳/碳异形构件的产业化生产关键技术

图 4-6　先进无机非金属材料产业发展路线图

四、重大工程用先进金属材料

（一）发展思路

围绕信息、能源、节能环保、生物、航空航天及产业革新等方面的战略需求，突破海洋工程用钢、交通运输用钢、基础零部件用钢、超超临界电站用合金、铝镁钛等轻合金材料的核心技术，着力提高材料产业的自主创新能力，通过优化组织实施方式，支持量大面广和国家重大工程亟须的结构材料产业化建设，着力促进一批结构材料实现产业化和规模应用。大力发展结构材料、新材料产业并建立产业链上下游优势互补、密切合作机制，有效缩短新材料研发、产业化和规模应用的周期，促进新材料企业加强技术创新，形成持续的创新能力，进一步增强我国关键结构材料产业的技术创新能力和产业化技术水平，实现我国从材料大国向材料强国的战略性转变，全面满足我国国民经济、国家重大工程和社会可持续发展对关键结构材料的需求。

（二）战略目标

围绕经济和社会发展对材料智能化、绿色化、个性化的需求，依靠材料基因组技术，以开发新型合金为重点，构建金属材料的持续创新体系，实现金属材料的智能化制造，支撑产业整体达到国际领先水平。着力开发一批适合 3D 打印等增材制造的钢铁、铝、镁、钛等金属材料；突破一批金属近净加工技术；应用一批创新性的金属冶炼制造工艺，完成金属材料产业工程技术由“跟跑”、“并跑”到“领跑”的跨越，成为引领世界金属材料技术革命的重要力量。

（三）发展路线图

图 4-7 为重大工程用先进金属材料产业发展路线图。

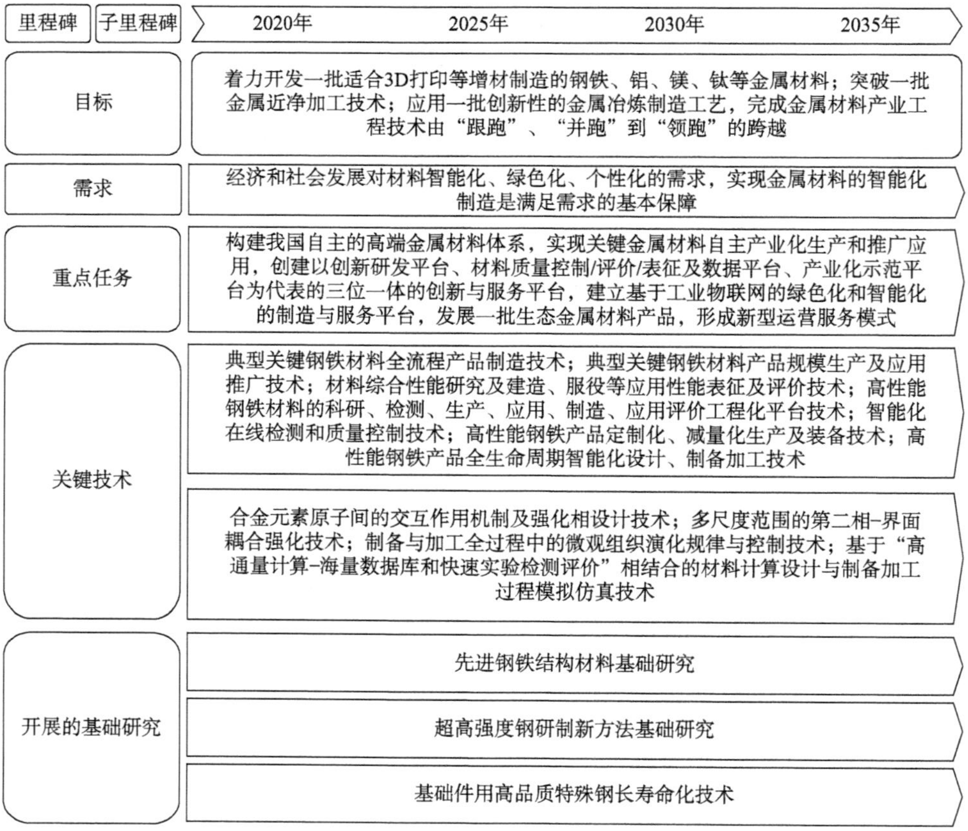

图 4-7　重大工程用先进金属材料产业发展路线图

五、高分子及复合材料

（一）发展思路

面向我国新一代航天航空、交通、能源、建筑等产业发展对关键轻量化材料及其技术的需求，针对国产先进高分子及复合材料性能与质量稳定性差、应用成本高等关键共性技术问题，通过建立系统完整的先进高分子及复合材料研发到应用全链条的“用产学研”深度融合的创新体系，突破国产先进高分子及复合材料的高性能、低成本、稳定化批量制备技术和极端环境服役性能，解决材料研发工程化中材料研制与应用研究脱节的瓶颈问题，形成具有核心竞争力的产业集群和研发平台，在国家重大工程和装备建设方面形成可持续自主保障能力，培养一批具有国际影响力的领军人才和创新团队，使我国先进高分子及复合材料领域迈入世界强国行列。

（二）战略目标

通过自主创新，建立符合我国需求的碳纤维技术与产品系列。形成国防用国产碳纤维及其复合材料的持续自主保障能力。建立起国产碳纤维及其复合材料产业技术创新体系，形成 10 个以上基于市场经济机制的稳固发展的碳纤维制备与应用产业链。建立基于中大直径 6～7μm、强度达到 6.0GPa 以上、模量>350GPa 碳纤维的第三代先进复合材料和特种功能复合材料规模化制备与应用平台，实现新一代武器装备全面应用，武器装备实战化能力全面领先世界其他国家，碳纤维复合材料产业及应用形成国际竞争力，使我国复合材料技术及产业化能力达到全面超越和引领国际发展水平。实现军用、民用国产碳纤维复合材料完全自主保障，碳纤维复合材料达到 6 万 t /年的工程化能力，创造直接产值 2000 亿元/年以上。

（三）发展路线图

图 4-8 为高分子及复合材料产业发展路线图。

六、高端生物医用材料

（一）发展思路

立足我国社会经济，特别是医疗保健和健康服务及其产业发展对医用生物材

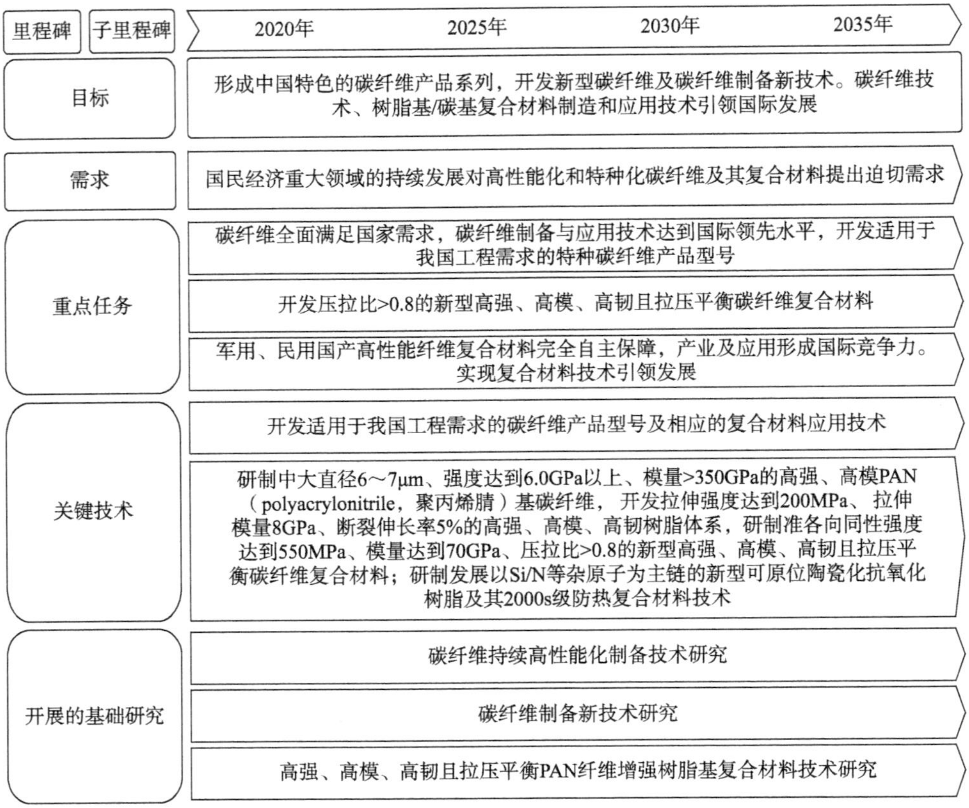

图 4-8　高分子及复合材料产业发展路线图

料的战略需求、前瞻生物医用材料科学与产业发展的趋势和前沿，抓住其正在发生革命性变革的难得机遇，跨越高技术常规材料市场和技术基本为外商控制的障碍，大力提高自主创新能力，以体制机制改革为核心，着力医用生物材料创新链、产品链、产业链、人才链的整体布局，突破共性、核心、关键技术，为形成以可再生组织和器官的新一代生物医用材料为主体的我国高技术新兴医用生物材料产业体系，跨越式地发展我国生物医用材料产业进入国际先进水平奠定基础。

（二）战略目标

建成以可再生组织和器官的生物医用材料为主体、表面改性植入器械为补充的我国现代生物医用材料产业体系，初步实现 21 世纪生物医用材料科学与产业的革命性变革，力争 2035 年市场销售额达 6410 亿美元，占世界市场份额的 38.6%，成为全球生物材料第一大市场，引领世界生物医用材料科学与产业的发展。

着力推进材料诱导组织再生到诱导器官再生的研究，于世界率先建立较完整的新一代生物材料科学与工程基础理论体系。

重点推进人体器官再生的组织工程、生物 3D 打印、纳米生物材料及其装配技术，并结合干细胞技术，初步实现体外构建活性人体组织和器官；发展纳米生物活性物质（基因、蛋白、疫苗、细胞）靶向输运和控释载体及系统，用于肿瘤、基因缺陷、老年病、传染病等难治愈疾病的防治；研发兼具重大疾病防治和组织再生等多功能的生物材料，开拓发展具有药理功能的生物医用材料新途径；结合信息技术研发电子视网膜、中枢神经刺激电极、跟踪体内生理和病理信息的植入性芯片等微电子植入器械；建立用于多种组织和器官制备的生物医用材料基因库，保持生物材料基因组研究居国际先进水平等。

在分子水平上建立体外和短期体内用生物材料实验评价方法，以及一套有效的体内长期植入器械生物相容性科学评价新方法，包括分子标记体系、检验和临床试验模型等。

（三）发展路线图

图 4-9 为高端生物医用材料产业发展路线图。

七、高性能稀土材料

（一）发展思路

中国稀土材料工程科技 2035 发展战略的指导思想是，针对我国稀土材料工程科技面临的问题和挑战，在全面落实《国务院关于加快培育和发展战略性新兴产业的决定》的基础上，以深入实施《国家中长期科学和技术发展规划纲要（2006—2020 年）》作为主线，准确把握创新驱动发展的战略定位，坚持以稀土材料工程科技的发展战略研究为依托，坚持“尊重科学、发扬民主、提倡竞争、促进合作、激励创新、引领未来”的工作方针，紧密结合国家“一带一路”（“丝绸之路经济带”和“21 世纪海上丝绸之路”）倡议和“中国制造 2025”重大战略需求，从建设创新型国家的战略全局出发，瞄准国际发展趋势，大力发展新能源汽车、智能机器人、风力发电、高速列车、城市轨道交通、节能家电、3D 打印、医疗器械及康复机器人等新兴节能、低碳经济，缩小在稀土永磁材料、软磁材料及特种功能材料等工程科技和应用上与发达国家的差距，力争在有优势的新技术、新材料研究及其应用产品方面，突破稀土材料工程科技前沿、共性关键科学理论和技术，使之在更大范围内达到或超过世界先进水平，掌握核心技术及其自主知识产权。促进工程科技成果转化，满足低碳经济、高新技术产业和国防尖端应用的需求。

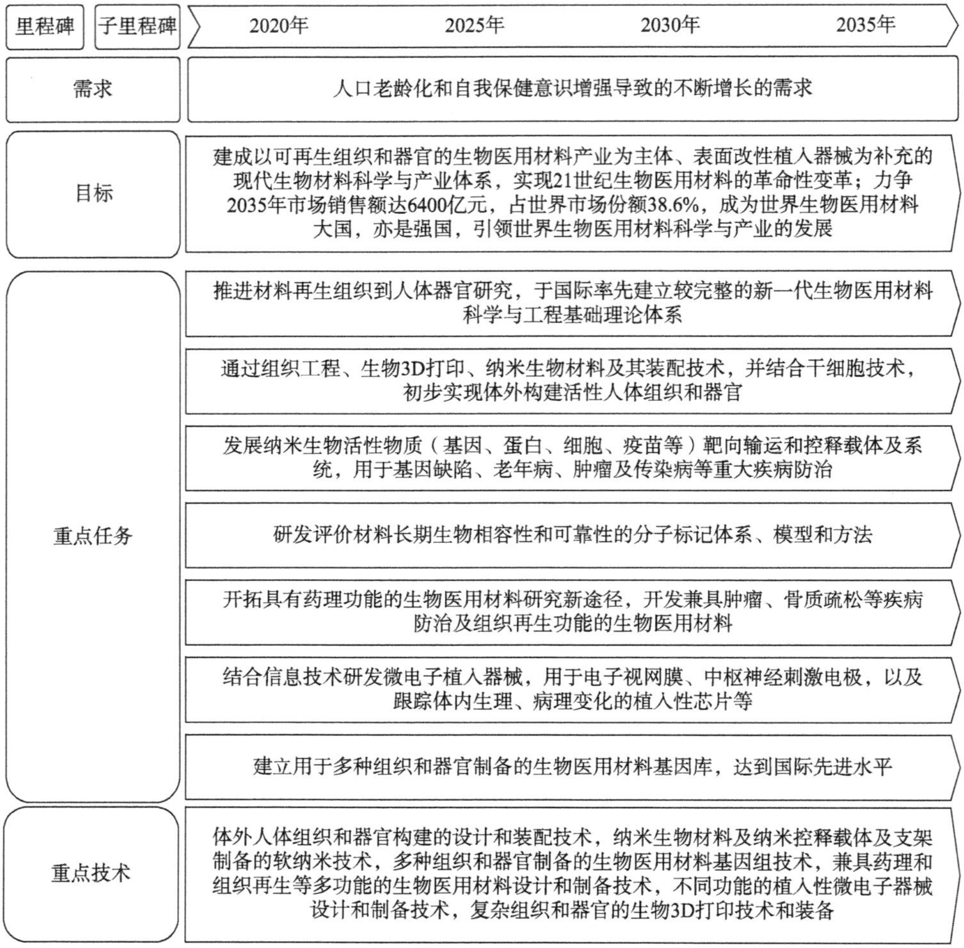

图 4-9　高端生物医用材料产业发展路线图

充分利用我国稀土资源优势，加强人才队伍建设，实施稀土材料专利与标准战略，建立和完善保障体系，确保国家稀土材料产业的国际主导地位，促进相关高技术产业可持续发展。

（二）战略目标

稀土材料工程科技发展的战略以“打造中国稀土材料工程科技发展的升级版”为具体目标，紧紧围绕稀土材料产业链，探索稀土材料的本征特性，突破稀土材料及制备的核心专利，开发具有自主知识产权的稀土新材料、新工艺、新技术、新产品、新装备。申请发明专利 3500 项以上，其中，国际专利 300 项，制定标准和规范 1500 项以上。充分发挥我国稀土资源优势，挖掘稀土材料的新功能，不断提高材料的功能特性，拓展稀土材料及产品的应用领域，促进稀土在永磁材料、磁致冷材料、软磁材料、催化材料、储氢材料等中的平衡和高质化利用。建立我国稀土材料产业的工程科技创新平台和评价体系，提高我国稀土材料的技术含量和档次，大幅度增加产品附加值，提高全球范围内稀土材料行业的准入门槛。通过国家顶层设计和市场调节，将目前的不断扩大产能的发展模式转变为稀土材料工程科技和产品结构优化的发展模式，稀土材料及应用创造年产值 5000 亿元，带动相关产业 3 万亿元；确保促进我国稀土材料产业健康、可持续发展，并成为全球稀土材料科技的领跑者。

到 2035 年，研究开发新型高强韧性、抗冲击稀土永磁材料。高性能烧结磁体磁能积（MGOe）+矫顽力（kOe）≥90，磁能积大于 55MGOe；高丰度铈、钐及混合稀土替代紧缺钕、镝等单一稀土量达到 60%，新型铈永磁材料，当铈含量占稀土总量的 50%时磁能积大于 45MGOe；新型高温永磁材料使用温度超过 600℃，满足新能源、新一代航天器等的性能要求。白光 LED 器件光效达到 260lm/W，稀土荧光转换型激光光源广泛应用于照明、显示器件。新一代激光武器、智能控制与检测、信息传输与显示用光功能晶体、陶瓷材料急需的超纯稀土、纳米稀土材料全部替代进口，成本降低 80%以上；稀土氧化物纯度达到 7N，稀土金属纯度达到 5N；我国稀土永磁材料成为全球的“领跑者”。

（三）发展路线图

图 4-10 为高性能稀土材料产业发展路线图。

八、前沿新材料

（一）发展思路

面向国家在新一代信息技术、节能减排、智能制造、国防科技工业领域对前沿材料技术的需求，支撑国家重大战略目标，瞄准技术和产业制高点，抓住我国“换道超车”的历史性发展机遇，以高性能特种纤维、高温高效防隔热材料和超宽禁带半导体材料技术为核心，通过体制机制创新、技术创新与整合，构建材料基础研究、材料研制、工程制造、产业化完整链条。培养一批创新创业团队，培育高端研发团队和知名龙头企业，形成产业基地，在国防工业、航空航天、电网、医疗卫生、空间探测、通信、存储等领域实现规模应用。

图 4-10　高性能稀土材料产业发展路线图

（二）战略目标

高性能特种纤维建立产品和技术体系，实现产业化发展，大幅提高结构减重、导电导热性能、防隔热效率等，实现航天航空装备广泛应用，同时推广应用到民用领域；建立完整的、成熟的高温高效防隔热材料体系，实现数理模型、计算模拟、先进分析表征和快速试验等技术的高度融合，在低烧蚀/“零”烧蚀、主承力热结构、高温隔热、高温透波等材料的基础研究和前沿探索研究方面达到国际领先水平，实现自主研发，引领创新发展；突破大尺寸较高质量超宽禁带半导体单晶材料生长和晶片加工核心关键技术，技术能力达到国际领先水平，建立健全超宽禁带半导体材料产业化平台，推进单晶材料的产业化进程和可持续发展能力，做大超宽半导体材料产业，形成国际领军企业，实现 2～4in 氮化铝、2～4in 金刚石、4～6in 氧化镓单晶材料规模量产，并在国防工业和社会经济各方面发挥基础支撑作用。

（三）发展路线图

图 4-11 为前沿新材料产业发展路线图。

里程碑	子里程碑	2020年　2025年　2030年　2035年
需求		新型结构多功能化；超高速飞行器等；超高功率器件、远红外紫外探测、动力电子系统等
目标		建立完整的、成熟的高温高效防隔热材料体系，达到国际领先水平；建立健全超宽禁带半导体材料产业化平台
重点任务		以碳纳米管纤维、石墨烯纤维为代表的新型碳质纤维研发及其复合材料应用
		低烧蚀/非烧蚀复合材料、超高温多元陶瓷、高强韧超级隔热材料研发及工程应用
		大尺寸氮化铝、金刚石、氧化镓单晶材料研制及工程应用
关键技术		可纺丝碳纳米管阵列和石墨烯纤维丝束的连续稳定工程化制备技术
		新型碳基纤维应用技术
		陶瓷纤维微结晶结构控制技术
		前驱纤维连续化热处理及均匀烧结控制技术
		陶瓷纤维的工程应用技术
		低烧蚀/非烧蚀防热复合材料设计和可控制备技术
		大尺寸复杂结构防热功能复合材料成型技术
		宽服役温度范围、高韧性、高效隔热材料体系设计与可控制备技术
开展的基础研究		大尺寸氮化铝单晶材料制备与工程化研究计划
		大尺寸金刚石单晶材料制备与工程化研究计划
		大尺寸氧化镓单晶材料制备与工程化研究计划

图 4-11　前沿新材料产业发展路线图

第五节　绿色低碳产业发展重点及路径（2035）

一、煤炭清洁高效利用产业

开发新一代近零排放的煤气化发电及多联产技术，重点突破新一代 IGCC 关键技术，实现煤炭清洁高效发电。在 IGCC 的具体实施路线中，充分利用我国首座 250MW IGCC 示范电站的设计、建设和运行基础，优化提升当前的 IGCC 电站设备，完成采用 H 级燃气轮机的 900MW 等级 IGCC 重大工程的示范，供电效率超过 50%，进一步完善大型化气化炉，提高气化装置运行的稳定性及经济性，带动 IGCC 相关发电设备制造产业与化工设备产业的发展。

高温燃料电池实现商业化，完成百兆瓦级 IGFC 发电技术的示范应用，发电效率超过 60%，CO_2 捕集率超过 95%。技术及装备研发任务与示范工程建设完成后，推广大型化 IGCC/IGFC 的关键单元技术与系统集成技术，形成完备的 IGCC/IGFC 技术体系，摸索出不同等级、不同配置 IGCC/IGFC 电站的调试运行经验，建立配套设备的制造能力，实现大型化 IGCC/IGFC 电站的经济效益与规模效应。

完成 700℃超超临界锅炉、汽轮机等关键设备的研发和生产制造；突破 700℃关键部件的高温安全性和制造技术瓶颈；研究受热面优化布置，通过燃烧侧和工质侧的科学匹配，增强水动力稳定性，降低汽温偏差和壁温偏差；实现 700℃等级参数条件各缸焓降的精细分配，进一步提高汽轮机组的效率和稳定性，完成 700℃等级 600MW 超超临界二次再热蒸汽发电机组的示范工程。

二、非常规油气产业

（一）页岩气

深层、超深层海相页岩气及陆相、海陆过渡相页岩气是下步攻关重点领域。根据已有理论与技术水平，按照先易后难原则，确定未来重点攻关技术方向。

2021～2025 年重点攻关技术方向：①深层海相页岩气富集机理、资源潜力与有利目标优选；②海相常压页岩气富集机理、资源潜力与有利目标优选；③页岩气田单井生产规律及稳产技术研究；④常压页岩气注入流体补充能量技术；⑤海相页岩层系高精度成像与“甜点”准确识别预测技术；⑥深层海相页岩气长水平段水平井优快钻完井及高效压裂改造技术；⑦深层海相页岩气水平井多段压裂后流体渗流特征及开采规律研究。

2026～2030 年重点攻关技术方向：①陆相页岩气富集机理、资源潜力与有利目标优选；②海陆过渡相页岩气富集机理、资源潜力与有利目标优选；③超深层（埋深 4500～5000m）海相页岩气富集机理、资源潜力与有利目标优选；④基于人工智能的页岩气藏“甜点”识别与预测技术；⑤陆相及过渡相页岩气长水段水平井优快钻完井及高效压裂改造技术；⑥超深层（埋深 4500～5000m）海相页岩气长水段水平井优快钻完井及高效压裂改造技术；⑦陆相及过渡相水平井多段压裂后流体渗流特征及开采规律研究。

2030～2035 年重点攻关技术方向：①特深层（埋深>5000m）海相页岩气富集机理、资源潜力与有利目标优选；②页岩气超长水平井无限级压裂改造、无水压裂改造技术；③基于大数据、云计算和人工智能的数字化页岩气田高效开发技术。

（二）煤层气

当前我国煤层气地质条件复杂，储层物性非均质性强，资源禀赋差异大。中低煤阶煤层气基础理论研究薄弱，尚未建立符合我国地质条件的完善的煤层气存储、渗流、开发等地质基础理论。由于存在煤储层物性、地应力、构造煤发育程度差异大，煤体结构复杂，构造复杂区煤层含水性差异大，水气互窜严重等因素，因此煤层气钻完井、增产改造技术与煤储层的匹配性差，单井日产量偏低，产气量递减快，采收率低。符合我国煤储层地质条件的勘探开发关键技术尚未形成。根据未来煤层气发展技术需求，按照先易后难原则，确定未来重点攻关技术方向。

2021～2025 年重点攻关技术方向：①复杂地质条件下煤层气富集“甜点”区预测与储层精细识别等综合评价技术；②构造煤煤层气规模化高效开发理论、技术与装备；③煤层气丛式长水平井钻完井技术；④煤层气水平井有效体积压裂技术；⑤低产低效井增产新技术；⑥煤矿采空区完井增产优化与低浓度煤层气资源优化利用技术。

2026～2030 年重点攻关技术方向：①高应力、构造复杂区、松软煤层与多层巨厚煤层气“甜点”区预测技术；②松软、高陡煤层、多层系钻完井及储层改造技术；③深部煤层动力径向增渗、脉冲振动与高能气体致裂提高采收率技术及装备；④关闭矿井、采空区及残余区煤层气利用技术与装备。

2031～2035 年科技创新与发展方向：①深层高应力构造复杂区、深层高应力煤层气富集区精准预测技术；②高应力煤层气智能压裂和产量预测技术；③巨厚煤层、多层系多井型提高采收率技术；④煤层气水平分支井地质、开采工程一体化技术与装备；⑤智能化排采控制技术及智慧气田建设技术与装备；⑥煤矿区煤层气绿色开采技术与装备。

三、能源互联网与综合能源服务

（一）能源互联网

在新一轮工业革命、能源革命和数字革命的发展背景下，重点布局基础、共性、前瞻及集成应用等方面的能源互联网技术创新，聚焦高端自主的核心装备研发，支撑我国能源系统高效、低碳、经济、安全运行。

（1）智能终端、云计算、人工智能等基础技术创新，支撑能源互联网的基础建设。

（2）输变电、配用电、新能源及储能等技术创新，支撑能源互联网的高质量发展。

（3）电网安全控制及调度自动化技术创新，确保电网运行的安全可靠水平。

（4）电力市场交易技术创新，支撑发电资源的优化配置。

（二）综合能源服务

新能源消纳技术创新，支撑清洁能源健康、可持续发展。构建源网荷储友好互动的新能源消纳架构体系，源端重点突破多源互补协同控制技术，网侧重点突破新能源跨区、跨省协调调度控制技术，用户侧重点突破基于虚拟资源聚合的需求侧响应、边缘自治控制等技术，基于未来完善的电力市场机制，形成源网荷协同的新能源消纳体系和服务模式，为新能源投资建设及运营主体提供多元、优质的综合服务，促进新能源产业发展。

（三）先进输电

（1）柔性直流输电技术。柔性直流输电是构建智能电网的重要装备，与传统方式相比，柔性直流输电在孤岛供电、城市配电网的增容改造、交流系统互联、大规模风电场并网等方面具有较强的技术优势，是改变大电网发展格局的战略选择。重点突破材料改进和直流断路器优化两个方面，实现更长距离、更大容量的电流运输。

（2）无线输电技术。无线输电技术采用空间电磁波传输电能，面向不同应用场景，重点突破电磁感应方式、电磁耦合共振方式及微波或激光方式等无线输电技术，开展无线输电设计与安全、无线输电设备与实验监测等重点任务，提高输电灵活性和打破时空限制。

（四）储能

开发多类型、大容量、低成本、高效率、长寿命的储能系统；推动在集中式新能源发电基地配置一定比例的大规模储能电站，实现储能系统与新能源、电网协调优化运行；满足循环寿命、储能效率、最大储能容量、能量密度、功率密度、响应时间、建设/运行成本控制等关键指标。具体需求路线如下。

（1）大规模、高安全新型化学储能本体技术。

（2）高效率、低成本物理储能技术。

（3）储能系统集成应用技术。

四、核能产业

（一）压水堆核能安全技术

研究如何增强固有安全性，通过先进核燃料技术和反应堆技术研究创新应用，保证发生事故概率足够小；同时需要研究堆芯熔融机理，通过开展堆芯熔融物在堆内迁移及堆外迁移的主要进程和现象研究，优化完善事故预防与缓解的工程技术措施和管理指南等，包括堆内熔融物滞留技术、堆芯熔融物捕集器和消氢技术等；然后开展保障安全壳完整性研究，包括安全壳失效概率计算、源项去除等预防及缓解措施，应对安全壳隔离失效、安全壳旁路、安全壳早期失效和其他导致安全壳包容功能失效的事故序列；最后需要关注剩余风险，采取安全壳过滤及储罐的技术方案，保障在极端情况下，实现放射性物质的储存、处理、封堵、隔离，保障核电厂即使发生极端严重事故，放射性释放对环境的影响也是可控的，保障环境安全。

（二）耐事故燃料组件技术

在先进燃料芯块技术研究方面，研制具有更好热力学性能和裂变产物包容能力的先进燃料芯块，开展复合高铀密度燃料（如 UN、USix）芯块、FCM（fully ceramic microencapsulated，全陶瓷微胶囊）燃料等工艺制备研究，燃料腐蚀、相容性、热力学性能等关键性能试验研究，掌握具备耐事故燃料特征的先进燃料芯块研制关键技术。新型包壳材料研究方面，以减少或消除包壳锆水反应产生可燃气体为目标，研制具有高温抗氧化、高温强度优良等特点的先进金属材料和新型复合材料。开展锆合金涂层、FeCrAl 等先进金属、SiC 复合材料及核级应用的 SiCf/SiC 复合包壳等材料工艺制备研究，材料堆内外性能研究，高温水/蒸汽腐蚀、PCI（pellet-cladding interaction，芯块与包壳相互作用）等关键性能研究。

（三）数字化核电技术

充分利用数字化革命带来的所有新工具，成功部署产品生命周期管理数字平台。该平台主要通过数字化平台来重构设计、采购和运营之间的相互关系，使运营商通过尽可能地使用经验反馈、借助该平台来提升核电站的安全性和业绩，并实现核电技术和管理模式创新。

五、风电产业

1. 超大型风电机组及其核心部件关键技术研究

主要研究适合我国海况和海上风资源特性的风电机组精确化建模仿真技术；研究包括机组、塔架、基础一体化设计的 10MW 级及以上海上风电机组整机设计技术；研究基于高效叶片气弹特性、新型轻量化 100m 级及以上超长叶片一体化设计技术及其先进制造工艺技术；研究高可靠性传动链系统及关键部件的设计、制造、试验技术；研究基于风-浪-流多场耦合的超大型风电机组运行特性；研究覆冰、台风等极端工况下的安全稳定控制技术及中高压变流技术；研究适用于我国深远海风资源开发的漂浮式基础结构。

2. 废弃风电设备无害化回收处理技术

大多数风电机组的设计寿命在 25 年左右，我国作为风电新增和累计装机第一大国，未来需要对大量退役的风电机组，特别是机组叶片进行无害化回收处理。风电叶片生产多使用含有纤维增强材料（玻璃纤维或碳纤维）、塑料聚合物（聚酯或环氧乙烯树脂）、夹心材料［PVC（polyvinylchloride，聚氯乙烯）、PET（聚对苯二甲酸乙二酯）或巴沙木］和涂层（聚氨酯）等复合材料。主要研究风电叶片组成材料的高效分离回收技术及装备，以及不可回收材料无害化处理技术与装备；研究风电磁体回收与无害化处理关键技术及装备；研究永磁体高效清洁分类回收技术与永磁材料再利用技术及回收处理装备。

3. 高空风电开发利用技术

高空风能具有能量密度高、分布广泛、持续稳定性好等特点，高空风电不受制于叶片材料和塔架强度等因素影响。主要研究稳定、可靠、高效的高空风电技术方案，研制适用于高空风电的轻质高强度耐腐蚀风能收集和转换材料，研究高空风电安全控制技术和智能传感技术；研究特种缆绳设计制造技术等。

六、太阳能光伏产业

1. 商业化高效晶体硅太阳能电池技术研究

主要研究适用于大规模生产的晶体硅太阳能电池生产技术，改善器件结构，提高生产效率和进行成本优化，降低硅消耗量，使单晶硅商业化组件效率达到24%，多晶硅商业化组件效率达到20%，规模制备硅消耗量小于3g/W。实现包括电极用高质量银、铝浆料；封装材料 EVA（ethylene-vinyl acetate copolymer，乙烯–醋酸乙烯共聚物）等部分依赖进口的原料国产化。

2. 废弃光伏组件的无害化处理技术

光伏组件的寿命多在 20～25 年，我国作为光伏生产和装机大国，未来需要面对大量退役组件的无害化回收处理。适时开展太阳能电池组件的无害化回收技术及装备，为我国生产及安装的太阳能光伏组件回收提供技术储备。

3. 产业化薄膜太阳能电池技术

主要研究包括微晶/非晶硅基薄膜太阳能电池、碲化镉太阳能电池、铜铟镓硒太阳能电池等在内的薄膜太阳能电池的低成本产业化制备技术，在光伏建筑一体化、农业大棚、光伏渔业等“太阳能光伏+”的应用场合，发展包括有机太阳能电池、染料敏化太阳能电池等的产业化技术。

图 4-12 为太阳能光伏技术路线图。

七、太阳能热发电产业

图 4-13 为太阳能热发电产业发展重点的关键技术及发展路线图。

八、生物质能产业

生物质发电朝着多产品联产、高效清洁方向发展，生物质发电成本持续下降，接近甚至低于燃煤发电成本，生物质发电规模会因垃圾清洁化处理的需求而继续扩大，垃圾焚烧发电将一直占据生物质发电的主导地位。生物质供热来自热电联

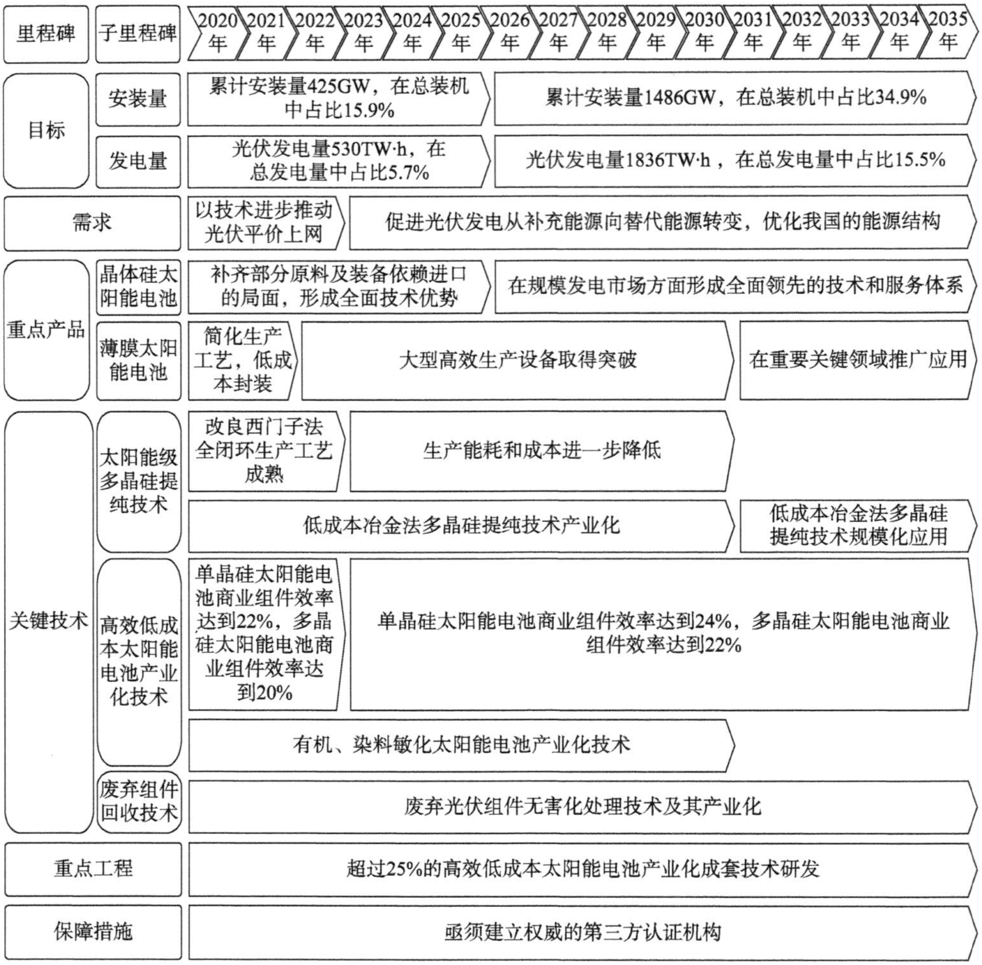

图 4-12　太阳能光伏技术路线图

产的供热比重呈现快速增长趋势，生物质成型燃料的政策影响因素较大，其产业化规模的扩张有赖于清洁化利用技术的提升和地方利好政策的实施，生物质高效燃烧锅炉的开发一直是生物质供热的主要研究方向，生物质供热成本持续下降，接近甚至低于燃煤供热成本。生物质交通燃料主要聚焦纤维素燃料乙醇、生物柴油和生物天然气的产业化发展，纤维素燃料乙醇生产成本的下降是其产业化推广的关键，建立成熟的运营模式是生物柴油规模化推广应用的前提，沼气生产规模也将因清洁化处理废水、废固的要求而得到发展，沼气车用燃料产业发展成熟势必会对沼气产业当前格局产生重大影响，生物质气化合成液体燃料、生物质水相催化合成液体燃料、生物质热解油依然处于工程示范阶段。生物质能产业面向2035 的发展路线图见图 4-14。

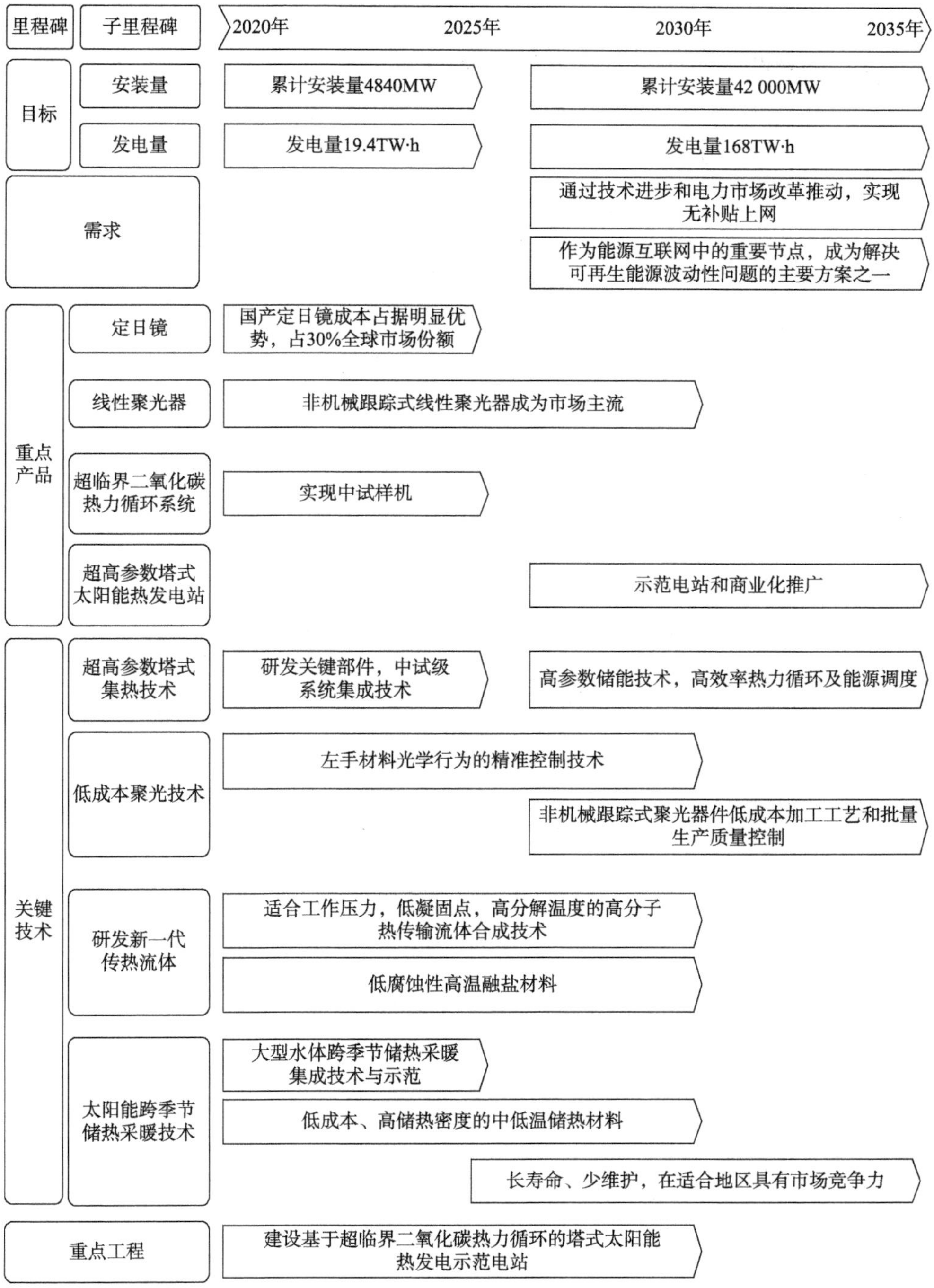

图 4-13　太阳能热发电产业发展重点的关键技术及发展路线图

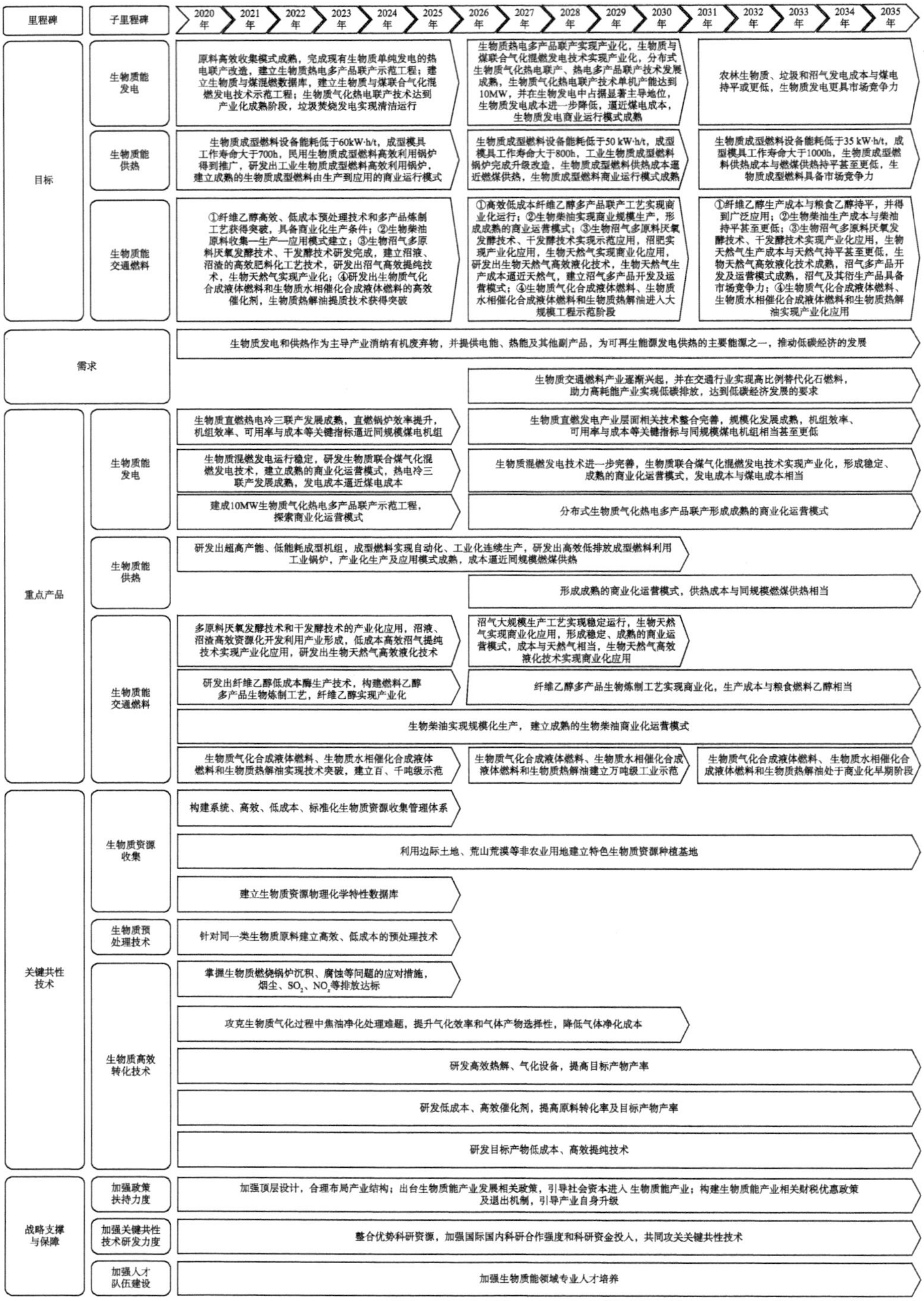

图 4-14　生物质能产业发展重点的关键技术及发展路线图

九、地热产业

1. 加强干热岩勘查开发技术研究

全国干热岩资源勘查评价程度低，干热岩资源评价技术不完善，影响干热岩资源开发规划的制订和干热岩产业发展，未来需要综合地质学、地球化学和地球物理方法手段，形成地热资源勘查技术方法组合方案，加强干热岩资源靶区评价技术攻关，建立评价指标体系，提高地热资源勘查评价精度。开发方面，突破高温钻井、热储建造、高效换热等关键技术。

2. 突破水热型地热资源高效开发技术

随着地热资源开发深度和难度的加大，以及环保要求的提高，开发中面临的一系列技术难题迫切需要解决。针对碳酸盐岩热储层，重点开展深部地热储层改造增产技术攻关，突破深部高温岩溶热储清洁压裂、酸压及防腐、防垢技术；针对砂岩储层，重点开展经济回灌技术、高效采灌技术攻关，减少对环境的影响，降低利用成本。

3. 发展梯级利用和“地热+”技术

地热能虽然储量大，但能量密度低。通过建立地热能梯级利用、集约利用示范基地，推广梯级利用，提高综合利用效率水平。研究地热与其他可再生能源深度互补、耦合利用技术，形成适用于我国地热资源利用的新的技术集成体系，建设多能互补的可再生能源供应体系，促进我国新能源产业协同发展。

十、大气污染综合防治产业

大气污染综合防治产业主要发展的技术方向包括以下几点：①电力行业烟气复合污染物（SO_2/NO_x/颗粒物/VOCs）联合脱除技术；②烟气协同脱硝脱汞催化剂研发及产业化关键技术；③工业炉窑烟气多污染物强化脱除新技术；④挥发性有机废气控制技术；⑤机动车污染控制技术与装备。

十一、水污染防治产业

水污染防治产业主要发展的技术方向包括以下几点：①农业生活污水、养殖废水、灌溉水集中式–分散式综合处理技术；②城市污水氮磷转化及回收技术；

③基于能源自给的污水及污泥处理技术；④重污染行业难降解有毒有机物过程减排、资源化技术；⑤工业废水脱盐与水回用关键技术；⑥废水定向资源化与能源化利用技术；⑦地下水、饮用水微污染防治与安全利用技术；⑧污染水体治理的复合型人工湿地构建与利用技术；⑨流域污染控制的系统管理技术。

十二、固体废物污染防治与资源化产业

到 2035 年，我国固体废物污染控制水平得到显著提升，实现危险废物的减量化与无害化；生活垃圾无害化处理率达到 100%，解决垃圾围城的困境；通过核心技术研发、关键装备研制、产业化示范等，固废综合利用率显著提高。主要技术有：①化学品生产过程中有毒有害原料与催化剂替代；②放射性废物的处理和处置技术。

十三、土壤污染防治与修复产业

到 2035 年，基本遏制区域土地资源退化和环境污染趋势，工业污染场地再开发健康风险得到有效控制，长株潭等典型区域土壤环境质量得到明显改善，全国土壤环境质量根本好转。受污染耕地安全利用率达到 95%以上，污染地块安全利用率达到 95%以上。主要技术有：①土壤质量的遥感遥测与大数据信息技术；②污染场地修复治理的成套技术和装备。

十四、环境监测产业

2035 年建立完善的天、空、地一体化的环境监测体系，实现监测环境要素、污染因子、监测空间、监测时间的全覆盖。主要技术有：①环境应急监测、处理处置技术与装备；②水中新型污染物 POPs（persistent organic pollutants，持久性有机污染物）、金属形态、环境激素等监测技术。

十五、重点工业行业主要污染物全过程控制产业

从源头替代、过程削减、循环利用等全过程出发，突破一批重点工业行业关键共性清洁生产技术及装备，实现重点行业主要污染物产生强度显著下降、工业固废综合利用率大幅提升。通过工业行业全过程控制工艺技术装备水平提升，既从根本上控制污染，又给企业带来巨大经济效益。是“调结构、促转型”的重要抓

手，是推动绿色经济发展的有效途径。主要技术为多功能、高难度工业机器人研制。

十六、新能源汽车产业

新能源汽车产业的发展重点和路径为：①突破核心关键技术。突破核心基础零部件（元器件）、关键基础材料、基础软件、基础创新平台（整车平台）、先进基础工艺和产业技术基础等“卡脖子”与短板技术，推动我国新能源汽车迈向高水平发展。②做强产业核心企业。优化新能源汽车产业发展环境，提升产业国际竞争力。推动新能源汽车企业优化重组，不断提高产业集中度。发挥龙头企业带动作用，整合产业链上下游资源协同发展，形成具有国际竞争力的产业集群。③完善基础设施体系。加快充换电基础设施建设，形成完善的充电网络。加快推动制氢、储氢和加氢技术研发，完善加氢基础设施管理规范，合理布局加氢基础设施，支撑燃料电池汽车商业化示范运行。④推动产业融合发展。加快推进新能源汽车与智慧能源、智能交通、信息通信等产业的深度融合与协同发展。⑤搭建公共服务平台。建设国家新能源汽车产业创新中心，整合行业内的创新资源，推动产业链、创新链、资金链和政策链深度融合，构建高效协作的创新生态。⑥加强质量安全保障。健全新能源汽车安全监控体系，落实企业对产品安全的主体责任，完善新能源汽车安全标准和安全法规体系，建立产品质量控制与追溯机制，提升我国新能源汽车品牌影响力。

十七、设立工程科技攻关项目

1. 能源新技术领域

（1）IGCC/IGFC 工程科技攻关项目。
（2）非常规天然气开发工程科技攻关项目。
（3）配电物联网示范应用工程。
（4）超过 25%效率的高效低成本太阳能电池成套关键技术研发。
（5）基于超临界二氧化碳热力循环的塔式太阳能热发电示范电站建设。
（6）纤维素燃料乙醇产业化科技攻关项目。
（7）干热岩勘查开发示范工程。

2. 节能环保领域

（1）大气污染综合协同控制与持续改善重大科技专项。

（2）高质高标的水污染防治重大科技专项。
（3）高效循环的固体废物污染防治与资源化重大科技专项。
（4）经济适用的土壤污染防治重大科技专项。
（5）生态修复与生态安全保障重大工程科技专项。
（6）环境监测预警与风险控制重大科技专项。
（7）重点工业行业主要污染物全过程控制技术与装备重大工程科技专项。

3. 新能源汽车领域

智能网联新能源汽车关键技术国家重点攻关专项、燃料电池核心技术及应用攻关专项。

第六节　数字创意产业发展重点及路径（2035）

一、2035的信息环境及数字创意前景

（一）信息环境前景

（1）万物互联。在2035年，5G移动通信网络将全面普及，物联网、车联网都将全面实现，万物互联成为可能。当前的通信网络主要集中在人与人之间的通信。在2035年的万物互联环境下，车、路灯、电表、快递、雨伞、洗衣机、冰箱、门锁、玩具、烤箱、手表、鞋等众多生活物品都可以接入5G移动通信网络或者有线网络中，从而使人与物、物与物都可以实现无障碍通信。万物互联使得众多生活物品越来越智能，为智慧家庭、智慧生活、智慧城市等提供基础信息通信支撑，实现跨行业的融合生态，赋能各行各业，提升全社会数字化水平，成为智慧社会的重要基础设施。

（2）获取信息无障碍。在2035年，核心网络可以实现全光纤覆盖，光纤到户（fibber to the home，FTTH）全面实现，保证有线端通信速率达到10Gbps甚至100Gbps；5G移动通信网络全面普及，保证移动端通信速率达到1Gbps。因此，用户拥有足够的通信带宽。同时，用户也可以有足够的路径（如5G和光纤通信）来获取信息。因此，在2035年，信息可以以Gbps数量级的速率传输/传播，信息的网络通信没有任何障碍。同时，随着人工智能技术、人脑神经网络、传感器技术的深入研究，残疾人、有特殊需求的健全人等可以有效接受网络上的任何信息。另外，主动获取和被动推送是并行进行的。信息服务商基于人工智能及大数据技

术可以精准预计用户在何时需要何种数据，从而提前推送到用户端或者用户端近距离网络设备，实现几乎零时延的信息获取。

（3）信息处理无障碍。在 2035 年，随着硬件的不断升级，存储容量及芯片处理速度的极大提升，可对信息进行无障碍地存储和处理。同时，随着云计算和边缘计算的成熟，信息处理既可以放在云端和边缘端，也可以在云端和边缘的系统处理计算。总体而言，到 2035 年，信息处理将会消除存储能力和计算能力等方面的限制和障碍。

（4）信息安全可靠。在 2035 年，随着信息安全技术的发展（包括操作系统、计算机软硬件等安全漏洞的不断发现和修补）及量子加密等新型技术的发展，人与物的连接认证、信息传输等都能保证安全。这为万物互联下的信息传输提供了重要安全保障。

（5）智能机器人广泛普及。在 2035 年，各类机器人将广泛普及，包括家政机器人、教育机器人、个人助理机器人及工业制造机器人等，这为全社会解放劳动力、提高生产力提供了有力支撑。另外，机器人不再是一个集成所有软硬件的物理实体，2035 年机器人的很多计算都放在云端，而机器人本身只是一个前端执行体。这将极大减小机器人的设计复杂度，从而增加机器人的生产制造效率。另外，机器人将赋予人工智能情感，对人的服务将更贴心。机器人在个人的精神呵护、性格培养、精神问题预防及治疗上将有很大的发展空间。

（二）数字创意前景

（1）信息、娱乐、消费、文化全球泛化。在 2035 年，万物互联及获取信息无障碍的背景下，全球娱乐、消费、文化将不断趋同泛化。由地理和交流受限而产生的当地文化（local culture）的影响力变得越来越弱；全人类都将受相同主流文化的影响，包括游戏、动漫、文学、影视、电竞、音乐等娱乐消费方式；所有不同文化将不断融合发展直至趋同。

（2）信息、娱乐、消费场景泛化。目前的信息、娱乐、消费场景主要集中在家庭、电影院、KTV、演唱会等特定场景中。未来虚拟现实及全息技术与设备将全面普及，虚拟体验越来越真实（包括味觉、触觉、嗅觉等），借助万物互联下信息无障碍地传输，所有信息、娱乐、消费场景都将全面泛化。任何人都能在任何地方进行高质量的信息娱乐消费，其沉浸式体验效果和在家庭、电影院、KTV、演唱会等特定场景中的体验效果一致。朋友也能在任何不同地方同时进行面对面的共享娱乐消费，如一起玩游戏、一起看电影、一起唱歌等。

（3）数字创意创作工具泛化。在 2035 年，数字创意产品的创作工作极其丰富，包括各类智能化设计工具、图像处理软件、音视频处理软件等。同时基于人工智能的内容生产工具全面普及，用户输入简单关键词或数据就可以产生丰富的数字创意内容材料，从而实现高效快速创作。

（4）中国元素全球化。中华文明拥有 5000 年的历史，是世界上最悠久的文明。同时中华文明在 5000 年的发展中，一直保持兼容并蓄的姿态，不断与各种文明碰撞融合，保持了旺盛的生命力。在借助数字化技术的背景下，中国元素将实现全球化，被全球所接受。

（5）数字创意五大体系。总体而言，在 2035 年，数字创意产业将形成五大体系，包括创新设计体系、数字内容生产体系、数字内容传播体系、数字服务融合体系及超感知技术体系，如图 4-15 所示。

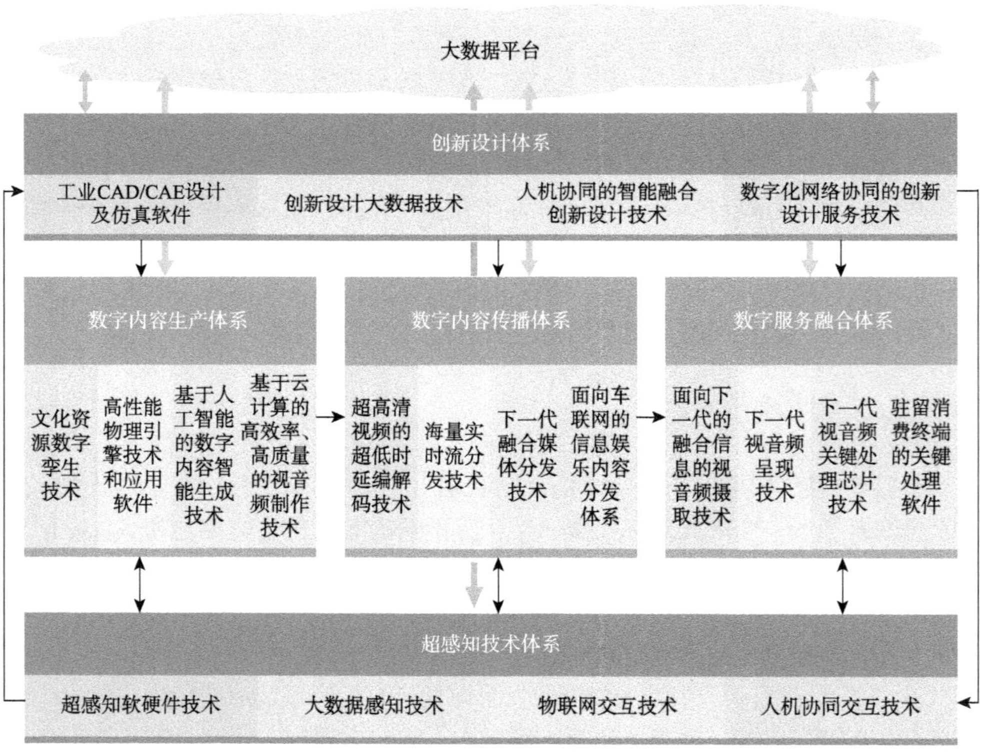

图 4-15　面向 2035 的数字创意五大体系

创新设计体系依靠知识、数据、人的创意设计大量绿色化、智能化、全球网络化的内容、产品和装备。同时，创新设计通过整合智能、大数据、云计算、传感器等关键技术，附加产品设备感知功能和智能反馈，实现高层次的人机协同。数字内容生产体系是数字创意产业发展的基石，优质的数字文化内容，极大地满足用户的使用需求和情感体验。数字内容传播体系将数字创意内容从生产者传播到使用者，通过新型的分享传播手段，提高创意产品的认知度，并拓展消费者的人群和带动周边产品，最终提升数字文化内容的经济效益和社会效益。数字服务融合体系涉及数字内容相关产品和服务，是数字创意产品最终呈现给用户的一个关键环节。超感知技术体系涉及数字创意产业背景下人与人、人与物，以及物与物之间的各种新型沟通交互方式。在层次结构上，数字创意产品经过三个环节，即生产、传播和服务；创新设计涉及这三个环节；超感知技术体系连接其余四大体系，使得四个体系之间实现无障碍、无摩擦的反馈与交流；大数据平台是数字创意产业相关领域的数据集合，与五大体系互通互联，为五大体系提供数据基础。

二、面向 2035 的数字创意产业发展路线图

（一）创新设计体系

面向 2035，我国数字创意产业主要领域进入全球价值链中高端，制造业创新设计、服务业创新设计、人居环境创新设计达到世界设计强国前列，培育若干数字创意一流企业和品牌，形成若干具有国际影响力的创新设计之都。我国创新设计领域实现绿色协调可持续发展，为建设人类命运共同体做出重要的贡献。面向 2035 创新设计体系发展路线图如图 4-16 所示。

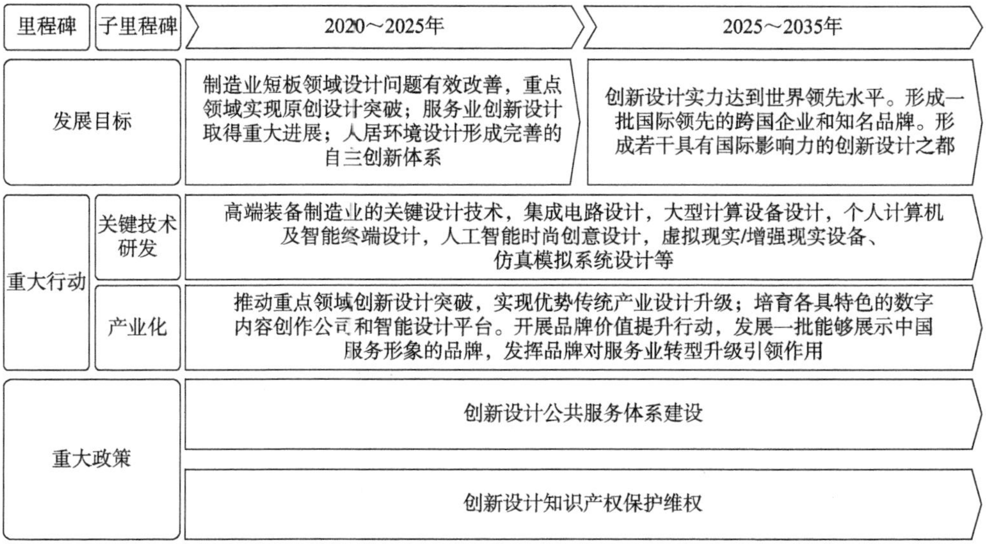

图 4-16　面向 2035 创新设计体系发展路线图

（二）数字内容生产体系

面向 2035，新一代沉浸式、交流式数字文化内容不断涌现，数字内容生产体系将会体现出人机协创、超级感知、实时化与定制化等特点。数字内容生产模式实现高质量的人机协同创新；数字内容呈现方式无限拓展人们的超级感知体验；数字内容在消费形态上将走向定制化，智能化内容生产实现高层次的个性化定制；文化资源得以充分地创造性转化和发展，消费体验得以极大地丰富。面向 2035 数字内容生产体系发展路线图如图 4-17 所示。

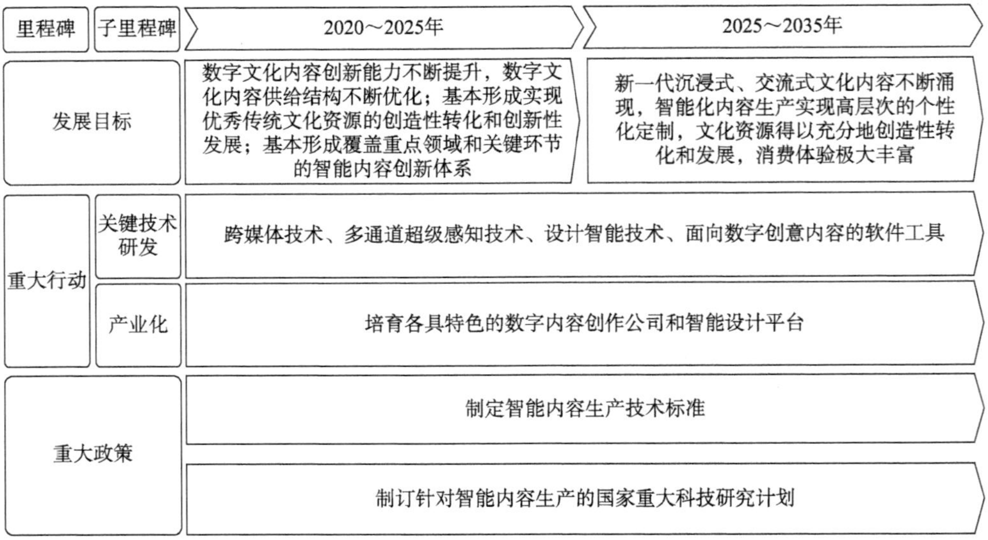

图 4-17　面向 2035 数字内容生产体系发展路线图

（三）数字内容传播体系

2035 数字内容传播体系将会体现出沉浸式、智能化、互动化、定向化等特点，能够把信息获取的手段和用户体验提升到一个全新的高度。面向内容前端，建立起跨越广播网、互联网、物联网，基于固网和移动网的融合平台，构建出覆盖内容制作、传输、分发的传播体系，有效支撑数字内容的生产传播。通过内容提供者和终端用户间无障碍沟通通道，传播体系能够实现“随需而变”的智能传播服务模式，为用户参与内容生产与传播提供途径，并立足传媒产业与关联行业进行联动，推动衍生产品的发展。面向 2035 数字内容传播体系发展路线图如图 4-18 所示。

里程碑	子里程碑	2020～2025年	2025～2035年
发展目标		基本实现5G移动通信网络，基本普及光纤到户，掌握超低时延视频传输技术，全面提高数字内容分发精准度和效率	全面实现万物互联，全面实现信息获取无障碍，全面实现数字内容在有线无线端传播速率达到1Gbps，全面实现数字内容的精准分发
重大行动	关键技术研发	加快5G通信技术的研发和普及，研究超低时延视频编解码技术、综合广播宽带技术，开发数字内容下一代定向推荐算法	
	产业化	培育基于5G新场景的数字内容传播公司	
重大政策		制定综合广播宽带技术标准	
		制订针对数字内容分发技术的国家重大科技研究计划	

图 4-18　面向 2035 数字内容传播体系发展路线图

（四）数字服务融合体系

面向 2035 的泛信息消费体系将可以让人真实极致地体验视音频的信息内容，拥有真实世界和虚拟世界混合体验的现实生活，以及享受基于全息影像和丰富感知的沉浸式体验。它让人们能够以前所未有的方式看待事物，并能带动各个垂直行业的革新。该泛信息消费体系能够打破空间和时间的约束，建立表象与本质的关联，实现任意时间、任意地点、任意对象的逼真场景还原，为个人、企业和社会带来巨大利益。面向 2035 数字服务融合体系发展路线图如图 4-19 所示。

（五）超感知技术体系

依托于 AI、Big Data、Cloud、IoT、区块链等使能技术支撑，2035 年将全面打破人与人、人与物、物与物之间的交互界限，实现人、物、数据之间无障碍的泛沟通体系，这会彻底改变数字创意内容生产、传播、消费和创新设计各环节的现有模式，形成全新的创意环境和体系。面向 2035 超感知技术体系发展路线图如图 4-20 所示。

里程碑	子里程碑	2020～2025年	2025～2035年
发展目标		精密光学镜头、大规模CMOS图像传感器、4K/8K高速处理芯片、编解码芯片等超高清产业核心元器件形成产业化能力	
		国产4K摄像机、专业视频监视器等前端设备形成产业化规模	
		4K电视机全面普及，8K电视机销量占超高清电视机总销量的比例超过15%	真实极致体验视音频的信息内容
		超高清视频产业产值达到7万亿～8万亿元	真实世界和虚拟世界混合体验的现实生活
		我国VR产业整体实力进入全球前列，攻克VR关键核心技术	全息影像和丰富感知的沉浸式体验
		我国VR产业产值超3000亿元	
		VR头戴设备达到世界领先水平，AR眼镜实现自主生产	
“十四五”期间行动计划	关键技术研发	加快精密光学镜头、大规模CMOS图像传感器、4K/8K 高速处理芯片、编解码芯片等核心元器件的研发和国产化普及；突破国产4K摄像机、专业视频监视器研发及产业化瓶颈；突破VR关键核心技术；研发VR/AR动态环境建模、三维图像加速、自然人机交互等关键技术	
	关键项目	从技术、设备、内容、服务构建超高清和VR/AR产业生态体系	
“十四五”期间政策支持		国家提出扶植国产化4K摄像机产业的政策和资金支持	
		制订针对超高清和VR关键核心技术的国家重大科技研究计划	
		建立4K/8K消费终端等级认证体系，制定4K/8K国家补贴政策，积极引导用户4K消费	
		从政策和资金上支持VR/AR用于典型领域，使VR设备可以更加普及，从而由点到面进一步带动用户在其他领域使用VR设备	

图 4-19　面向 2035 数字服务融合体系发展路线图

里程碑	子里程碑	2020～2025年	2025～2035年
发展目标		初步建立人、物、数据之间的沟通交互体系	人与人之间无障碍创意创新协同
		实现人机协作数字内容创作与创新设计	人与物之间无障碍设计创新合作
		构建人、物、数据之间的数字沟通交互安全体系	物与物之间无障碍设计生产联动
“十四五”期间行动计划	关键技术研发	研究数字创意产业中的数据采集技术与设备，实现数字内容消费者数据采集的全面性和准确性；研究数字内容生产工具、创新设计工具协同机制；研究基于物联网及区块链等技术的高效可信沟通交互体系	
	关键项目	制定人、物、数据之间的沟通交互标准，建立相关平台；制定信息沟通交互的可信协议，建成一套数字创意产业信息安全管理体系，保证数据的安全性	
“十四五”期间政策支持		推动人、物、数据之间的沟通交互体系建立	
		推动数字创意产业端到端数据安全体系建立	

图 4-20 面向 2035 超感知技术体系发展路线图

第五章　产业体系成熟度评价研究

产业成熟度是评价和度量产业从诞生到成熟发展过程的量化标准，反映了产业体系发展的完善程度，它是在结合系统工程思想、产业经济学理论和管理决策方法的基础上，提出的对产业体系成熟度发展规律的总结。产业成熟度评价是一种定性与定量相结合的综合集成评价方法，首先对技术、制造、市场的成熟状况进行评价，在此基础上集成出产业发展水平，并得到产业发展状况的综合评价结果，即产业成熟度等级。产业体系成熟度是评价和度量产业体系从诞生到成熟发展过程的量化标准，它反映了产业体系发展的完善程度。

自 2012 年以来，中国工程院先后在重大课题“战略性新兴产业培育与发展战略研究”（综合组）、“‘十三五’战略性新兴产业发展规划咨询研究”（综合组）、“战略性新兴产业重大行动计划研究”（综合组）、“新兴产业发展战略研究（2035）”（综合组）中开展了产业成熟度评价工作，除了评价技术、制造、产品、市场及其产业体系的现状，更深度挖掘一个具体产业方向培育与发展存在的制约要素、发展需求、潜在风险和产业预期成熟时间、规模等关键问题，为相关部门制定产业培育与发展政策提供了有价值、有针对性的数据支持。

应对世界产业竞争不断加剧、中美贸易摩擦长时间存在、科技和产业自主可控的重要性加强等新形势需求，我国亟须构建自主可控的现代产业体系，而原先使用的产业成熟度评价方法暴露出一定的局限性：原始方法注重一国某个具体产业的整体繁荣程度，没有考虑该产业中技术、设备、资金及产品等要素的供给是否具有独立自主性，因而评价结果难以反映一国产业的安全可控程度。面对新的形势要求，结合战兴前几期产业成熟度评价工作实践与专家反馈意见，在本期研究中工作组提出了产业体系成熟度评价模型。产业体系成熟度在产业成熟度的基础上，新增了包括自主可控能力和行业主导能力在内的产业安全可控程度评价因素，这一方法涉及了技术、设备、资金、产品等产业要素供给是否具有独立自主性，旨在以规范、一致、量化的方法评价新兴产业的技术、制造、产品、市场和产业发展状态，同时反映一国产业安全可控程度的基本状况，从而得到对产业体系发展的综合评价结果。

第一节　产业体系成熟度评价方法

一、模型构成

基于前几期提出的产业成熟度模型的基本框架，结合加快构建自主可控的现代化产业体系的战略需求及顶层要求，本期研究新增了产业安全可控度（industrial safety controllability，ISCL）评价指标，构建了产业体系成熟度评价模型（图 5-1）。其中，技术成熟度（technology readiness levels，TRL）、制造成熟度（manufacturing readiness levels，MRL）、产品成熟度（product maturity levels，PRL）和市场成熟度（market maturity levels，MML）沿用原有概念和评价指标。

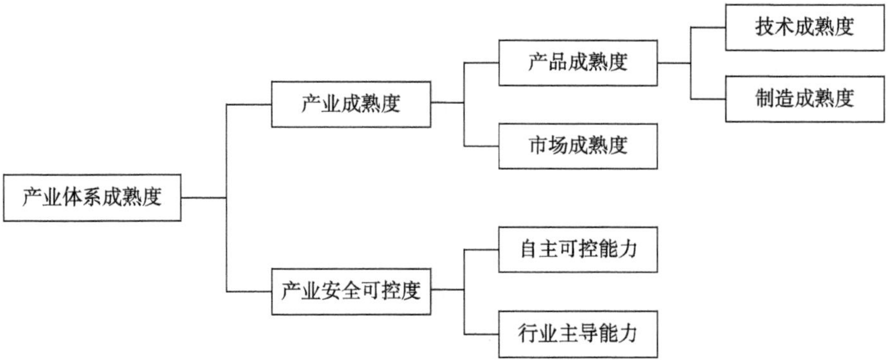

图 5-1　产业体系成熟度评价模型的结构示意图

产业安全可控度用于度量和评价产业安全可控的程度，分为四个等级：弱、较弱、中、强，主要从自主可控能力和行业主导能力两个方面进行评价。自主可控能力评价涉及核心原材料自主能力、核心技术自主能力、关键基础设备自主能力、内资控股能力；行业主导能力评价涉及国内品牌市场影响力、国内产品销售对外出口依存度、行业标准制定能力。产业安全可控度具体评价标准见表 5-1。

表 5-1　产业安全可控度指标及定义

一级指标	二级指标	发展阶段	发展阶段定义
自主可控能力	核心原材料自主能力	1（弱）	国内基本上不具有核心原材料自主生产能力，核心原材料严重依赖进口
		2（中）	国内具有一定的核心原材料自主生产能力，国内厂商与国外厂商存在一定的竞争关系，但国内水平与国际水平总体上还有差距

续表

一级指标	二级指标	发展阶段	发展阶段定义
自主可控能力	核心原材料自主能力	3（强）	国内具有相当的核心原材料自主生产能力，性能达到国际领先水平；尽管一些厂商基于自身偏好或者商业动机选择从国外进口，但国内核心原材料供给完全可以满足市场需求
	核心技术自主能力	1（弱）	国内基本上不具有核心技术自主研发能力，核心技术严重依赖国外输入
		2（中）	国内具有一定的核心技术自主研发能力，国内厂商与国外厂商存在一定的竞争关系，但国内水平与国际水平总体上还有差距
		3（强）	国内具有相当的核心技术自主研发能力，技术达到国际领先水平；尽管一些厂商基于自身偏好或者商业动机选择从国外引进，但国内核心技术供给完全可以满足市场需求
	关键基础设备自主能力	1（弱）	国内基本上不具有关键基础设备自主提供能力，关键基础设备严重依赖从国外进口
		2（中）	国内具有一定的关键基础设备自主提供能力，国内厂商与国外厂商存在一定的竞争关系，但国内水平与国际水平总体上还有差距
		3（强）	国内具有相当的关键基础设备自主提供能力，性能达到国际领先水平；尽管一些厂商基于自身偏好或者商业动机选择从国外进口，但国内关键基础设备供给完全可以满足市场需求
	内资控股能力	1（弱）	行业资金基本上由国外投入，主要厂商的股权少部分由内资把控（30%以下）
		2（中）	行业资金在一定程度上由国外投入，主要厂商的股权在一定程度上由内资把控（30%~70%）
		3（强）	行业资金基本上由国内投入，主要厂商的股权基本上由内资把控（70%以上）
行业主导能力	国内品牌市场影响力	1（弱）	国内品牌在行业内基本上不具有和国外品牌竞争的实力，无论是市场份额和行业影响力都明显弱于国外品牌
		2（中）	国内品牌占据一定的市场份额，但是中高端市场仍然以国外品牌占据为主
		3（强）	国内品牌具有相当的行业影响力，尽管一些消费者基于个人偏好仍然选择国外品牌，但国内品牌在中高端市场完全可以供给同等品质的产品
	国内产品销售对外出口依存度	1（弱）	国内品牌产品的销售严重依赖对外出口（70%以上）
		2（中）	国内品牌产品的销售在一定程度上依赖对外出口（30%~70%）
		3（强）	国内市场对国内品牌产品具有巨大的消费需求，且国内厂商亦可根据国际市场行情进行出口决策
	行业标准制定能力	1（弱）	行业标准的制定能力基本上被国外把控，国内厂商基本无话语权
		2（中）	国内厂商在国际行业标准制定的过程中有一定的投票权或话语权，但仍无主导行业标准的能力
		3（强）	国内厂商在国际行业标准制定的过程中有相当的投票权或话语权，具有较强的主导行业标准的能力

二、指标集成关系

产业体系成熟度评价模型涵盖了产品成熟度、产业成熟度、产业安全可控度和产业体系成熟度四层集成关系。①产品成熟度由技术成熟度和制造成熟度集成得到，可划分为 5 个等级：1 级（概念产品）、2 级（实验室产品）、3 级（工程化产品）、4 级（示范产品）和 5 级（市场产品）（表 5-2）。②产业成熟度由产品成熟度和市场成熟度集成得到，可划分为 4 个等级：1 级（萌生）、2 级（培育）、3 级（发展）和 4 级（成熟）（图 5-2）。③产业安全可控度由自主可控能力和行业主导能力集成得到，划分为弱、较弱、中和强 4 个等级（表 5-3）。④产业体系成熟度由产业成熟度和产业安全可控度集成得到，可划分为 4 个等级：1 级（萌生）、2 级（培育）、3 级（发展）和 4 级（成熟）（图 5-3）。

表 5-2 产品成熟度的集成关系

产品成熟度	产品阶段	技术成熟度	制造成熟度
PRL 1	概念产品	TRL 1	MRL 1
		TRL 2	MRL 2
		TRL 3	MRL 3
PRL 2	实验室产品	TRL 4	MRL 4
		TRL 5	MRL 5
		TRL 6	MRL 6
PRL 3	工程化产品	TRL 7	MRL 7
			MRL 8
PRL 4	示范产品	TRL 8	MRL 9
PRL 5	市场产品	TRL 9	MRL 10

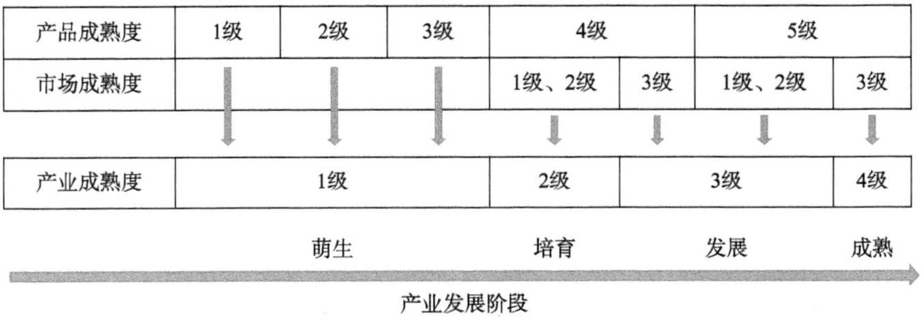

图 5-2 产业成熟度集成方法

表 5-3　产业安全可控度的集成关系

属性	发展阶段	描述
自主可控能力	A1（弱）	存在评价结果为 1 的二级指标
	A2（中）	不存在评价结果为 1 的二级指标，但并非所有二级指标评价结果都为 3
	A3（强）	所有二级指标评价结果都为 3
行业主导能力	I1（弱）	存在评价结果为 1 的二级指标
	I2（中）	不存在评价结果为 1 的二级指标，但并非所有二级指标评价结果都为 3
	I3（强）	所有二级指标评价结果都为 3
产业安全可控度	ISCL1（弱）	存在评价结果为 1 的一级指标
	ISCL2（较弱）	两个一级指标评价结果都为 2
	ISCL3（中）	两个一级指标中，一个为 2，一个为 3
	ISCL4（强）	两个一级指标评价结果都为 3

注：一级指标为自主可控能力和行业主导能力，二级指标即表 5-1 中所列二级指标；A 代表自主可控能力，I 代表行业主导能力

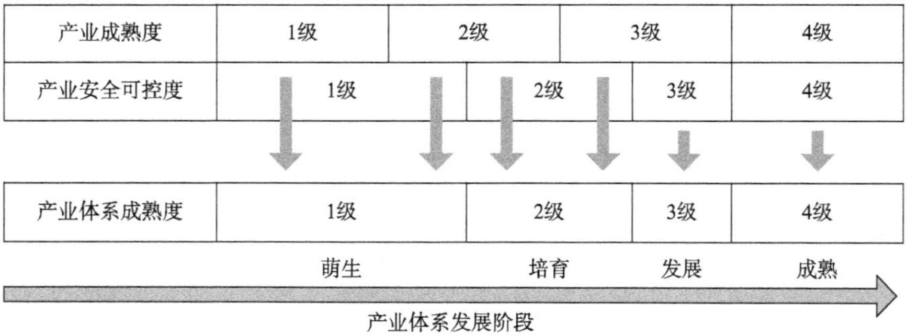

图 5-3　产业体系成熟度集成方法

第二节　针对新兴产业的评估统计与分析

一、总体评估情况

应用产业体系成熟度评价模型，本期研究组织完成了新一代信息技术、高端装备制造、生物、新材料、绿色低碳和数字创意 6 个领域、25 个具体产业方向的成熟度评价工作。相关评价过程分为 4 个阶段：①提出成熟度评价工作的目标、思路和研究方法，制定产业体系成熟度自评价表单；②开展产业体系成熟度评价方法的教育和培训；③组织各领域专家，针对本领域的若干产业方向开展评价，

填写产业体系成熟度自评价表单；④基于各领域的自评价表单，组织专家开展综合评价和数据分析。25 个产业方向完成的产业成熟度评价、产业体系成熟度评价结果见表 5-4。

表 5-4　产业成熟度和产业体系成熟度评价结果统计

领域	产业方向	技术成熟度	制造成熟度	产品成熟度	市场成熟度	产业成熟度	自主可控能力	行业主导能力	产业安全可控度	产业体系成熟度
信息技术	轻薄化 AR 显示模组	7	7	3	1	1（萌生）	1	1	1	1（萌生）
	Micro LED 显示产业	7	7	3	1	1（萌生）	2	2	2	1（萌生）
高端装备制造	大型民机高端涂装产业	7	8	3	1	1（萌生）	2	3	3	1（萌生）
	石墨加工装备	7	9	3	2	1（萌生）	2	2	2	1（萌生）
	柔性显示面板激光加工	7	7	3	1	1（萌生）	3	2	3	1（萌生）
	大型透平货油泵系统	8	9	4	1	2（培育）	2	1	1	1（萌生）
	大型高性能金属构件电弧熔丝增材制造	7	7	3	1	1（萌生）	2	3	3	1（萌生）
	深远海智能渔业养殖装备	8	9	4	1	2（培育）	3	2	3	2（培育）
	智能数控机床	6	6	2	1	1（萌生）	2	1	1	1（萌生）
	电子束增材制造装备	7	7	3	1	1（萌生）	2	1	1	1（萌生）
	化纤长丝卷装作业全流程智能化成套技术装备	9	9	4	2	2（培育）	2	1	1	1（萌生）
生物	生物基材料	7	8	3	1	1（萌生）	2	2	2	1（萌生）
	生物医药生物反应器及成套装置	7	7	3	1	1（萌生）	1	1	1	1（萌生）
	应急疫苗研发与制备技术	7	7	3	1	1（萌生）	1	1	1	1（萌生）
新材料	低维组合材料芯片高通量制备关键技术与装备	6	7	2	1	1（萌生）	2	2	2	1（萌生）
	耐高温聚芳醚类高性能工程塑料	8	9	4	2	2（培育）	3	2	3	2（培育）
	汽车用新一代先进超高强度钢	6	6	2	1	1（萌生）	2	2	2	1（萌生）
绿色低碳	大气污染防治产业	9	9	4	2	2（培育）	2	2	2	2（培育）
	风力发电产业	9	9	4	3	3（发展）	3	2	3	3（发展）
	水污染防治产业	9	9	4	3	3（发展）	3	2	3	3（发展）
	太阳能光伏产业	9	9	4	3	3（发展）	3	2	3	3（发展）
	纯电动汽车产业	9	10	5	3	4（成熟）	3	3	4	4（成熟）
数字创意	VR 产业	8	9	4	2	2（培育）	3	2	2	2（培育）
	超高清视频产业	8	9	4	3	3（发展）	3	2	3	3（发展）
	智能内容生成产业	6	5	2	1	1（萌生）	2	2	2	1（萌生）

二、评估结果分析

在 25 个产业的产业成熟度方面，处于萌生阶段的产业有 14 个，处于培育阶段的产业有 6 个，还有 5 个产业进入了更高的阶段：风力发电产业、水污染防治产业、太阳能光伏产业、超高清视频产业进入了发展阶段，纯电动汽车产业进入了成熟阶段。整体上，多数产业的产业成熟度处于萌生阶段和培育阶段，而进入发展和成熟阶段的产业数量偏少。

在 25 个产业的产业体系成熟度方面，处于萌生阶段的产业有 16 个，处于培育阶段的产业有 4 个，还有 5 个产业进入了更高的阶段：风力发电产业、水污染防治产业、太阳能光伏产业和超高清视频进入了发展阶段，纯电动汽车产业进入了成熟阶段。整体上，25 个产业的产业体系成熟度发展阶段与其所处的产业成熟度发展阶段基本一致。

在 25 个产业的产业安全可控方面，评价结果整体不容乐观：评价结果为弱的产业有 7 个，评价结果为较弱的产业有 8 个，评价结果为中的产业有 9 个，仅有纯电动汽车 1 个产业的评价结果为强。在评价结果为弱的 7 个产业中，轻薄化 AR 显示模组、生物医药生物反应器及成套装置、应急疫苗研发与制备技术这 3 个产业的安全形势相对更为严峻，因而加强这些产业的自主可控和行业主导能力显得尤为迫切。

本书针对 25 个产业，具体梳理了未来发展亟待突破的重点环节（表 5-5）。共有 17 个产业存在亟须突破环节，对应选取的判据为：若技术成熟度<8、制造成熟度<9、市场成熟度<2、产业安全可控度<2，则认为在相应环节需要突破。这一研究结果，微观与宏观因素相结合，可为我国战略性新兴产业的行业研究和政策制定机构提供直接参考。

表 5-5　各产业方向有待重点突破环节统计

领域	待突破环节
轻薄化 AR 显示模组	技术、制造、市场、产业安全可控
Micro LED 显示产业	技术、制造、市场、产业安全可控
大型民机高端涂装产业	技术、制造、市场
石墨加工装备	技术
柔性显示面板激光加工	技术、制造、市场
大型透平货油泵系统	市场、产业安全可控
大型高性能金属构件电弧熔丝增材制造	技术、制造、市场
深远海智能渔业养殖装备	市场

续表

领域	待突破环节
智能数控机床	技术、制造、市场、产业安全可控
电子束增材制造装备	技术、制造、市场、产业安全可控
化纤长丝卷装作业全流程智能化成套技术装备	产业安全可控
生物基材料	技术、制造、市场
生物医药生物反应器及成套装置	技术、制造、市场、产业安全可控
应急疫苗研发与制备技术	技术、制造、市场、产业安全可控
低维组合材料芯片高通量制备关键技术与装备	技术、制造、市场
汽车用新一代先进超高强度钢	技术、制造、市场
智能内容生成产业	技术、制造、市场

第三节 结 语

本期研究提出了产业体系成熟度概念，新增了包括自主可控能力和行业主导能力在内的产业安全可控程度评价因素，并构建了相应的评价准则和评价模型。这一方法涉及了技术、设备、资金、产品等产业要素供给是否具有独立自主性，评价结果可以反映一国产业安全可控程度的基本状况。对 25 个新兴产业方向的产业体系成熟度评价分析表明，对于所研究的 25 个新兴产业方向，产业体系进入发展阶段或成熟阶段产业方向的数量相对较少，且多数产业方向的安全可控程度评价结果不佳。

对于安全可控程度评价结果不佳的产业方向，建议未来通过国家和行业的共同努力，既要加强核心原材料自主水平、核心技术自主水平、关键基础设备自主水平和资金自主水平来提升产业的自主可控能力，解决“卡脖子”问题，更要从提升国内品牌市场影响力、减少国内产品销售对外出口依存度和提升行业标准制定能力等角度持续发力，不断增强行业主导能力；对其中技术和制造成熟度相对较高的产业方向，建议在着力提升产业安全可控程度的同时，重点推广商业示范应用，加大政策扶持力度促进它们的市场化发展，支持技术创新完成从科技研发到商业推广的成长历程。

第六章　新兴产业区域发展路径研究

第一节　京津冀新一代信息技术产业发展路径分析

一、京津冀新一代信息技术产业一体化发展现状及问题

（一）京津冀新一代信息技术产业一体化发展现状

2018 年发布的中国电子信息制造业综合发展指数结果显示，北京作为电子信息制造业的研发高地，电子信息制造业综合发展指数为 71.30，位居全国第五位。

与作为电子信息产品加工密集区的珠三角和世界电子信息产业重点投资地区的长三角不同，京津冀地区电子信息产业发展的基础和配套设施较弱，区域内不同省份之间的经济条件也存在较大差异，工业基础、科研实力、区位优势各不相同。比如，北京电子信息产业具有较强的技术研发能力，在研制、规模生产各类计算机系统及软件、半导体分立器件及集成电路通信、广电设备、电子测量仪器和专用设备、元器件等方面具有较强的综合能力，是全国重要的软件基地和主要的电子技术研究开发基地、生产基地；天津则在手机生产方面具有较大优势，拥有国内最完整的手机生产及配套企业和相对完备的基础设施，移动通信设备及终端产品、集成电路、新型元器件、彩管、彩显、磁卡、软件等产品生产方面在全国具有较大影响力。

近年来，京津冀电子信息产业一体化态势逐步显现。京津冀协同发展战略提出以来，中关村多家企业积极与天津、河北各地展开合作。通过企业产业链条的构建和合作共建园区的设立，京津冀电子信息产业，尤其是软件产业在一体化方面有了实质性进展。

（二）京津冀新一代信息技术产业一体化发展面临的问题

京津冀电子信息产业发展过程中还存在产业地域协调性不强、产业交叉性偏弱、链条优势难以发挥等问题。

（1）京津冀新一代信息技术产业集群优势尚未形成。与天津、河北相比，北京的电子信息产业较为多元化，基本形成以元器件科技研发为主导的电子信息产业格局，且主要集中在海淀区和朝阳区等高校和科研院所密集的地区；天津在电子信息领域的电子元器件开发生产方面优势显著，主要集中在华苑产业园区，并形成了一定的产业集聚效应，具备与北京开展产业对接的条件；河北在电子信息产业方面的资源较为分散，电子元器件企业主要分布在保定地区，集成电路封装测试企业主要集中在石家庄地区，而软件开发、通信设备等在石家庄、保定、邢台、衡水、唐山、沧州等地均有分布，产业集聚优势尚未形成。

（2）京津冀新一代信息技术产业发展能力不均衡。京津两地在元器件和传感器领域已经各自形成产业集群，北京具有技术研发优势，天津具有产品生产制造优势，具备一定的产业转移和对接能力，但河北省在元器件领域的生产和研发能力较弱，通信与自动控制技术、软件开发等企业的分布也较为分散，难以形成产业集聚效应，虽然具有承接北京电子信息产业转移的空间和成本优势，但目前的产业状况使其难以发挥作用。

（3）政府支持能力和企业战略能力有待提高。京津冀地区政府支持能力、企业战略能力得分虽然有所上升，但增长率低于上海、江苏、浙江、安徽地区，与长三角地区尚有差距。从变量层来看，国有企业投资额的相对下降及企业数量、R&D 经费内部支出的悬殊分别是京津冀地区政府支持能力和企业战略能力低于长三角地区的重要原因。

（4）京津冀新一代信息技术产业创新能力相对欠缺。京津冀地区技术创新能力和市场拓展能力得分均有所上升，但在创新能力和新产品销售情况方面，地区研发能力不均衡和新产品销售能力较低。从变量层来看，R&D 人员折合全时当量的大幅提升是京津冀地区技术创新能力超过长三角地区的主要原因。据统计，北京集中了全国近 1/3 的软件开发人才，且电子信息产业主要分布在中关村科技园区，集聚在天津滨海高新技术开发区的电子信息产业也有了长足发展，但河北省的研发型企业和创新人才欠缺导致的创新能力不足成为制约京津冀电子信息产业一体化进程的重要原因。

二、京津冀新一代信息技术产业发展对策

（1）破除京津冀三地间的体制机制障碍，加强地区间产业融合。构建京津冀协同发展的体制机制，推动资源要素市场一体化，推进基于互联网和云服务的电子信息产业一体化进程，充分开发利用“中关村”品牌和能力的辐射效应，以“中关村”先进的发展经验和管理理念，带动河北在电子元器件、信息服务软件方面产业集聚能力和生产能力的提高，增强津冀两地承接北京非首都功能的实力。

（2）结合地域优势合理进行规划协调，创新产业发展新模式。京津冀明显的产业差异性和互补性，奠定了电子信息产业一体化的基础，也为提升落后地区电子信息产业能力提供了空间。三地政府应将电子信息产业作为一个生态系统进行统一规划和协调，在科学合理配置市场资源的基础上，以构建区域协同发展的产业链和价值链为目标，围绕京津冀各自发展需求和产业条件，推动电子信息产业在三地的科学分工和布局，实现京津冀产业结构优化升级和产业转移。除建设石家庄中关村集成电路产业基地外，还应探索建立京津关于元器件的产业合作基地及三地合作模式。

（3）推进信息产业与传统产业融合发展，探索新的产业增长点。“电子（智能）+传统产业”的发展态势为京津冀电子信息产业一体化带来新的发展机遇，在发展高端智能化产业的同时，应将电子信息制造业与传统产业的智能化改造相结合，与推动工业、农业、服务业信息化相结合，充分利用信息技术与信息资源探索传统产业发展创新点，在用新模式和新业态改造提升传统产业的同时，促进先进地区与落后地区电子信息产业的一体化发展，形成新的区域经济发展引擎。

（4）促进京津冀信息产业转移，优先承接重点领域。产业园区（基地）是承接产业转移的主要载体。按照总体导向要求，京津冀各产业园区（基地）要依托现有产业基础，将承接新产业与淘汰落后产能、处置僵尸企业相结合，将谋求新发展与转型升级相结合，合理确定主导产业和发展方向，做好园区发展规划并同步开展规划环境评价工作，引导相关产业向园区转移集聚，形成与资源环境承载力相适应的产业空间布局。

各产业带承接产业转移的主要载体，以及每个载体（园区、基地）优先承接发展的产业方向见表 6-1。

表 6-1　京津冀信息产业转移承接方向

序号	园区	承接方向
1	北京经济技术开发区	集成电路、新一代信息技术
2	北京天竺空港经济开发区	集成电路装备

续表

序号	园区	承接方向
3	北京林河经济开发区	微电子
4	天津经济技术开发区	电子信息
5	天津滨海高新技术开发区	软件及新一代信息技术
6	天津空港经济区	电子信息
7	天津北辰经济技术开发区	新一代信息技术
8	天津宝坻京津中关村科技新城	软件和信息服务业
9	蓟州京津州河科技产业园	电子信息
10	廊坊经济技术开发区	电子信息
11	燕郊国家高新技术产业开发区	电子信息
12	北京亦庄·永清高新技术产业开发区	移动通信、集成电路
13	河北玉田电子工业园	高端电子元器件、微电子产品制造

第二节　长江经济带信息技术产业发展路径分析

一、长江经济带信息技术产业发展现状

2018年发布的中国电子信息制造业综合发展指数结果显示，2017年中国电子信息制造业发展指数得分前十二位中，长江经济带省市占了7个席位，分别为江苏省、浙江省、上海市、四川省、重庆市、湖北省、安徽省，各自的得分为75.62、73.34、72.12、70.13、70.10、69.86、68.77。

从产业上看，长三角是我国集成电路的主产地，产业规模居全国龙头地位，已成为国内集成电路产业链最完整、产业集中度最高和综合技术能力最强的地区。安徽、湖北、四川、重庆等地逐步构建了包括IC设计、芯片制造、封装测试及材料设备在内的比较完整的产业链。显示面板产业在长三角地区也有集聚。在产业集群化发展的拉动下，湖北、重庆等地的产业规模和研发创新指标都呈现了较为明显的增长。

此外，浙江、湖北、重庆等地紧抓智能网联汽车、光电子、北斗、超高清视频等新兴产业市场机遇，出台相关产业政策促进本地技术创新积淀，实现研发创新、产业机遇把握等指标较快增长。浙江通过推动杭州城西科创大走廊、萧山智能网联汽车自主创新标准研究基地、嘉兴科技城等重大创新平台载体建设，形成

了一批产城融合发展新基地。湖北以“国家信息光电子创新中心”“北斗及地球空间信息产业国际科技合作基地”等产业创新中心为载体，发展光电子和北斗产业，产品和企业竞争力、研发创新指标明显增长。重庆积极推进智慧交通和车联网发展，研发创新、产品和企业竞争力指标提升较快。四川还大力发展智慧健康、智慧家庭产业。江西加快虚拟现实等特色产业发展，促进了研发创新、产业机遇把握等指标较快增长。

二、长江经济带信息技术产业集群发展路径

牢固树立和贯彻落实创新、协调、绿色、开放、共享的发展理念，以供给侧结构性改革为主线，全面实施“中国制造 2025”，坚持生态优先、绿色发展，坚持市场主导、政府引导，坚持特色突出、错位发展，以改革激发活力、以创新增强动力、以开放提升竞争力，依托国家级、省级开发区，推动长江经济带电子信息产业有序转移和协调发展，打造电子信息产业集群。

（一）打造以城市群为中心的电子信息产业发展圈

按照组团发展、互动协作、因地制宜的思路，以长江三角洲、长江中游、成渝等跨区域城市群为主体，黔中等区域性城市群为补充，促进城市群之间、城市群内部的信息技术产业分工协作和有序转移，构建城市群产业发展圈。

（1）长江三角洲城市群。以上海为核心，依托南京都市圈、杭州都市圈、合肥都市圈、苏锡常都市圈、宁波都市圈，强化沿海、沿江、沪宁合杭甬（上海、南京、合肥、杭州、宁波）、沪杭金（上海、嘉兴、杭州、金华）聚合发展，聚焦电子信息产业集群发展和产业链关键环节创新。

（2）长江中游城市群。增强武汉、长沙、南昌中心城市功能，依托武汉城市圈、环长株潭城市群、环鄱阳湖城市群，以沿江、沪昆和京广、京九、二广“两横三纵”（沿长江、沪昆高铁、京广通道、京九通道、二广高速）为轴线，发展电子信息产业，建设具有全球影响力的电子信息产业基地。

（3）成渝城市群。提升重庆和成都双核带动功能，依托成渝发展主轴、沿江城市带和成德绵乐城市带，重点发展电子信息产业，打造全国重要的先进电子信息产业基地。

（4）黔中城市群。增强贵阳产业配套和要素集聚能力，以贵阳—安顺为核心，以贵阳—遵义，贵阳—都匀、凯里，贵阳—毕节为轴线，重点发展电子信息产业，推进大数据应用服务基地建设，打造战略性新兴产业基地。

（二）大力培育电子信息世界级产业集群

利用现有产业基础，加强产业协作，整合延伸产业链条，突破核心关键技术，培育知名自主品牌，依托国家级、省级开发区，在电子信息领域培育集聚效应高、创新能力强、品牌影响大、具有国际先进水平的世界级电子信息产业集群。

依托上海、江苏、湖北、重庆、四川，着力提升集成电路设计水平，突破核心通用芯片，探索新型材料产业化应用，提升封装测试产业发展能力。在合肥、重庆发展新型平板显示，提高高世代掩膜版等关键产品的供应水平。依托上海、江苏、浙江、湖北、四川、贵州，重点发展行业应用软件、嵌入式软件、软件和信息技术服务，培育壮大大数据服务业态。在物联网重大应用示范工程区域试点省区市和云计算示范城市，加快物联网、云计算技术研发和应用示范，推进产业发展与民生服务，以及能源、环保、安监等领域的深度融合。

三、长江经济带电子信息产业集群承接导向

按照发展路径需求，依托现有产业基础，围绕打造电子信息世界级产业集群，引导相关产业转移集聚，形成与资源环境承载力相适应的产业空间布局。各地区承接电子信息产业集群转移的主要载体及优先承接方向见表 6-2。

表 6-2　长江经济带电子信息产业承接方向

序号	园区	承接方向
1	上海·金桥经济技术开发区	核心芯片、通信系统设备、嵌入式软件、智能终端、平板显示
2	上海·张江高科技园区	集成电路设计、制造、封装测试，软件
3	上海·紫竹国家高新技术产业开发区	软件开发与测试
4	江苏·盐城国家高新技术产业开发区	智能终端
5	江苏·盐南高新技术产业开发区	大数据存储、应用、交易，云计算
6	江苏·常州光伏产业园	太阳能光伏
7	江苏·淮安高新技术产业开发区	软件服务外包、太阳能光伏
8	江苏·江阴国家高新技术产业开发区	集成电路
9	江苏·金坛经济开发区	光伏电池及组件、光伏逆变器、光伏设备
10	江苏·昆山光电产业园	光电子器件
11	江苏·昆山综合保税区	通信系统设备、智能终端
12	江苏·南京白下高新技术产业园	智能交通、云计算

续表

序号	园区	承接方向
13	江苏·南京高新技术产业开发区	北斗卫星应用、大数据、网络信息安全产品和服务
14	江苏·南京经济技术开发区	新型显示器、太阳能光伏
15	江苏·启东经济开发区	汽车电子、智能仪器仪表
16	江苏·无锡（太湖）国际科技园	物联网、云计算、软件服务外包、移动互联网、电子商务
17	江苏·无锡国家高新技术产业开发区	集成电路设计
18	江苏·锡山经济技术开发区	智能传感器、集成电路、液晶显示器配套产品
19	江苏·扬州经济技术开发区	半导体照明、太阳能光伏
20	浙江·富阳经济技术开发区	通信系统设备，电子计算机及其部件，光棒、光纤及生产设备
21	浙江·杭州高新技术产业开发区	软件开发、电子商务、物联网
22	浙江·宁波保税区	液晶显示屏、电子计算机及其部件、集成电路
23	浙江·宁波国家高新技术产业开发区	集成电路、光电子器件
24	浙江·鄞州工业园区	电子材料、电子元器件
25	浙江·东阳横店电子产业园区	磁性材料、电子元器件
26	安徽·蚌埠高新技术产业开发区	新型显示器、电子元件
27	安徽·合肥高新技术产业开发区	智能语音、量子计算等新型计算技术应用
28	安徽·合肥经济技术开发区	数字家庭智能终端、笔记本电脑、平板电脑
29	安徽·祁门经济开发区	电子元器件（快恢复二极管、固态继电器、整流芯片）
30	安徽·铜陵经济技术开发区	印制电路板
31	湖北·武汉光谷光电子信息产业园	光通信、激光、集成电路、移动互联网、软件开发
32	湖北·武汉花山软件新城	软件开发、信息技术服务
33	江西·井冈山经济技术开发区	印制电路板、新型触控显示、LED 及应用产品
34	江西·南昌经济技术开发区	高像素摄像机模组、通信终端设备、LED 及应用产品
35	湖南·郴州高新技术产业开发区	光电混合集成电路、LED 及应用产品
36	湖南·衡南工业集中区	计算机主板、光纤陶瓷插芯
37	湖南·长春经济技术开发区	印制电路板、电子材料（稀土）
38	重庆·巴南经济园区	液晶显示器面板、集成电路、智能终端、云计算
39	重庆·两江新区水土高新技术产业园	平板显示、云计算、大数据、半导体分立器件、软件和信息技术服务
40	重庆·两路寸滩保税港区	笔记本电脑
41	重庆·潼南工业园区	智能手机、基础电子元器件

续表

序号	园区	承接方向
42	重庆·西永微电子产业园区	笔记本电脑、打印机、智能电视、集成电路
43	重庆·重庆高新技术产业开发区	石墨烯材料、应用电子、智能电视
44	重庆·重庆经济技术开发区	物联网、智能手机
45	四川·成都高新技术产业开发区	软件和信息技术服务、智能终端、电子元器件
46	四川·华蓥市工业发展区	家用视听设备、电子元器件
47	四川·乐山高新技术产业开发区	电子元器件、物联网
48	四川·双流工业集中发展区	软件和信息技术服务、智能终端、集成电路设计
49	四川·遂宁经济技术开发区	基础电子元器件及材料、节能型半导体照明产品
50	四川·中江高新技术产业园区	工控系统、电子元器件、工业大数据
51	贵州·贵安新区电子信息产业园	智能终端，大数据，软件服务外包，集成电路设计、封装测试
52	贵州·贵阳国家高新技术产业开发区	大数据存储、应用，电子商务

第三节　建设泛雄安绿色低碳技术集成创新示范区

以雄安地区为主建设泛雄安地区绿色低碳技术集成创新示范区。泛雄安地区以雄安（雄县、容城、安新）为中心，包括周边部分区域，地处北京、天津、保定腹地，规划建设以特定区域为起步区先行开发，起步区面积约 100 平方公里，中期发展区面积约 200 平方公里，远期控制区面积约 2000 平方公里，囊括保定、邢台、沧州等地区。

雄安新区长期以来，化石能源比重偏高，煤炭消费量占能源消费总量的 90%左右，而作为我国地热等可再生能源资源丰富的地区之一，可再生能源消费占一次能源消费的比重仅为 5%左右，能源结构性矛盾问题十分突出。大力发展可再生能源是调整优化能源结构的主攻方向。雄安新区作为未来京津冀发展的龙头地区，“生态环境保护”也是要率先突破的领域之一，重点是区域联防联控环境污染，建立一体化的环境准入和退出机制，加强环境污染治理，大力发展循环经济，推进生态保护与建设，积极应对气候变化。

一、工程目标

该示范区建成以后，有望实现 60%～80%的能源由可再生能源供给。实现可再生能源全部并网消纳。其中，风电新增装机容量 1120 万 kW，太阳能光伏新增装机 1000 万 kW。到 2020 年，新增生物质发电量 50 亿 kW·h，燃料乙醇年产 56 万 t，沼气年产 15.4 亿 m^3，建成玉米燃料乙醇生物炼制工程。因地制宜确定开发利用地热资源类型与开发方式，对地热资源进行有序、有度的开发，促进地热资源的高效利用与可持续利用。完善生态功能，统筹绿色廊道和景观建设，实现白洋淀生态环境根本改善，构建蓝绿交织、清新明亮、水城共融、多组团集约紧凑发展的生态城市布局。选用先进的新能源、清洁能源整车产品，推行“基于智慧城市、智能交通、智能汽车深度融合的中国新一代智能运载工具”，将雄安新区打造为独特的未来城市智慧出行体系示范区。

二、工程任务

（1）建设雄安地区智慧能源综合服务平台。基于全景建模、综合告警、运维流程管控及评价等关键技术研究，研发智慧能源运维服务系统及移动应用，包含能源规划、能源监控、运行优化、能源交易、能源运维、综合评价等应用功能，实现配电房运维监控、资产管理、运维管控、服务考评、运营管理等。

（2）完成新建核电厂的供热总体规划方案及泳池式低温供热堆。在确保核电厂安全、稳定运行的情况下，提升核电厂综合能源利用效率，实现在运核电厂向周边区域供热的目标。通过核能供热及海水淡化技术，为雄安新区提供淡水资源，解决当地缺水的现状。拟选定我国核工业集团公司海兴核电厂作为示范厂址。泳池式低温供热堆技术采用成熟的池式研究堆技术，具有“零堆熔、零排放、易退役、实现消除放射性大规模释放”的安全特点，可在接近用户的情况下实现安全供热。

（3）加快推进风电开发与配套电网建设协调发展。坚持“集中与分散开发并重、就地高效消纳利用”的风电开发原则，充分利用泛雄安新区丰富的风能资源，稳步有序地推进保定、衡水、沧州、邢台、廊坊、石家庄等地区的陆上风电开发建设和沧州沿海地区的海上风电开发建设，加快推进泛雄安新区风电规模化协调发展的同时，鼓励开展低风速风电分散式开发建设。合理规划新区电网结构，加强风电项目集中地区配套电网建设和输电通道建设，优化电网调度运行方式，推进新区内风电资源优化配置，促进风电就地高效消纳利用。

（4）加速推动太阳能产业的协调发展。泛雄安地区年总辐射量在 1450～1500kW·h/m^2，属于太阳能资源“很丰富区”，具备发展太阳能光电的良好资源条件。同时，拥有包括晶澳太阳能、英利绿色能源等大型光伏企业，具有发展太阳能光伏的技术条件。在泛雄安地区，大规模加强包括分布式光伏、渔光互补、农光互补（光伏大棚）、风光互补、光伏建筑一体化（building integrated photovoltaic，BIPV）等，鼓励自发自用、余量上网，有望在“十三五”期间实现1000万kW的太阳能光伏装机。保定市2020年的太阳能集热累计面积规划达已经到221万m^2，占全省开发区域的1/8。在泛雄安地区，选择适当的地点建设太阳能热发电示范项目，在发挥发电作用的同时，参与大规模可再生能源调峰。

（5）稳步发展生物质发电，建设玉米燃料乙醇和沼气生物炼制工程。详细调研泛雄安新区生物质资源，发展分布式生物质能发电体系，按照泛雄安新区现有农作物秸秆量及其畜禽粪便量计算，若将农作物秸秆的30%用于发电，可产电量168.4亿kW·h，若将畜禽粪便的30%用于产沼气发电，可产电量43.8亿kW·h。推进大型沼气生物炼制工程建设，提炼沼气作为车用燃气，若将畜禽粪便的30%用于产沼气提炼车用燃气，可产燃气量4.4亿m^3，替代36.6万t汽油，配套开发沼液、沼渣高值化利用技术。建设年产50万t玉米燃料乙醇生物炼制工程，配套年产10万t玉米芯低聚木糖、年产5万t玉米芯燃料乙醇、年产1万t玉米秸秆燃料乙醇示范工程和年产45万t动物饲料。

（6）重点突破规模化分布式可再生能源并网技术与装备。针对规模化、高渗透率分布式可再生能源并网消纳需求，重点突破分布式光伏直流并网集成、控制和保护技术，重点发展大规模、高渗透率分布式发电并网集成和灵活控制技术。掌握电力市场条件下分布式能源与可调负荷灵活运行调控技术，研制出大功率光伏直流并网变流器、分布式可再生能源发电变流器等关键设备。

（7）地热资源以浅层地热能供暖（制冷）为主，浅层低温能发电为辅的发展战略。在河北省地热开发利用“十三五”规划中，地热资源优势突出的保定市所规划的地热面积最大。其中，在地热供暖示范工程中，该规划表示将“以保定地区东部地热重点开发带为核心，重点开发雄县—容城—安新—博野—蠡县—安国等地地热资源”。

（8）加大勘查力度，重点开展雄安新区多层水热型热储综合利用。在水热型地热资源热储层多、地热水开发利用方式较多、开发利用条件较好的大型人口聚居区［如雄县县城（雄州镇）、安新县城（安新镇）馆陶组热储与基岩热储均有分布，地热资源赋存条件较好的地区］，重点勘查，开展多层水热型热储综合利用。此类地区对地热资源的需求主要为集中供暖、洗浴、疗养及生活用水，应以地热集中供暖为主，多种开发利用方式共同开发。采暖方式有两种不同的选择，温度较高的热水可以采用暖气片方式提供高层供暖，温度较低的热水可以提供地板辐射采暖。同时，可通过梯级利用与地热回灌的方式将开采的地热水纳入循环，提高热量利用效率，节约水资源。

（9）实施白洋淀生态修复，实现水质达标，远景规划建设白洋淀国家公园，创新生态环境管理。加强水环境治理，坚持流域“控源—截污—治河”系统治理，实施入淀河流水质目标管理，全面治理工业污染源，强化城镇、乡村污水收集处理，有效治理农业面源污染，打造良好的河流生态环境，确保入淀河流水质达标。科学有序实施淀内生态清淤，消除内源污染，修复水体底部水生动物栖息生态环境，提升淀泊水环境质量，将白洋淀水质逐步恢复到Ⅲ～Ⅳ类。优化淀区生态格局，对现有苇田荷塘进行微地貌改造和调控，修复多元生境，展现白洋淀荷塘苇海自然景观。实施生态过程调控，恢复退化区域的原生水生植被，促进水生动物土著种增殖和种类增加，恢复和保护鸟类栖息地，提高生物多样性，优化生态系统结构，增强白洋淀生态自我修复能力。优化完善白洋淀及上游生态环境管理机制，加强生态空间管控体系建设，实施智能生态管控，全面建成与生态文明发展要求相适应的生态环境管理模式。

（10）推动区域环境协同治理，改善大气环境质量，严守土壤环境安全底线。提升传统产业的清洁生产、节能减排和资源综合利用水平，加强生态保护和环境整治，强化综合监管。集中清理整治散乱污企业、农村生活垃圾和工业固体废弃物。开展地下水环境调查评估，全面开展渗坑、排污沟渠综合整治。严格控制移动源污染，实行国内最严格的机动车排放标准，严格监管非道路移动源；巩固农村清洁取暖工程效果，实现新区散煤“清零”；构建过程全覆盖、管理全方位、责任全链条的建筑施工扬尘治理体系。根据区域大气传输影响规律，在石家庄—保定—北京大气传输带上，系统治理区域大气环境。落实土壤污染防治行动计划，推进固体废物堆存场所排查整治，加强污染源防控、检测、治理，确保土壤环境安全。

（11）打造雄安新区独特的未来城市智慧出行体系。雄安新区选用先进的新能源清洁能源整车产品，提供绿色高品质新型公共交通服务和私家乘用车及商用车，在此基础上，推行“基于智慧城市、智能交通、智能汽车深度融合的中国新一代智能运载工具”，以降低私人乘用车的拥有和使用意愿为总体导向，分阶段建设智能驾驶汽车分时共享、无人化物流配送、定制化共享公交服务等场景推广应用的国际领先的智慧城市智能交通体系。到2030年，中国新一代智能运载工具将成为新区主要的普及型交通运载工具。

结合雄安新区规划建设进展，建议具体工作分两个阶段完成。第一阶段预期2020年完成：车辆具有机构冗余配置、高精电子线控、模块化智能移动平台等特点，支持受控环境下的智能等级≥L3。第二阶段预期 2025 年完成：智慧共享服务平台大规模运行，受控环境下智能共享汽车全面达到 L4 智能化水平，实现定制化公交线路 100% 全覆盖，建立城市移动出行产品与服务体系，实现车辆的智慧共享。

三、需着力解决的关键问题与相关保障措施

（1）建议将泛雄安地区能源新技术战略性新兴产业发展纳入京津冀一体化及雄安相关发展规划。将地热资源开发纳入城市建设规划，只有使地热资源的开发利用融入未来雄安新区的城市规划中，才能最大限度地将地热资源清洁供能、节能减排的效果发挥出来。在“采灌平衡”“取热不取水”的原则下，优先在县域、乡镇、美丽乡村及城市郊区开展地热能替代燃煤供暖示范项目建设，逐步推进地热资源在雄安新区各区域、各行业的大范围应用。

（2）扶持泛雄安地区能源新技术战略性新兴产业，提供政策支持。城市供热是公用事业，建议国家投入资金开展有关提高核能供热堆技术、效能和经济性等方面的研发工作，以及核制冷、利用现有热网集中供冷的研发工作。在核供热价格及运行成本上，建议政府制定相应的优惠政策，这样既有利于公众购买核能供热服务，又能够促进核供热企业的健康发展。通过多能互补、就地消纳的方式，大力发展分布式光伏。加强发电端和用电端的智能互联，鼓励企业、个人通过多种方式发展分布式光伏。通过领跑者计划等，加强技术创新对产业发展的带动作用。

（3）及早试点新能源高比例示范，逐步推广应用。按照“政策引领、市场运作”的原则，遵循“提早规划，有效沟通，先行先试，加快建设，促进转型，尽早见效”的发展思路，以低温供热示范工程为核心，组建核能供热开发公司。选定示范区，确定用户集群，按照安全性、经济性、可行性原则，以池式低温供热堆机组建设为突破口，积极稳妥推进核能供热示范项目建设落地。

（4）重点解决风电开发建设与平衡消纳之间的难题。通过深入落实简政放权总体要求，优化简化风电项目核准程序；加强风电项目配套规划建设和并网运行方案研究制订，优化风电调度运行和促进风电高比例消纳；创新泛雄安地区新能源高比例发展重大工程政策环境、体制机制和商业模式，优先执行国家有关新能源项目的灵活价格政策、激励政策和改革措施。

（5）结合城市规划，加强顶层设计，大力推动光伏建筑一体化的产业在泛雄安地区的示范推广。泛雄安地区的发展，将要形成数亿平方米的新建建筑面积，在这些新建建筑上，大力推进光伏建筑一体化技术的推广，指定建筑利用太阳能光伏、节能技术等的应用比例，这有望为我国未来分布式光伏发电技术创造一个良好的市场氛围，创新相关项目的产权、收益共享机制和商业运行模式，制定执行灵活的价格、税收等激励政策，完善项目投融资机制，降低成本，形成产权明晰的分布式光伏发展“雄安模式”。

（6）新建玉米燃料乙醇炼制工程需要国家政策支持。由于粮食燃料乙醇会产生与人争粮的问题，国家原则上不再批准新的粮食燃料乙醇生产厂。京津冀地区尚未有粮食和非粮燃料乙醇生产厂，且该地区也为玉米主产区，由于近年来玉米陈化粮库存量巨大，去库存成为新形势下的迫切需求，在泛雄安新区建设玉米燃料乙醇生物炼制工程，可以消纳玉米陈化粮库存和玉米秸秆、玉米芯废弃物，为京津冀地区提供燃料乙醇，缓解大气污染，这符合新形势下的政策需求。新建玉米燃料乙醇炼制工程势必要突破既定制度的限制范围，需要获得国家政策扶持。

（7）突破新区智能载运工具的关键技术。面向共享出行、定制化公交、智能物流等具体场景，模块化智能网联共享汽车的常态化运行需要突破以下五个关键共性技术：①面向全自动驾驶的共性线控底盘技术。实现底盘设计模块化，具备转向、驱动、制动、档位等执行器的控制接口，实现关键执行器、控制器冗余并与常规系统互为备份。②基于车路协同的环境感知技术。面向可控半封闭环境下的感知目标类型和光照、反射等环境特点，设计车载和路侧感知系统，系统成本可控，符合产业化生产要求。③面向新区地下和半地下环境的智能网联汽车高精度定位定姿技术。设计基于车路协同的高可靠、低成本实时定位定姿系统，满足中低车速下封闭环境自动驾驶对车辆位置和航向的需求。④半封闭环境下纯电自动驾驶汽车队列的协同决策与控制技术。基于控制理论、机器学习、大数据分析等技术，设计车辆的决策、路径规划与控制方法，包含编队、避让、换道、超车等基本行为。充分发挥多车网联协同的优势，改善市民出行体验、提升公共交通服务质量，缓解城市交通拥堵问题，实现节能减排。⑤车辆监管云平台技术。基于车联网、5G 通信、云计算，实现车辆动静态信息查询、远程诊断与故障预警、智能能耗管理，实现基于市民出行需求、路况、交通等参数的线路优化，实现基于 GIS（geographic information system，地理信息系统）动态显示的应急事件与事故追踪处理。

第四节　建设华南沿海绿色低碳技术集成创新示范区

以粤西南沿海（含海南岛）地区为主建设华南沿海绿色低碳技术集成创新示范区。华南沿海是由广东省沿海城市、香港特别行政区、澳门特别行政区和海南省组成的集群区，涵盖粤港澳大湾区、深圳中国特色社会主义先行示范区、海南自由贸易试验区和 21 世纪海上丝绸之路，在此建设绿色低碳技术集成创新示范区，符合国家政策需求，具有重要的战略意义。中共中央、国务院 2019 年先后印发的《粤港澳大湾区发展规划纲要》、《国家生态文明试验区（海南）实施方案》

和《关于支持深圳建设中国特色社会主义先行示范区的意见》均提出绿色低碳发展。

为响应国家“一带一路”倡议号召，广东省颁布了《广东省海洋经济发展“十三五”规划》，指出重点优化海岸带布局，积极推进“六湾区一半岛”（环珠江口湾区、环大亚湾湾区、大广海湾区、大汕头湾区、大红海湾区、大海陵湾区和雷州半岛）生态建设，着力加强“五群岛”（珠江口岛群、大亚湾岛群、川岛岛群、粤东岛群和粤西岛群）保护利用；建设珠三角海洋经济优化发展区和粤东、粤西海洋经济重点发展区，构建粤港澳、粤闽、粤桂琼海洋经济合作圈，打造海洋供给侧结构性改革示范基地和海洋“走出去”基地；在粤西建设临海清洁能源等海洋特色产业园区。为推动海南全国生态文明示范区建设，《海南省国民经济和社会发展第十三个五年规划纲要》提出：推进能源结构优化和节能降耗，合理扩大核能，加大太阳能、风能、生物质能等可再生能源利用，不断提高非化石能源在能源消费中的比重；减少单位产出能耗，建立健全用能权、水权、排污权、碳排放权的初始分配制度；实现固体废弃物、废气、废液循环利用和减量排放；实行垃圾分类回收，推广垃圾无害化处理模式；推进农林废弃物以及建筑垃圾、餐厨废弃物等资源化利用；有效控制重点行业碳排放；等等。基于良好的区域优势、政策优势和新能源产业基础，以粤西南（包括海南）为主建设华南沿海地区绿色低碳技术集成创新示范区，为沿海城市区域性低碳经济发展提供参考范例。

一、工程目标

到 2025 年示范区建成后，核电装机新增容量 380 万 kW，风电装机新增容量 325 万 kW，光伏发电装机新增容量 190 万 kW，生物质发电装机容量新增 50MW，新增非粮燃料乙醇 25 万 t，建成年产 1.5 万 t 纤维素燃料乙醇示范工程，沼气年产量 10 亿 m^3，完成地热资源勘探及开发潜力分析，建成地热利用示范工程。坚持节约优先、保护优先、自然恢复为主的方针，以建设美丽湾区为引领，着力提升生态环境质量，实现绿色低碳循环发展，使大湾区天更蓝、山更绿、水更清、环境更优美。资源节约集约利用水平显著提高，生态环境得到有效保护，宜居、宜业、宜游的国际一流湾区全面建成。

以海南岛自贸示范区为例，构建能源与交通融合的绿色海南，打造零排放智能交通。

二、工程任务

（1）建设跨区域“互联网+能源”综合运营服务平台。借助“互联网+”、大数据、云平台技术、租借/建设云基础设施和私有云平台，研发区域综合能源服务系统，从供电、供冷、供热、综合能效等方面对综合能源系统进行运行评价及应用示范，实现快速、便捷的能源综合运营云服务，提升系统运维效率，降低用户运维成本。

（2）完成现有核电机组建设，同时选址新建核电项目。分别完成阳江核电站5号、6号机组和海南昌江核电站2号机组的设备安装和调试工作，实现并网发电。利用阳江和海南核电站建设经验，在海南新建1×65万kW核电站，在湛江选址新建2×125万kW核电站。

（3）积极有序推进陆/海上风电开发建设，促进风电就地就近消纳利用。积极研发适应粤西地区和海南山地运输、安装和使用的陆上紧凑型风机技术、低风速风机技术和适应沿海抗台风型风机技术；因地制宜创新陆上风电分散式开发建设模式和海上风电规模化、集约化开发建设模式，大力支持湛江、阳江、海南等地发展陆/海上风电项目；积极探索深远海离岸式大型海上风电场建设和微电网形式风能资源在海岛、海礁上的开发利用。坚持集中开发与分散开发并举的原则，统筹规划风电开发与配套电网建设协调发展，通过优化电网调度与风电协调运行管理机制，促进风电就地就近消纳。

（4）光伏产业与其他产业互为补充，多种形式发展太阳能光电。“坚持太阳能光伏开发与电网协调，以分布式光伏为主，光伏与农业、渔业、露天矿业等相结合，就近与并网相结合”的原则，发展建设光伏发电项目。因地制宜，在适宜地区推进农光互补、渔光互补、光伏海水淡化光伏农业与旅游业综合利用项目，积极探索盐厂盐光互补、露天矿场等多种场景的光伏利用方式，发展以分布式光伏为主，兼顾分布式与大型电站相结合的光伏发展模式，积极探索多种形式的综合利用，促进光伏产业的大规模发展，优化能源供给产业结构。光伏发电和光热发电产业的发展，将带动光伏建筑一体化、太阳能热发电相关设备及技术发展，进一步拓展太阳能应用领域。

（5）稳步发展生物质能发电，开发燃料乙醇生物炼制工程和沼气炼制工程。在粤西地区和海南开展详尽的生物质资源调查，依托已有的生物质发电技术，建设分布式生物质能发电厂。以海南为试点，积极开展垃圾分类，建设垃圾焚烧发电厂和沼气发电厂，消纳不同种类的垃圾发电。发展大型沼气炼制工程，提纯沼气用作车用燃气，配套开发沼液、沼渣高值化利用技术。就地开发海洋滩涂、荒山荒地等闲置土地用于种植木薯等非粮淀粉类作物，保证非粮燃料乙醇生产的原料供给，新增25万t燃料乙醇产能，同时建成1.5万t纤维素燃料乙醇示范工程，配套动物饲料、低聚糖等高附加值产品开发技术。

（6）勘探地热资源及分布特点，建成地热利用示范工程。在粤西和海南全境展开地热资源勘探，分析地热资源储存形势及其分布特点，建立地热资源利用数据库。以地热资源丰富区为核心，根据温度高低及资源量正确评估地热资源开发利用形式，建成以地热资源为驱动力，集工农生产、水产养殖、商业旅游为一体的综合示范区。

（7）重点突破规模化分布式可再生能源并网技术与装备。粤西地区和海南可再生能源资源丰富，利用形式多样，新能源和可再生能源产业发展良好，发展了核电等新能源发电产业，形成了水电、风电、光伏发电、生物质发电等较为成熟的可再生能源发电产业，实现规模化、高渗透率分布式新能源和可再生能源发电并网是粤西地区和海南新能源与可再生能源产业发展的主要方向，重点发展大规模、高渗透率分布式发电并网集成和灵活控制技术，建立分布式可再生能源发电。掌握电力市场条件下分布式能源与可调负荷灵活运行调控技术，研制出大功率光伏直流并网变流器、分布式可再生能源发电变流器等关键设备。

（8）加强海洋资源环境保护，更加重视以海定陆，加快建立入海污染物总量控制制度和海洋环境实时在线监控系统。实施东江、西江及珠三角河网区污染物排放总量控制，保障水功能区水质达标。加强东江、西江、北江等重要江河水环境保护和水生生物资源养护，强化深圳河等重污染河流系统治理，推进城市黑臭水体环境综合整治，贯通珠江三角洲水网，构建全区域绿色生态水网。强化区域大气污染联防联控，实施更严格的清洁航运政策，实施多污染物协同减排，统筹防治臭氧和细颗粒物（$PM_{2.5}$）污染，实施珠三角九市空气质量达标管理。加强危险废物区域协同处理处置能力建设，强化跨境转移监管，提升固体废物无害化、减量化、资源化水平。开展粤港澳土壤治理修复技术交流与合作，积极推进受污染土壤的治理与修复示范，强化受污染耕地和污染地块安全利用，防控农业面源污染，保障农产品质量和人居环境安全。

（9）构建能源与交通融合的绿色海南，打造零排放智能交通海南岛自贸示范区。海南省作为全国新能源汽车发展和推广的重点区域，再结合国际旅游岛和生态岛的建设先机，可以在新能源汽车的研发、生产、终端消费、基础设施建设、创新模式应用等方面大有可为，实现生态效益、绿色产业发展、经济效益等多赢局面，在全国起到示范效应。为实现将海南建设成为清洁能源优先发展示范区，建设海南清洁能源岛。通过加快推广新能源汽车，构建能源与交通融合的“绿色海南”，打造零排放智能交通示范区，提高海南清洁能源占比，降低二氧化碳排放量。海南太阳能、风能、核能、氢能、地热与海洋能等清洁能源资源储量丰富，预计到 2030 年，全岛清洁能源装机比例将达到 80%。同时，利用能源供给和消费的不对等差异，构建智慧能源体系，实现不同能源形式相互转化，提高能源的整体利用效率，如太阳能、风能、核能、地热与海洋能、石化能源发电，在能源消费波谷时期可以转化成氢能进行存储，在消费波峰时又可以通过氢燃料电池发电再利用，实现能源利用效率最大化。

三、需着力解决的关键问题与相关保障措施

（1）全面勘探地热资源量及分布特点，研究地热资源利用方法和途径。粤西地区和海南虽有丰富的地热资源，但是其资源量及分布特点尚未有全面翔实的数据，需由政府牵头，组织专家进行全面的地热资源勘探，掌握地热资源量及分布特点，拓宽地热资源利用方式和途径，实现粤西地区和海南地热资源的高效合理利用。

（2）保障土地供给，避免生物质原料竞争，保证燃料乙醇和生物燃气顺畅消纳。利用海洋滩涂种植木薯等非粮作物会与渔业争地，政府需出台相关政策规划部分滩涂用于种植非粮淀粉作物，同时鼓励、引导农民开垦荒山荒地种植非粮淀粉作物。木质纤维素类生物质发电厂和沼气发电厂的选址应布局在生物质资源丰富区，且同类发电厂的布局应保持合理的距离，避免产生原料竞争。政府需出台政策保证乙醇汽油的顺利置换，同时匹配建设生物燃气加气站，合理定价，保障生物燃气的顺畅消纳。

（3）因地制宜推进分布式新能源和可再生能源并网消纳的建设。以发电并网和消纳为主，将新能源和可再生能源的电力规划与主体功能区规划、土地利用总体规划、城乡规划、环保规划、林业规划、旅游规划等规划科学合理有序地衔接，实现新能源和可再生能源电力开发与环境保护协调发展。落实电网全额保障性收购制度和国家对新能源企业的税收优惠政策。根据区域资源特点，以一种或两种新能源或可再生能源发电为主，其他形式新能源或可再生能源发电为辅的模式推进分布式能源工程建设，采用就地消纳结合对外配送的方式消纳产生的分布式能源。

（4）重点攻克能源与交通融合的关键技术。将光伏、风电等清洁能源与新能源汽车及智能道路系统相结合，需突破以下关键技术：清洁能源的优化配置与调度技术；交通基础设施能源化的融合应用技术；电池技术、能量管理技术、变流技术等储能技术；交通服务能力协调配置与调度技术；交通运输与能源协同管控系统与运营技术；清洁能源、绿色交通、通信三网融合技术；智能电网、智慧交通网、5G 通信网协同管理技术。同时，以工商业储能、微电网储能、光储充一体化等方面突破应用电动汽车退役动力电池储能系统，构建完善、高效、智能的能源补充网络等基础设施支撑体系，提速生态圈建设，形成智慧交通、智慧能源及智慧城市的良性互动。

第七章　政策措施建议

战略性新兴产业的培育与发展是我国科技工业水平实现由大变强、实现经济高质量发展的重要抓手，但也给我国现有科技、人才政策，产业治理模式及理念等带来了巨大挑战。党的十九届四中全会提出，要“构建社会主义市场经济条件下关键核心技术攻关新型举国体制”[35]。习近平 2020 年 3 月 2 日于北京考察新冠肺炎防控科研攻关工作时再次强调，“要完善关键核心技术攻关的新型举国体制”[36]。在“十四五”时期，要发挥新型举国体制优势，探索建立适合我国转型期科技创新的制度安排，寻求更高效的科技创新组织方式，发挥社会主义集中力量办大事的制度优势，有效应对当前和今后严峻的发展环境。

一、加强统筹协调，进一步优化顶层设计和强化战略引领

（一）进一步加强“十四五”战略性新兴产业的顶层设计和地位，发挥对经济社会引领带动作用

面对中美贸易摩擦带来的复杂国际环境，后疫情时代全球产业链加速重构，数字经济加速发展等新趋势、新问题，战略性新兴产业对经济社会的引领带动作用将进一步凸显，建议在“十四五”这个国家发展的关键期，继续出台国家战略性新兴产业“十四五”发展规划，争取在从根本上扭转当前产学研融合不畅、新发展动力不足、核心技术受制于人、人才资金等资源要求分配效率较低等困扰战略性新兴产业持续发展的问题，引导社会资本对战略性新兴产业的投入，指导各级政府与相关单位，着眼产业创新中的长期性、基础性工作，将资源更加有效地投入产业发展的关键核心位置。

（二）针对新兴产业发展瓶颈，设立重大科技专项持续攻关

探索社会主要市场经济条件下的新型举国体制，建立长期稳定的科研经费投

入机制，集中优势资源突破战略性新兴产业发展的核心基础材料、基础元器件、基础工艺、基础软件等瓶颈束缚。选准关系全局和长远发展的战略必争领域和优先方向，明确主攻方向和突破口，实施一批新的国家科技重大专项和重大工程，攻克关键核心技术，加快形成若干战略性技术和战略性产品，抢占引领未来发展的战略制高点，提高我国综合竞争力。还需完善政府对基础性、战略性、前沿科学研究和共性技术的支持机制，对国家各类科技计划进行有效衔接，做好科技重大专项2020年后接续实施计划，坚决避免各类国家计划信息隔离，以邻为壑，为部门争利，产生不衔接或者重复立项的现象。

（三）更加注重区域协调和区域特色，科学合理布局产业集群

根据各地区实际的发展情况，与国家战略、全球化及当前重点发展领域相结合，进一步明确“十四五”时期区域产业培育与发展的定位、目标和任务，坚持“因地制宜”差异化发展，助推战略性新兴产业高质量发展，避免战略性新兴产业和产业集群同质化、低水平的无序竞争发展。完善粤港澳大湾区、长三角、京津冀等创新环境，提升国际竞争力，加快形成世界级产业集群。针对区域产业发展不平衡、不充分状况加剧问题，优化东北、中西部新兴产业布局及资源配置，避免区域产业发展过度失衡。

二、强化创新基础，加快完善战略性新兴产业创新体系

（一）加快关键共性技术的前瞻布局，提升产业共性技术研发能力

关键共性技术的研发难度大、周期长，是当前我国推动战略性新兴产业高质量发展和形成长期产业竞争力的关键。建议“十四五”瞄准跨行业、跨领域的共性关键技术问题，优化关键共性技术创新布局，围绕人工智能、高端装备制造、工业软件、新一代信息技术、新材料等搭建一批国家级共性技术研究平台，建立新型产业技术研究院，充分发挥制度优势，集中力量进行技术攻关，发挥政府部门对关键共性技术研发的引导和支持作用，政府、企业与科研院所形成合力，有效组织中小企业参与产业共性技术的研发合作，为新兴产业提供基础的技术支撑及研发转移平台，提升行业共性技术的研究能力及对行业的促进作用，实现在关键共性技术领域突破和提升。

（二）引导金融财税政策重点聚焦共性使能技术市场失灵问题，完善金融财税激励机制

应对多样化、大规模的共性使能技术的应用开发，鼓励创建大学与科研院所、企业力量联合驱动的市场导向应用创新协同平台，以少量的政府补贴撬动广泛的市场投资进行多元化的应用开发，以新的创新治理模式应对共性使能技术扩散的政府失灵问题；加大财税支持力度，以提高研发费用加计扣除比例、增强高新企业税收优惠等差别化政策手段，通过政府金融财税政策扶持技术创新和扩散，积极营造良好的技术扩散的金融财税政策环境，引导战略性新兴产业技术创新向其他产业扩散。

（三）加快建立健全新兴产业行业标准体系，使新兴产业有法可依

瞄准国际先进水平，立足自主技术，健全新兴产业标准体系、技术规范、检测方法和认证机制，打造标准公共服务平台，建立新兴产业标准化发展的运行机制，引导骨干企业成为行业技术标准制定的主体，积极参与相关国际组织和重要国际规则及标准的制定，提升自主技术标准的国际话语权。健全民生装备、船舶工业、新能源汽车产业、环保产业等标准体系，推进产品结构转型升级，加快海上风电技术标准体系和规程制定，出台生物质能产品行业标准，建立地热能开发利用样板工程和标准化示范项目，建立面向公益类标准规范制修订的绿色通道。加强我国与“一带一路”沿线国家信息通信领域标准化合作。

三、激发市场活力，充分发挥企业创新主体地位和主导作用

（一）依托龙头骨干企业，布局建设国家技术创新中心

以全面提升企业创新能力为核心，广泛联合产学研各方、整合创新资源、形成创新合作网络，引导各类创新要素向企业集聚，不断增强企业创新动力、创新活力、创新实力。重点支持创新型企业瞄准世界科技前沿和顶尖水平，开展基础研究和前沿技术攻关，加强成果转移转化，开展创新产品研发，以及新业态、新模式的探索，推动企业向产业链高端攀升。对依托企业组建的国家技术创新中心，所在地方政府应积极发挥支撑保障作用，在政策、资金、土地、基础设施等方面给予支持。

（二）整合各方资源，推动创新型中小企业发展

切实加强投融资体系构建，为中小企业提供充足、可靠和稳定的资金保障。通过综合运用贷款贴息、风险投资、偿还性资助等多种投入方式，鼓励政策性银行设立专项基金，引导商业性金融机构为中小企业战略性新兴产业项目提供融资服务。构建中小企业公共服务平台，为中小企业提供相关信息及技术服务，探索激励中小企业创新的机制，培育壮大科技型中小企业主体规模，引导创新资源向科技型中小企业集聚，进一步提高其创新动力，激发其创新活力，强化中小企业的技术创新优势。

（三）完善投资机制，培育行业龙头

充分发挥工业转型升级资金、专项资金、地方财政资金等财政资金扶持作用，推动各部门资金集约化整合和精准投放。拓展国家科技成果转化引导基金功能，探索地方政府、社会资本成立专门投资科技型中小企业的“双创”基金。鼓励与国有资本投资公司合作，充分发挥国有资本的引领和放大作用，通过发起设立产业投资基金等方式，引导社会资本参与新兴产业发展，与政府资金形成支持合力。积极推动企业通过专业化、市场化的并购投资等方式，兼并收购产业链上下游企业，整合培育具有全球竞争力、技术先进、产业链完整的行业龙头。

四、加大开放融合，坚持“走出去”和“引进来”相结合

（一）巩固产业链核心长板，积极推动产业链全球布局

在高端装备、新一代信息技术、新能源等重点领域，针对重点国家和地区确定不同推进方式和实施路径，打通堵点、连接断点，推动产业链资源优化整合。抓住“一带一路”建设契机，进一步推进国际产能合作。积极参与国际多边合作互认机制，鼓励技术引进与合作研发，巩固和发展我国在全球产业链中的“核心长板”，最终与全球产业链形成“你中有我，我中有你，无法分离”的合作格局。

（二）拓展国际科技交流，打造国际科技合作平台

重点鼓励和引导通用性技术新兴行业开展国际化交流合作，依托国际科技合作基地不断深化与扩大对外科技合作关系，充分发挥国际科技合作的示范作用。以推动产业转型升级为核心，以重点企业和高校院所为依托，着力打造国际科技

合作基地，对接和利用全球科技创新资源，推动国际技术转移和成果转化，提升企业国际科技合作水平和参与国际竞争的能力，为经济转型升级和高质量发展提供有力支撑。

（三）深度融入经济全球化，构建开放创新体系

以更加开放的视野、更加主动的姿态融入全球创新网络，在更高层次上构建开放创新机制。建立与国际规则接轨的创新政策体系，扫除创新要素流动的制度性障碍，为企业融入新兴产业全球创新发展体系提供“引进来”和“走出去”的便利条件，促进创新要素的双向流动，有效利用全球科技资源，提高创新质量和效率，增强国内创新政策与国际规则的协调性。

（四）充分利用全球科技成果，不断汇集智力资源和高端人才

以更开放的创新政策，主动融入全球创新体系，充分利用全球创新资源，实施创新人才发展全球战略，加强高层次创新人才培养，鼓励采取核心人才引进和团队引进等多种方式引进海外人才，简化外籍高层次人才申请永久居留资格程序，同时充分发挥行业协会、科研单位和大学的作用，共同建立战略性新兴产业人才体系，加强研发、生产和应用的国际合作和交流。建立跨领域“π型”人才培养体系，在国家“千人计划”和“万人计划”中进一步加大对引进海外“互联网+”领域高端人才的支持力度。

参考文献

[1] 中美经济脱钩不现实，但需为贸易摩擦做好长期准备[EB/OL]. https://k.sina.com.cn/article_2105935732_7d86077402001anwf.html?from=news&subch=onews[2020-06-14].

[2] 中华人民共和国国务院新闻办公室. 关于中美经贸磋商的中方立场[EB/OL]. http://www.gov.cn/zhengce/2019-06/02/content_5396858.htm[2019-06-02].

[3] 人民日报评中兴事件：切肤之痛激发理性自强[EB/OL]. http://news.sina.com.cn/o/2018-04-19/doc-ifzfkmth6957886.shtml[2018-04-19].

[4] 王真. 中美贸易摩擦终于烧到生物医药行业！[EB/OL]. https://med.sina.com/article_detail_103_2_54062.html[2018-10-15].

[5] 孙立鹏. 中美经贸格局历程、前景与重塑[EB/OL]. http://www.sohu.com/a/310023954_522914[2019-04-24].

[6] 李甜. 美国正式升级对华为限制措施[EB/OL]. https://finance.sina.com.cn/chanjing/gsnews/2020-05-15/doc-iirczymk1860131.shtml[2020-05-15].

[7] 33 家中国公司及机构被美列入实体清单！相关回应来了[EB/OL]. https://www.sohu.com/a/398423444_353595[2020-05-29].

[8] 美方再将 11 家中国企业列入实体清单，外交部表态[EB/OL]. http://finance.ifeng.com/c/7yIClL2Pdzx[2020-07-21].

[9] 魏天谌. IMF 经济展望报告：全球 GDP 将萎缩 3% 面临历史级罕见衰退[EB/OL]. https://www.sohu.com/a/388012587_100191067[2020-04-14].

[10] 疫情经济观察|WTO 报告：2020 和 2021 年世界贸易展望[EB/OL]. https://www.sohu.com/a/388335456_610982[2020-04-15].

[11]《全球贸易数据与展望》报告：第二季度全球贸易降幅或达 18.5%[EB/OL]. https://jingji.cctv.com/2020/06/24/ARTI7oPdw2jHc66kwVsxOo3x200624.shtml[2020-06-24].

[12] 工信部何亚琼：疫情对中国制造业产业链的影响是暂时的、局部的、可控的[EB/OL]. http://finance.sina.com.cn/jjxw/2020-06-11/doc-iirczymk6362967.shtml[2020-06-11].

[13] 后疫情时代汽车产业链重构之机[EB/OL]. https://baijiahao.baidu.com/s?id=1665178730801112592[2020-04-28].

[14] 美、日、韩三国挑头“去中国化”，多个产业链脱钩危机上演？[EB/OL]. http://www.aero.cn/2020/0427/97496.html[2020-04-27].

[15] 张者昂. 外媒：后疫情时代，外资企业更倾向留在中国！[EB/OL]. http://www.ifnews.com/news.html?aid=83438[2020-05-27].

[16] 东艳，张琳. 构建全球数字经济规则[EB/OL]. http://www.qstheory.cn/llwx/2019-07/15/c_1124752971.htm[2019-07-15].

[17] 李佐红，王嘉帆. 推动数字经济高质量发展 助力后疫情时代稳就业[EB/OL]. http://www.xinhuanet.com/politics/2020-06/12/c_1126106316.htm[2020-06-12].

[18] 洪涛. 疫情背景下“数字化转型”进入新的生态发展期[EB/OL]. https://baijiahao.baidu.com/s?id=1659383403548091804[2020-02-24].

[19] 吴沈括. 吴沈括：与中国脱钩？后疫情时代，美日数字经济布局的新动向[EB/OL]. http://news.hexun.com/2020-07-03/201654031.html[2020-07-03]

[20] 国家发展改革委，外交部，商务部. 授权发布：推动共建丝绸之路经济带和 21 世纪海上丝绸之路的愿景与行动[EB/OL]. http://world.people.com.cn/n/2015/0328/c1002-26764633.html[2015-03-28].

[21] “一带一路”国际合作高峰论坛圆桌峰会联合公报（全文）[EB/OL]. http://www.beltandroadforum.org/n100/2017/0514/c24-414.html[2017-05-15].

[22] 推进“一带一路”建设工作领导小组办公室. 共建“一带一路”倡议：进展、贡献与展望[EB/OL]. http://www.xinhuanet.com/world/2019-04/22/c_1124400071.htm[2019-04-22].

[23] 海关总署：疫情对进出口的影响是暂时和阶段性的[EB/OL]. https://finance.sina.com.cn/china/gncj/2020-03-07/doc-iimxyqvz8526800.shtml[2020-03-07].

[24] 国家信息中心. “十三五”以来战略性新兴产业发展形势分析[C]//中国工程科技发展战略研究院. 2019 中国战略性新兴产业发展报告. 北京：科学出版社，2018：3-20.

[25] 国家统计局. 2018 年国民经济和社会发展统计公报[EB/OL]. http://www.stats.gov.cn/tjsj/zxfb/201902/t20190228_1651265.html[2019-02-28].

[26] 国家统计局. 中华人民共和国 2019 年国民经济和社会发展统计公报[EB/OL]. http://www.stats.gov.cn/tjsj/zxfb/202002/t20200228_1728913.html[2020-02-28].

[27] 中央经济工作会议在北京举行 习近平李克强作重要讲话[EB/OL]. http://www.xinhuanet.com/politics/2018-12/21/c_1123887379.htm[2018-12-21].

[28] 中共中央政治局常务委员会召开会议 研究当前新冠肺炎疫情防控和稳定经济社会运行重点工作 中共中央总书记习近平主持会议[EB/OL]. http://paper.people.com.cn/rmrb/html/2020-03/05/nw.D110000renmrb_20200305_2-01.htm[2020-03-05].

[29] 习近平：深刻认识建设现代化经济体系重要性 推动我国经济发展焕发新活力迈上新台阶[EB/OL]. http://www.xinhuanet.com/politics/leaders/2018-01/31/c_1122349103.htm[2018-01-31].

[30] 习近平. 决胜全面建成小康社会 夺取新时代中国特色社会主义伟大胜利[N]. 2017-10-28（001）.

[31] 汪文祥. 多角度推动战略性新兴产业高质量发展[EB/OL]. http://www.360doc.com/content/18/1116/21/33989007_795366911.shtml[2018-11-16].

[32] 中共中央政治局召开会议 习近平主持[EB/OL]. http://www.xinhuanet.com/politics/leaders/2020-04/17/c_1125871992.htm[2020-04-17].

[33] 习近平：在中国科学院第十九次院士大会、中国工程院第十四次院士大会上的讲话[EB/OL].

http://www.gov.cn/xinwen/2018-05/28/content_5294322.htm[2018-05-28].

[34] 习近平：在庆祝改革开放 40 周年大会上的讲话[EB/OL]. http://www.xinhuanet.com/politics/leaders/2018-12/18/c_1123872025.htm[2018-12-18].

[35] 中共中央关于坚持和完善中国特色社会主义制度 推进国家治理体系和治理能力现代化若干重大问题的决定[N]. 人民日报，2019-11-06（001）.

[36] 习近平在北京考察新冠肺炎防控科研攻关工作：协同推进新冠肺炎防控科研攻关 为打赢疫情防控阻击战提供科技支撑[EB/OL]. http://www.gov.cn/xinwen/2020-03/02/content_5486004.htm[2020-03-02].